# 年长员工适应性绩效及其形成机制研究

ADAPTIVE PERFORMANCE OF OLDER WORKERS AND ITS FORMATION MECHANISM

陈兰兰 ◎ 著

经济管理出版社

ECONOMY & MANAGEMENT PUBLISHING HOUSE

**图书在版编目（CIP）数据**

年长员工适应性绩效及其形成机制研究/陈兰兰著.—北京：经济管理出版社，2022.12

ISBN 978-7-5096-8917-2

Ⅰ.①年… Ⅱ.①陈… Ⅲ.①人力资源管理—研究 Ⅳ.①F243

中国版本图书馆 CIP 数据核字（2022）第 254643 号

组稿编辑：杜　菲
责任编辑：杜　菲
责任印制：许　艳
责任校对：王淑卿

出版发行：经济管理出版社
　　　　　（北京市海淀区北蜂窝 8 号中雅大厦 A 座 11 层　100038）
网　　址：www. E-mp. com. cn
电　　话：（010）51915602
印　　刷：唐山玺诚印务有限公司
经　　销：新华书店
开　　本：720mm×1000mm/16
印　　张：15.75
字　　数：242 千字
版　　次：2023 年 1 月第 1 版　　2023 年 1 月第 1 次印刷
书　　号：ISBN 978-7-5096-8917-2
定　　价：88.00 元

# 前　言

　　我国长期面临老年人口不断上升，劳动力人口持续下降的压力。职场年长员工规模在社会年龄观念的转变以及老年人力资源开发等的推动下不断扩大，组织和管理者面临着更多年长人力资源开发和管理的挑战。长期以来，社会各界对年长员工的管理、开发和利用的关注度并不高。尤其是在知识技术快速更新的环境下，年长员工通常被认为是缺乏足够的灵活性、适应性和创新力的群体，组织和管理者在招聘、晋升、培养等方面更加偏向于具有更高适应性和发展前景的年轻员工，忽视年长人力资源的价值开发和利用。鉴于此，近年来部分研究者针对年长人力资源的优劣势进行了深入探讨，并且大多数研究认为尽管年龄增长会导致个体身体机能、认知能力等出现下降，但是拥有丰富知识库和经验库的年长员工在动态环境中仍然具有较强优势，如面对工作中的突发事件或紧急情况时表现出较强的分析能力，能够顾全大局并冷静处理；面对新知识和技术的学习要求时表现出足够的耐心和毅力，对知识的综合归纳能力更强；等等。因此，简单地将年龄与低灵活性和低适应性联系在一起并不客观。

　　适应性绩效是一种描述、识别、判断个体在动态工作环境中适应能力的概念。通常指员工在动态环境中能够预测、判断可能出现的适应性要求，并选择相应的策略以满足该要求的行为或表现。在信息时代下，工作环境中不断增加的不确定性、复杂性、动荡和相互依赖性对员工适应能力提出了更高要求。尤其是年长员工如何在普遍存在的年龄负面刻板印象的影响下突出自身的适应能力，如何识别及培养年长员工的适应能力，对企业和个体来说都很重要。一直以来国内外研究者对年长人力资源的研究通常集中于社会、经济、政策等宏观层面，缺乏对工作场所中年长员工心理和行为机制的研究，对其适应性和适应性绩效的关注更少见。并且自从适应性绩效概念被提出以来，有关员工适应性绩效的研究多覆盖于一般性员工，部分研究探讨不同类型的员工适应性绩效问题，如教师、管理者、学生等，针对年长员工群体的研究比较少见。相对于年轻员工来说，年长员工在生理、心理、情绪控制、价值观、技术、经验等方面均具有其特点，动态环境中年长员工对适应性需求的判断和应对策略的选择很可能不同，因此，结合年龄特点来明确年长员工的适应性绩效内容、特点、结构、影响因素及形成机制，就具有一定的理论和现实意义。

本书在中国文化背景下，基于年长人力资源开发和利用的目的，全面探讨工作场所中的年长员工适应性问题。结合年龄特点明确年长员工适应性绩效的概念、内容和结构，构建年长员工适应性绩效影响因素体系及影响因素关系模型，进一步运用相关理论构建年长员工适应性绩效的形成路径模型，并通过大规模数据调查和分析对该路径进行了验证。本书不仅丰富了年长员工、工作绩效、适应性绩效的相关研究领域，而且对组织、管理者和个人也具有重要的现实意义。全书始终围绕年长员工适应性绩效这一主题，具体研究内容包括：首先，子研究一通过扎根理论研究，对年长员工适应性绩效概念、内容和结构进行分析，构建年长员工适应性绩效的结构维度，并形成年长员工适应性绩效测量量表；其次，子研究二采用关键事件技术，探讨影响年长员工适应性绩效的重要因素，构建年长员工适应性绩效影响因素体系并提出年长员工适应性绩效影响因素的关系模型；再次，子研究三在子研究一开发的适应性绩效测量量表和子研究二提出的影响因素及其关系模型的基础上，选择社会支持、角色压力、职业使命感、心理资本和高绩效工作系统5个影响因素，构建年长员工适应性绩效形成机制模型，并通过数据调查和分析进行验证；最后，提出管理实践的相关建议。

本书通过分析基于深度访谈、质性资料收集、问卷调查等方式所获得的数据，最终得出以下结论：第一，年长员工适应性绩效是员工在适应性过程中以一种与年龄相匹配的方式做出的那些满足适应性需求的行为。年长员工适应性绩效的结构体系包括 4 个维度，分别为年龄角色融合、工作应变与改进、学习意愿与能力、人际与文化促进。通过文献分析和数据验证开发了包括 4 个维度、16 个题项的年长员工适应性绩效量表，每个维度包括 4 个题项。第二，年长员工适应性绩效影响因素具有其年龄化特点。采用关键事件技术分析那些在年长员工适应性事件发生过程中的关键性影响因素，最终建立了包括个体因素和环境因素两大类的影响因素体系。其中个体因素包括生理因素和心理因素 2 个子类，环境因素包括工作要求、工作资源和年龄氛围 3 个子类。5 个子类又包括认知能力、责任感、职业自信、工作地位、同事支持等 17 个影响因素。第三，年长员工适应性绩效的形成包括多条路径。在子研究二关于年长员工适应性绩效影响因素及关系模型分析基础上，选择 5 个较为关键的影响因素，包括社会支持、角色压力、心理资本、职业使命感和高绩效工作系统，构建年长员工适应性绩效形成路径。运用社会认同理论、工作调整理论和工作要求—资源模型对该形成路径进行解释并提出 7 个研究假设，经过数据调查与分析得到以下结论：角色压力和社会支持均对年长员工适应性绩效有显著正向影响；角色压力和社会支持均通过心理资本的中介作用影响年长员工适应性绩效；职业使命感负向调节了角色压力与心理资本之间的关系，职业使命感负向调节了社会支持与心理资本之间的关系；高绩效工作系统对心理资本与适应性绩效的调节作用未得到验证。

在本书的数据调查和撰写过程中，得到了中南财经政法大学的赵琛徽教授的大力支持和帮助，也获得了云南财经大学商学院相关领导的支持。由于作者水平有限，加之编写时间仓促，所以书中错误和不足之处在所难免，恳请广大读者批评指正。

陈兰兰

2022 年 8 月 20 日

# 目　录

第一章　绪　论 …………………………………………………… 001

第一节　研究背景 ………………………………………… 001

第二节　研究目的和研究意义 …………………………… 008

第三节　研究思路和研究方法 …………………………… 015

第四节　研究内容和研究创新点 ………………………… 020

本章小结 …………………………………………………… 023

第二章　文献综述 ………………………………………………… 025

第一节　年长员工相关研究 ……………………………… 025

第二节　适应性绩效研究 ………………………………… 032

第三节　年长员工适应性绩效的特点 …………………… 066

第四节　理论基础 ………………………………………… 071

本章小结 …………………………………………………… 078

第三章　年长员工适应性绩效测量量表的重构 ……………… 080

第一节　年长员工适应性绩效质性研究的思路与方法 … 080

第二节　资料分析 ………………………………………… 091

第三节　问卷设计和检验 ………………………………… 104

本章小结 …………………………………………………… 120

**第四章 年长员工适应性绩效影响因素研究** ················ 121

　　第一节　研究思路及研究设计 ···················· 122

　　第二节　年长员工适应性绩效影响因素体系构建 ········ 124

　　第三节　年长员工适应性绩效影响因素关系模型 ········ 133

　　本章小结 ································· 146

**第五章 年长员工适应性绩效形成机制的实证研究** ·········· 147

　　第一节　研究假设 ····························· 148

　　第二节　研究设计 ····························· 157

　　第三节　正式问卷调研的实施 ···················· 162

　　第四节　问卷信效度分析 ······················· 165

　　第五节　假设检验 ····························· 177

　　本章小结 ································· 189

**第六章 研究总结、启示与展望** ····················· 191

　　第一节　研究总结与讨论 ······················· 192

　　第二节　理论贡献与管理启示 ···················· 198

　　第三节　研究不足与展望 ······················· 206

**参考文献** ································· 208

**附　录** ··································· 236

## 第一节　研究背景

### 一、现实背景

#### （一）人口老龄化趋势下年长员工规模不断扩大

21世纪，人口老龄化已经在世界范围内成为趋势，中国自20世纪末老年人口数量和比例不断攀升，且地区老龄化问题突出。据2020年中国第七次人口普查结果显示，我国人口总量约14.12亿，60岁及以上人口约2.64亿人，占总人口的18.70%，65岁及以上人口约为1.92亿人，占总人口的13.50%。相较于10年前60岁及以上和65岁及以上的人口比重分别上升5.44%和4.63%[①]。我国31个省份中除西藏外的其他省份65岁及以上老年人口比重均超过7%，其中12个省份65岁及以上老年人口比重超过14%，预计未来我国60岁及以上和65岁及以上的人口规模将持续扩

---

① 第七次全国人口普查主要数据情况，http：//www.stats.gov.cn/tjsj/zxfb/202105/t20210510_1817176.html.

大，到 2035 年和 2050 年总体上升至 22.3% 和 27.9%[①]，在"十四五"时期，中国将正式步入中度老龄化社会[②]。同时，尽管新生人口比重在政策积极调控下有所回升，0~14 岁人口较 2010 年上升 1.35%，占总人口的 17.95%，但我国仍面临来自结婚率和生育率下降、劳动年龄人口增长放缓的较大压力。从第七次全国人口普查来看，2020 年我国 15~59 岁人口共约 8.94 亿，较 10 年前下降 6.79%，15~59 岁、60 岁及以上人口比为 1∶3.4，预计到 2050 年劳动力供给量将减少 2 亿人[③]。

人口老龄化背景下，延迟退休、人口红利向人才红利转变以及年长人力资源开发等的提出，推动着我国劳动力年龄结构从年轻型向年长型的转变。2019 年 11 月中共中央、国务院印发的《国家积极应对人口老龄化中长期规划》指出，人力资源开发利用是国家综合竞争力的根本源泉，要坚持向人才要红利，提高人力资源素质，推进人力资源开发利用，推动人口红利向人才红利转变。[④] 2020 年 10 月，党的十九届五中全会提出的《中共中央关于制定国民经济和社会发展第十四个五年规划和二〇三五年远景目标的建议》[⑤] 明确提出"积极开发老龄人力资源，发展银发经济"的重要指导。政策指导下，社会各阶层给予年长人力资源的开发和利用更多关注，同时，随着社会观念的变化、健康水平的提升、技术工具的发展等，年长劳动力继续参与社会劳动的意愿和能力也在不断提高，大量年长员工树立更长远的职业发展目标，并希望在职业发展上获得更多成就（McGregor 和 Gray，2002），年长劳动力规模相对扩大。有关就业人口的调查显

---

① 《中国发展报告 2020》：2050 年老龄化将达峰值，http://www.cinic.org.cn/sj/sdxz/shms/850509.html.

② 深入贯彻新发展理念 确保"十四五"开好局起好步发布会，http://www.scio.gov.cn/xwfbh/xwbfbh/wqfbh/44687/45042/wz45044/Document/1699872/1699872.htm.

③ 人口与劳动绿皮书：中国人口与劳动问题报告 No.19，https://www.ssap.com.cn/c/2019-01-03/1074956.shtml.

④ 《国家积极应对人口老龄化中长期规划》应对老龄化上升为国家战略，http://www.gov.cn/zhengce/2019-11/23/content_5454778.htm.

⑤ 李纪恒.实施积极应对人口老龄化国家战略，http://www.gov.cn/xinwen/2020-12/17/content_5570465.htm.

示，我国 60 岁及以上就业人口从 2000 年就开始出现大幅上升，老年就业人口占总就业人口的比重从 2006 年的 6.4% 上升到 2016 年的 20%①。2019年 6 月，智联招聘网针对职场老龄化的调查显示，56.2% 的被调查企业出现劳动供给总量不断下降，员工结构老龄化现象②。可以预见在不久的将来，职场老龄化将成为一种现象，给政府、社会和企业带来更多新的挑战（郭爱妹和顾大男，2018；王忠军等，2019）。出于长远发展和有效管理的角度，组织和管理者必须调整人才观念和资源分配策略，并建立多样化和包容性的人力资源管理系统和政策，将持续开发和利用年长人力资源价值作为企业战略规划的重要组成部分，以适应职场老龄化趋势（Harris 等，2018；童玉芬和廖宇航，2020）。

（二）动态复杂的工作环境需要年长员工具有更强的适应能力

信息时代下，企业经常处于环境主导的变革中，如知识技术的快速更新发展、经济文化的不断交流融合等，都会让员工感觉到自己身处一个不稳定的、无创新的、不可预测的、复杂的环境中，需要在工作和组织中表现出更高的适应性。从生理和心理角度来看，年龄会对个体适应力带来一定程度的影响。随着年龄的增长，个体的认知能力、记忆力等发生不可避免的下降，因此相对于年轻员工来说，年长员工通常被认为是适应能力较差的群体，存在古板、灵活性差、变通力弱、积极性低等问题，尤其是在知识和信息更新较快的科技、互联网类型的行业中更是如此（Mulders 等，2017）。因此从组织管理和发展的角度来看，为了保证生产效率和快速发展，管理者往往倾向于低估年长人力资源的价值和发展潜力（Kenny 等，2016），在机会和资源分配上更倾向于适应能力更强的年轻员工。这导致有很多年长员工在招聘、培训、晋升等方面面临资源和机会分配不公问题，并在他们的知识价值最大限度转化后，因职业发展瓶颈、管理不公等

---

① 国家统计局. 专题数据：金砖国家联合统计手册，http://www.stats.gov.cn/ztjc/ztsj/jzgjlhtjsc/jz2018/.
② 智联招聘. 2019 企业劳动力老龄化趋势调研报告，https://max.book118.com/html/2019/0723/6112022142002050.shtm.

问题导致其离职或提前退休（Solem 等，2016），造成人力资源价值浪费。

实际上，已有部分学者针对年长人力资源的优劣势展开了广泛的探讨，并认为个体的年龄与适应性、生产效率、学习能力和组织绩效的下降等并没有明显关系（Donizzetti，2019）。相反，个体随着年龄增长而积累的丰富的工作经验、广阔的人际关系网络、较强的信息分析和压力应对能力，对其生理和心理变化所带来的负面影响具有较好的弥补效果，能够帮助员工在高复杂性和高动态性的工作环境中保持较高的绩效水平（Sturman，2003）。工作观念及自我定位的转变促使更多的年长员工拥有更高的社会使命感和自我价值实现的期望，他们对职业规划周期更长、职业发展定位更高，更有可能选择跳槽、创业、兼职等风险较高的方式来实现自我发展和成长（McGregor 和 Gray，2002）。对于年长员工来说，在普遍存在的负面年龄刻板印象的影响下，要想凸显自身价值并拥有更长的职业生涯，就必须在动态或极具变化的环境中表现出足够的适应能力（郭爱妹和顾大男，2018；王忠军等，2019）。由于年长员工在生理状态、价值观、家庭观、偏好、行为等方面具有其独特性，其在面对动态环境或变化趋势中的适应性表现很可能具有年龄特点，因此了解什么是年长员工适应性以及如何识别和培养适应性较高的年长员工，不仅对年长员工自身而且对组织和管理者开发利用年长人力资源都具有较大意义。本书针对年长员工群体进一步探讨其工作场所中的适应性绩效的概念、影响因素及形成机制，对社会、组织、个人均具有一定的现实意义。

## 二、理论背景

人口老龄化趋势下，劳动力年龄结构的调整和转变不可避免。面对职场老龄化压力，如何转变组织和管理者对年长人力资源的人才观念，为开发和利用年长人力资源提供更多方向，被越来越多的研究者所关注。长久以来，"老年"、"衰老"、"年龄大"等通常与学习能力差、灵活性低、适应性不高、创新力不足等联系在一起，这与个体随着年龄增长而出现的个体功能减退有关。早期研究关注于衰老与生理机能下降和心理变化之间的关系，有研究表明个体伴随生理年龄增长而出现的身体机能、认知能力、行为效率、工作记忆、执行控制和长期记忆等方面的衰退会对其工作和生活带来负面影响（Monteiro 等，2006；Flower 等，2019）。尤其是个体的情绪和生理间的相互控制作用可能会随着年龄的增长而减弱，进而导致一系列社会问题。心理理论（Theory of Mind，ToM）认为人们了解他人的行为是由内在的心理状态如信念、欲望和意图所激发的能力决定的，随着年龄的增加，个体开始难以识别和推断与复杂的社会情境有关的信息，并可能因为判断力、注意力、处理能力等受生理限制而在工作和生活中表现出消极的心理和行为，导致生活和工作质量下降，甚至与社会主流群体脱离，无法适应环境或持续地在情境互动中表现出足够的适应性（Wiernik 等，2016；Kraak 等，2017；Shane 等，2019；Jeske 等，2019；Lecce 等，2019）。

这种伴随年龄增长而出现的不可避免的生理和心理变化，影响年长员工的工作和生活，并成为社会负面年龄刻板印象的基础。即使没有研究表明年龄与员工适应力降低有明显关系，很多年长员工仍然被认为是缺乏灵活性和适应性的，会因为难以快速掌握新的知识技术和灵活运用策略方法等而表现出较低的绩效水平（栾贞增等，2017；Harris 等，2018；Froide-vaux 等，2020）。近年来，越来越多的研究者开始探讨并比较年长人力资源优劣势，大部分研究者认为尽管生理机能和认知能力有所下降，但工作经验、工作能力和综合素质的增强，使年长员工能够很好地弥补年龄对其工作和适应力上带来的负面影响（Sturman，2003）。虽然适应性能力已经成为社会各阶层讨论年长人力资源价值的核心能力，但针对工作场所中年长员工适应性方面的研究仍然较少。近年来，有关工作场所中的年龄与个体关系的研究多数集中于成功老龄化、年龄刻板印象、代际关系、知识管理等方面（Hess 等，2017；Hartnett 等，2019；汪长玉和左美云，2020），虽然一些研究者探讨了年长员工在职业生涯中晚期的职业适应性、角色调整意愿等（Moyers 和 Coleman，2004；王忠军等，2019），但对年长员工在工作中的适应能力的概念、内容、结构及其与情境互动路径等的研究依然较少。

适应性绩效概念的提出最初是为了描述、识别、判断个体在动态工作环境中的适应性（Allworth 和 Hesketh，1999；Pulakos 等，2000），通常指员工在动态环境中能够预测、判断可能出现的适应性要求，并为满足适应性需求而表现出的行为或行为策略组合。自 1999 年被 Allworth、Pulakos 等人提出、推广以来，部分研究者就一般性员工的适应性绩效概念、结构和量表开发等做了大量工作，并探讨不同类型的员工适应性绩效问题，如教师、管理者、学生等，针对年长员工群体的研究较为少见。事实上，无论是年轻员工还是年长员工都需要在技术、信息、政策、制度快速变化革新的职场环境中具备一定的适应力，但是对于年长员工来说，在普遍存在的负面年龄刻板印象影响下，适应性显然已经成为一项关键能力（Fasbender 等，2018；Mansour 和 Tremblay，2019）。鉴于年长员工在生理、心理、情绪、价值观、技术、经验等方面均具有其特点（Hedge，2008），动态环境中年长员工对适应性需求的判断及所采取的应对策略很可能有所不同（Strate，2004），深入了解年长员工对其年龄所带来的生理、心理等变化的认知是否对其动态环境下的心态、行为产生影响，以及如何识别、培养、提高年长员工的工作灵活性和环境适应力，对企业和个体来说都很重要（Allworth 和 Hesketh，1999；Gwinner 等，2005；Jundt 等，2014；Leischnig 和 Kasper-Brauer，2015；Echchakoui，2017）。本书结合年龄特点来明确年长员工的适应性绩效内容、特点、结构以及其影响因素，不仅能够丰富年长员工研究领域，还能在一定程度上促进工作绩效研究领域对年长员工的关注。

## 三、问题提出

综合相关理论和现实背景的分析可以发现，动态环境下的适应能力已经成为年长员工必不可少的关键能力，在知识信息的快速传播和科学技术不断革新的动态环境中，大多数组织和管理者对表现出高适应性和灵活性的员工抱有更高的期望（Riach，2007）。个体需要在工作中具有更加灵敏的信息识别能力、更快的知识学习和技术应用能力以及更强的专业预测能力，以应对随时可能出现的适应性需求。但目前对工作场所中年长人力资源价值的判断仍然受到年龄负面刻板印象的影响，认为年长员工具有适应性和灵活性低、创新力不足等缺陷。这种负面刻板印象不仅在一定程度上影响了年长工作者的就业、培训机会和工作表现等（Harris 等，2018），根据社会认同理论，还会进一步导致个体产生老年员工身份，对自我效能、工作积极性、工作绩效等带来负面影响（Rodríguez-Cifuentes 等，2018）。一些研究已经表明，将年龄与低适应性的简单联系并不客观（Wang 等，2017；Taneva 等，2016）。工作场所中的年长员工往往擅长利用其人力资源优势来弥补和抵消其人力资源劣势。例如，具有丰富的工作经验和社会资源的年长员工往往具有更强的信息识别能力（Sturman，2003；Bravo 等，2020）；面对新的知识和技术学习要求时，能够运用较强的综合分析能力加快掌握速度，并且能够更系统地预测未来发展的方向（Wiernik 等，2016；Roberts 等，2006；Hertel 等，2015；Wong 和 Tetrick，2017；Scheibe 和 Moghimi，2019）。动态环境下年长员工很可能不仅不会表现出更低的适应性，在某些方面的适应性表现上还会更加优秀（Kenny 等，2016），在人才经济时代下，对年长员工适应性的低估很可能会造成组织不必要的人力资源浪费。

由于相较于其他年龄群体，年长员工在生理、心理、价值观、情绪控制等方面具有其独特性，进一步界定年长员工适应性的概念和内容，明确如何识别、判断哪些年长员工具备更高的适应能力，如何培养、提高、影响年长员工适应力的提升，不仅对组织、员工具有重要意义，对社会劳动力年龄结构变革也十分重要。本书基于充分发掘年长员工人力资源价值的目的，从年龄视角出发，探讨年长员工适应性绩效的概念和测量标准，关注影响年长员工适应性绩效的内外部因素，并构建和验证工作场所中年长员工适应性绩效的形成机制。研究主要解决以下三个问题：

其一，年长员工适应性绩效涵盖内容有哪些？在实证研究和组织实践中应该如何测量年长员工适应性绩效？

采用扎根理论研究，通过对 32 位被访者的深度访谈资料和 38 份质性资料的三级编码分析，进一步明确了年长员工适应性绩效的概念，构建包含 4 个维度的年长员工适应性绩效概念结构。同时，在质性分析结果、国内外适应性绩效量表研究的基础上，通过数据调查和分析最终形成 4 个维度 16 个题项的年长员工适应性绩效测量量表。

其二，哪些因素是影响年长员工适应性绩效的关键性因素，它们与年长员工适应性绩效的关系又是怎样的？

采用关键事件法，同样基于 32 位被访者的深度访谈资料和 38 份质性资料，从个体因素和环境因素两个分类标准入手，通过对那些包含影响年长员工适应性的突出事件进行多轮分类汇总和比较研究，最终构建年长员工适应性绩效影响因素体系，并进一步基于前期对质性资料的研究，探讨这些关键影响因素是如何与适应性绩效产生关系，构建年长员工适应性绩效影响因素关系模型。

其三，工作场所中年长员工适应性绩效的形成路径是怎样的？

基于年长员工适应性绩效影响因素关系模型的研究，在影响因素关系模型 2 和模型 5 的基础上，选择 5 个影响因素构建年长员工适应性绩效形成路径，并运用工作要求—资源理论、工作调整理论、社会认同理论对该路径进行解释，提出 7 个研究假设。在此基础上通过数据调查与分析对形成机制模型进行验证。

# 第二节　研究目的和研究意义

## 一、研究目的

预期寿命和工作年限的延长导致越来越多的年长员工选择继续或重新参与生产，这促使政府、社会和经济体必须调整人才观念和社会、组织资源分配策略，寻找更多的方式来开发和利用年长人力资源，以应对职场老龄化趋势（郭爱妹和顾大男，2018；王忠军等，2019）。在信息、技术、知识、文化等快速更新时代下，组织和管理者往往更倾向于给那些适应性水平较高的员工提供更多的资源和机会。对年长员工来说，是否能够在工作中表现出较高的适应性水平，与其是否能够延长职业寿命、实现自我价值息息相关。部分关于员工年龄的研究表明，通过工作和生活经验、成熟度等的优势互补，年长员工在工作效率、工作能力等方面并没有明显的下降（Chand 和 Markova，2019）。同时，应该注意到随着个体年龄增长，员工对工作的需求和关注重点会发生变化，对工作自主性、参与决策、工作兴趣、灵活时间等具有更高的偏好（Zacher 等，2018），在面对不同的工作环境变化时，很可能会表现出不同形式的适应性行为。因此，关于年长员工适应性绩效内容、特征、结构等的研究对于组织充分了解年长员工适应性、提高年长人力资源开发和利用能力具有重要意义。本书的主要目的如下：

第一，转变社会、组织及个人对年长人力资源的观念，将劳动力老龄化视为组织发展的机遇而非威胁。传统的人力资源政策通常强调人力资本的生命周期和职业生涯发展阶段。组织和管理者在招聘、晋升、培养等方面更加偏向具有更高适应性和发展前景的年轻员工，并通过资源配置的方式对内部员工的年龄结构进行控制，忽视年长人力资源的价值开发和提升。因此，年长员工往往在职业发展的后期阶段面临如半退休、缺少培训机会、工作资源分配不公等问题（Smedley，2017），这不利于组织在职场老龄化趋势下保持长久的发展动力。实际上，随着经济、知识、科技等的发展和应用，个体在工作中受到体力、精力等生理机能下降的限制越来越少，年长员工在长期工作和生活中所积累的宝贵经验和综合素养将为其在工作中带来更多优势（Zacher 等，2018）。本书通过对年长员工、适应性及适应性绩效和年长员工在情境互动中的适应性行为路径等的探讨，进一步深化对年长人力资源的认知，为逐步扭转社会、组织及个人基于年龄的人力资源价值判断的观念做出贡献，也为组织及管理者调整组织人力资源体系，通过工作环境、制度、管理等途径提高年长人力资源价值开发和利用程度提供更多方向。

第二，进一步明确在动态或极具变化可能的环境中，高适应性的年长员工应该表现出哪些特性。伴随年龄增长而来的身体素质、记忆力、专注力、认知能力等方面的下降以及社会角色的增多，不可避免地对年长员工的工作产生一定负面影响（Bowen 和 Staudinger，2013），但知识技术、工作经验和生活阅历的增加又为年长员工的工作带来一定的优势，因此仅根据年龄判断员工的适应性和工作效率不客观。目前有关年龄对个体行为和心理影响的研究主要集中于个体生活、学习等场景中，对工作场所中的个体年龄的研究较少，更少进一步探讨年长员工适应绩效的相关主题。随着职场中年长员工越来越多，年长员工的那些相对于年轻员工的独特性在人力资源管理中将会显得更加突出。动态环境对年长员工适应能力的强调，要求组织、员工及管理者应该了解年长员工适应性表现的独特性，并通过资源配置调整、培训和管理帮助年长员工提高对年龄、工作、环境等的适应性（Oliveira 和 Cabral-Cardoso，2018；Veth 等，2019）。所以本书以年长员工为调查样本，通过扎根研究明确年长员工适应性绩效的概念、内涵和结构，在讨论适应性绩效的同时充分突出年长员工的特点，为组织和个体深入了解动态环境中年长员工的适应性表现的特性提供理论基础。

第三，基于中国雇员样本开发年长员工适应性绩效量表，为年长人力资源开发和利用提供参考工具。现有研究中有关适应性绩效工具开发普遍针对一般员工，以 Pulakos 等（2000）开发的 8 维度 68 个题项适应性绩效量表（Job Adaptive Inventory，JAI）的应用最为普遍。以此为基础，众多研究者基于不同研究目的和对象对 JAI 进行修订和应用，但多数仅针对一般性员工或特定职业员工（如教师、知识员工等），还没有针对年长员工群体的适应性绩效测量工具，无法突出工作场所中的年龄对个体适应性行为结果的影响。因此本书以年长员工群体为对象，基于对年长员工特性及适应性绩效内容的扎根研究，通过跨行业样本数据的调查和分析，最终形成年长员工适应性绩效的四维度测量量表，为个人、组织及管理者进一步识别、判断、引导并提高年长员工适应力提供实践工具，也为后文针对年长员工适应性绩效的相关研究提供理论基础。

第四，探寻那些影响年长员工适应性绩效的关键因素，并分析其是如何对年长员工适应性绩效产生影响的。适应性的本质是个体与环境的互动结果，所以动态环境中年长员工适应性绩效会受到众多来自内外部因素的影响。由于年长员工群体在心理、行为、能力等方面的独特性，其对各种影响因素的识别、认知、干预程度的判断很有可能区别于年轻员工，即某些影响因素对年轻员工在情境变化中的行为结果产生较大影响，但对年长员工却影响较小甚至未被识别。本书构建了年长员工适应性绩效影响因素体系和影响因素关系模型。首先，采用关键事件法分析深度访谈资料以及质性资料收集所获取的质性数据，明确存在哪些内外部因素会对年长员工在动态环境中的适应性绩效产生影响；其次，进一步分析这些影响因素对年长员工适应性绩效的干预程度，以进行优先级排序，构建影响因素体系；最后，基于质性研究分析各类影响因素对年长员工适应性表现是如何产生关联的，并构建年长员工影响因素关系模型。影响因素体系及关系模型的构建是子研究三年长员工适应性绩效形成机制的研究基础，并为未来有关年长员工适应性绩效的研究提供更多研究方向。同时给组织、管理者和个人如何更好地通过工作特征、个体特征等的转变来提高年长员工适应性绩效提供参考。

第五，基于年长员工适应性绩效影响因素关系模型的分析，选择其中五个影响因素构建年长员工适应性绩效形成路径，运用相关理论提出假设并构建形成机制模型，通过数据调查与分析对该形成路径进行验证。员工适应性通常既强调动态环境的影响，也依赖个体特征的约束。因此在构建适应性绩效形成机制时要充分考虑工作特征与个体特征的角色或作用。本书在分析年长员工适应性绩效影响因素基础上，构建了包含个体因素和环境因素两个类别的影响因素体系。子研究二对年长员工适应性绩效影响因素模型的讨论，提供了年长员工适应性绩效与五类影响因素产生关系的路径分析。基于此，运用工作要求—资源模型、工作调整理论和社会认同理论构建年长员工适应性绩效的形成路径模型，并通过大规模数据调查和分析对该路径进行验证。这不仅进一步通过实证调查分析印证了本书前文内容，提高年长员工适应性绩效研究中的理论应用程度，同时为组织、管理者及个人提供基于工作特征和个体特征的人力资源管理改善策略。

## 二、研究意义

### （一）理论意义

第一，探讨年长员工适应性绩效的理论概念、内容及结构，丰富有关年长员工和员工工作绩效的研究领域。有关工作绩效的研究兴起于 20 世纪八九十年代，学者基于不同的研究视角提出不同的工作绩效结构，比较典型的如 Campbell 等（1993）的八因素工作绩效模型以及 Borman 和 Bruch（1993）的任务和关系绩效模型。众多研究表明工作绩效的多维度、多层次模型构建已经成为该理论发展的必然趋势，从任务绩效到关系绩效，再到其他绩效维度的出现，如学习绩效、创新绩效、努力绩效、决策绩效等，也说明对于绩效的关注已经逐渐从"事后依据"转移到"未来依据"（Baard 等，2014）。适应性绩效正是一种典型的对员工未来能力的描述（吴新辉和袁登华，2010），主要指员工能够在不确定和复杂的工作环境中及时地识别、判断、预测新的工作要求或可能出现的变化方向，并在此基础上采取一系列有效的应对措施（Charbonnier-Voirin 和 Roussel，2012；Fogaça 等，2018）。众多研究肯定了适应性绩效是工作绩效的重要补充，且独立于任务绩效和关系绩效（Allworth 和 Hesketh，1999；吴新辉和袁登华，2010）。但有关适应性绩效的概念、内容、测量工具、测评方法等的理解和认知上仍然缺乏统一性。本书所提出的年长员工适应性绩效相对于传统的适应性绩效，更多体现了个体在动态环境适应中的年龄化特点，不仅明确了适应性绩效的理论内涵，丰富工作绩效理论体系，对进一步拓展与年长员工和员工适应性绩效有关的研究领域也具有重要意义。

第二，突出员工的年龄特点，开发年长员工适应性绩效的测量工具。从 Allworth 和 Hesketh 提出适应性绩效概念，并由 Pulakos 等（2000）开发适应性绩效量表以来，有关员工适应性绩效的研究逐渐丰富。近年来，我国研究者在国外研究的基础上不断增加对员工适应性绩效的探讨，但主要集中于对适应性绩效与传统工作绩效模型之间的关系讨论，或者开发针对某些职业群体（教师、教练、管理者等）的适应性绩效量表。针对年长员工群体探讨适应性绩效的特点并开发测量量表的研究鲜见。本书在探讨适应性绩效的同时，基于年长员工视角理解适应性绩效的概念，并通过扎根理论研究明确年长员工适应性绩效的结构维度，最终在跨行业样本的调查基础上构建并验证了年长员工适应性绩效的测评量表，为后期有关年长员工适应性绩效的研究提供可靠的研究工具。

第三，明确工作场所中年长员工适应性绩效可能存在的影响因素，建立年长员工适应性绩效影响因素体系，并构建年长员工适应性绩效影响因素关系模型。在以往对员工适应性绩效的研究中，从个体、组织、工作、家庭等多个方面对其影响因素及关系进行过探讨。研究表明，不同个体特征和工作环境特征（如责任心、领导支持等）对员工适应性绩效均可能产生影响（Han 和 Williams，2008；Baard 等，2014）。考虑到员工随着年龄增长而出现的心理、情绪、性格、经验积累等多方面的变化很有可能使其在面对环境变化时产生不同的信息识别、方向判断和策略选择等，本书在以往有关适应性绩效影响因素研究的基础上，通过质性研究方法提炼出那些对年长员工适应性绩效有关键影响的因素，构建了包含个体因素和环境因素两大类共五个子类的影响因素体系。基于对各类影响因素对年长员工适应性绩效产生影响路径的分析，构建 5 个年长员工适应性绩效影响因素关系模型，为后续有关年长员工适应性绩效的形成机制研究提供选择变量的理论依据，同时给未来进一步探讨年长员工适应性绩效更多形成路径提供一定的研究方向。

第四，基于相关理论构建年长员工适应性绩效形成路径，并运用数据调查和分析对形成机制模型进行验证。从子研究二中选择的 5 个影响因素，基于工作要求—资源模型、工作调整理论和社会认同理论构建年长员工适应性绩效形成路径。个体对环境变化的本质是个体与环境互动的结果，换句话说，个体适应性绩效受到外部环境和个体特征的双重约束，但它们在适应性绩效形成过程中的作用却不同，如 Howe（2019）研究表明个体一般心理能力正向预测适应性绩效，而绩效目标则在该关系中起到重要的调节作用；Charbonnier-Voirin 等（2010）的研究表明创新氛围正向调节了变革型领导对适应性绩效的关系。本书基于工作要求—资源模型构建年长员工适应性绩效形成机制，该机制清晰地显示了个体特征、工作特征在年长员工适应性绩效形成过程中的作用及相互关系，提升了有关员工适应性绩效研究的理论应用程度。同时，在探讨年长员工适应性绩效形成机制时，加入了个人要求在个体工作损耗和促进过程中与其他因素之间的关系，一定程度上丰富了工作要求—资源模型相关的研究领域。

（二）现实意义

第一，转变社会各阶层对年长人力资源的观念。未来劳动力年龄结构的变化将促使社会各阶层不得不重视年长人力资源的开发和利用。在面对工作和任务环境变化时，年长员工是否能够表现出较高水平的适应能力，是组织和个人都较为关注的方面。综合以往的研究，年长员工所独有的人力资源优势很可能使其在面对动态环境时表现出不同的应对能力（Zacher 等，2018）。换句话说，年长员工适应性具有其独特性。仅依据年龄对员工的工作效率、适应性或人力资源价值进行判断是不合理的，很可能会导致对年长人力资源价值的低估。本书通过对员工年龄特性的分析总结年长员工适应性特点，在对现有研究的基础上，运用扎根理论研究得到年长员工适应性绩效的概念、内容和结构。在促进组织、管理者和个人对年长员工适应性绩效了解的同时，进一步加深对年长人力资源特性的认识，转变组织、管理者及个人的人才观念，为未来年长人力资源的开发和利用打下基础。

第二，为判断年长员工适应能力提供更加规范的工具。职场年龄多样化对组织人力资源管理提出了更多挑战，虽然处于同一工作环境中，但实际上组织和管理者，尤其是年轻的管理者对不同年龄的员工群体的管理、职业规划、资源配置等方式都有所不同（王斌和刘蕴，2019）。年龄歧视不利于组织对年长人力资源的充分开发和利用，组织需要重新判断和开发年长人力资源价值的工具。本书以年长员工适应性为研究对象，基于对年长员工适应性绩效的内容和结构分析，构建了包含 4 个维度 16 个题项的适应性绩效量表，为组织识别适应性强的年长员工提供更多的可靠依据。同时，组织根据自身对员工的期望，可以通过对适应性绩效量表中的测量指标设置权重的方式，正确引导员工的工作态度和行为。根据适应性绩效测评所反映的信息，也能够发现年长员工适应性上存在的不足和发展空间，在招聘、培训、晋升等人力资源管理实践中更好地管理和开发年长人力资源。

第三，从工作特征和个人特征角度更有效地引导和促进年长员工适应性绩效的提升。适应性本质上是满足动态、变化环境的适应性需求，组织中的个体适应性必然受到组织工作环境的影响（Schaufeli，2017），同时，由于个体有其特殊性，即使同一年龄阶段，拥有不同资源的个体在同样的工作环境中表现出的适应性很可能不同（Wang 等，2017）。识别年长员工适应性绩效的内外部影响因素，并明确适应性绩效的形成路径能够为组织和管理者在年长员工招聘、培训、晋升等方面提供更多有效信息。本书基于工作要求—资源模型、工作调整理论、社会认同理论，从年长员工角度探讨了工作特征是如何影响适应性绩效的，并进一步调查和验证不同个体特征条件下，工作要求和资源对适应性绩效的影响是否发生变化。使组织和管理者在了解工作要求和资源对年长员工适应性绩效影响机制的同时，更有方向性地对工作环境和个体特征进行识别、调整和完善，为提高年长员工适应性绩效提供更好的条件。

## 第三节 研究思路和研究方法

### 一、研究思路

有关适应性绩效的研究从 21 世纪初开始备受关注，国内有关适应性绩效的研究不断增多，但针对年长员工适应性绩效的研究较少。本书遵循提出问题—理论研究—质性分析—提出假设和构建模型—数据调查及统计检验—结论建议的思路，展开年长员工适应性绩效相关研究。①基于对人口老龄化、职场老龄化、年长员工、适应性绩效等相关理论和现实背景的分析，讨论选择本书主题研究的必要性。②梳理年长员工、适应性绩效相关文献，明确现有研究的发展阶段，为年长员工适应性绩效的研究打下基础。③展开扎根理论研究，对中国文化背景下的年长员工在工作场所中所面临的心理、生理、情境互动等的适应性表现进行归纳和概括，提出中国年长员工适应性绩效的概念结构。在此基础上开发组织年长员工适应性绩效的自陈量表，通过探索性和验证性分析对量表进行检验。④采用关键事件法分析影响年长员工适应性绩效的因素，形成包含环境和个体两大类的影响因素体系。结合质性材料分析各类影响因素与适应性绩效是如何产生关联的，并构建年长员工适应性绩效影响因素关系模型。⑤基于年长员工适应性绩效影响因素及其关系模型的研究，选择优先级排序较高的影响因素，并基于工作要求—资源模型、工作调整理论、社会认同理论构建年长员工适应性绩效的形成机制，验证工作资源、工作要求、个人资源与个人要求在年长员工适应性绩效形成过程中的相互作用。⑥基于前述理论、模型的研究结果，从社会、组织、个体等若干个层面进一步探讨提高年长员工适应性绩效的干预措施，并提出相应的对策建议。

本书研究思路框架如图 1-1 所示。

## 二、研究方法

### （一）定性研究方法

1. 文献研究法

文献研究主要用于梳理和掌握某一概念的形成、发展、演化的研究脉络，以帮助理解这一概念研究的发展逻辑，在帮助全面了解某一概念的相关研究内容的同时，有利于研究者对比不同类别的研究分支，以明确自身研究发展方向。本书首先对年长员工相关研究进行梳理，明确年龄划分的标准；其次对工作场所中年长人力资源优劣势进行分析，为年长员工适应

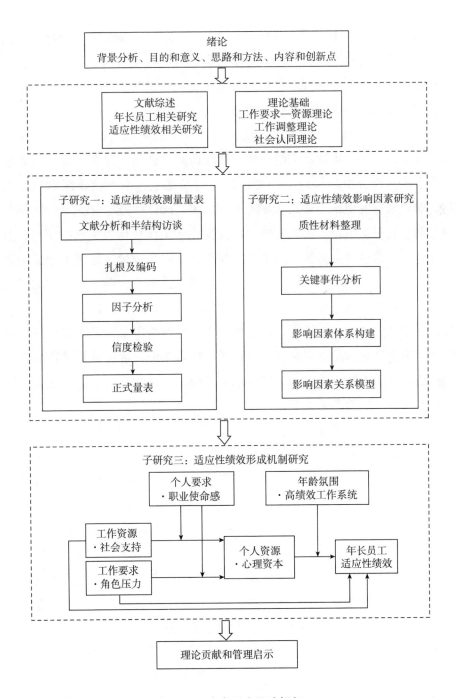

图 1-1 本书研究思路框架

性绩效影响因素分析提供方向；再次对现有关于适应性绩效的概念、维度、工具应用的研究进行梳理，为年长员工适应性绩效内容和结构分析奠定基础；最后结合年龄观点分析年长员工适应性绩效的特点，为有关年长员工适应性绩效结构的研究提供重点。

2. 深度访谈法

深度访谈属于质性研究的一种，帮助研究者就某一概念与被访谈者进行多层次、全方位的探讨。在文献研究的基础上，本书设计深度访谈大纲，选取来自各地区、各行业的年长员工作为访谈对象。在子研究一中，通过与年长员工围绕有关适应性、环境变化、工作变化等主题的探讨，通过年长员工描述在面对知识技术、工作要求、同事领导、社会责任感知等方面变化时的心理和行为表现的细节，再现年长员工在动态环境中的适应性表现，逐步明确年长员工适应性绩效结构内容，进而构建适应性绩效量表。在子研究二中，鼓励年长员工尽量详细地列举印象深刻的需要适应的事例，重点回忆其是如何处理和应对适应性需求的，通过分析获得对年长员工适应性绩效影响较大的关键因素，来构建年长员工适应性绩效影响因素体系和影响因素关系模型。

3. 扎根理论研究法

扎根理论适于在质性资料的基础上对某一概念的特征、主题、关系等进行深入描述以达到系统有序地呈现其规律和本质的目的。在子研究一中，从不同行业、职位中确定 32 名符合条件的访谈对象，拟定 8 个访谈提纲展开深度访谈。同时结合 38 份来自网络和媒体的人物专访或自述资料展开扎根研究，整理质性资料并与研究小组一起进行了三组编码工作。在编码过程中针对意见不统一、概念不清晰的内容对部分被访谈者进行了回访，修正编码内容，最终确定年长员工适应性绩效的相关概念和范畴关系，明确年长员工适应性绩效四维度的内容结构。

4. 关键事件法

关键事件法作为一种工作分析技术，常被用于记录工作情境中影响工作绩效的因素和事件。Pulakos 等（2000）应用关键事件法编制适应性绩效量表，通过对来自军区样本的关键事件收集和分析确定了适应性绩效测量量表的六维度结构，之后通过问卷调查最终确定了八维度量表。在子研究二中，基于深度访谈所获得的员工面对工作变化的事件描述以及人物访谈、自述、记录等质性材料，采用关键事件法提炼和分析对年长员工适应性绩效至关重要的影响因素，构建年长员工适应性绩效影响因素体系，同时通过对关键性互动事件和关键性事件线的分析，进一步构建年长员工适应性绩效的影响因素关系模型，为子研究三打下理论基础。

（二）定量研究方法

1. 问卷调查法

问卷调查法常被用于管理学定量研究中，通过样本选择、问卷设计和发放、数据统计分析，帮助研究者方便快捷、经济实惠地收集与研究主题相关的数据。问卷调查法往往需要建立在理论研究和模型建立的基础上（张志华等，2016）。通过子研究一中年长员工适应性绩效测量量表开发和子研究二中年长员工适应性绩效影响因素体系、影响因素关系模型的质性研究结果，构建年长员工适应性绩效形成机制模型，并用工作要求—资源模型、工作调整理论和社会认同理论对该模型进行解释，提出相关假设。在此基础上选择国内外成熟量表，根据年长员工特点对量表题项表述进行修订后，在不同类型的组织和不同人口统计特征的年长员工群体中展开大规模调查，为验证年长员工适应性绩效形成路径提供数据基础。

2. 数理统计分析法

在子研究一和子研究三中采用了部分数理统计方法，在子研究一中主要采用探索性因子分析、可靠性分析等对年长员工适应性绩效测量量表进行验证和完善。在子研究三中主要采用描述性统计分析、回归分析等方法，对年长员工适应性绩效的形成路径进行验证。

# 第四节　研究内容和研究创新点

## 一、研究内容

本书基于国内外适应性绩效研究成果，结合调查所获得的质性和数据资料，对年长员工适应性绩效的量表重构、影响因素、形成机制进行研究，主要内容如下：

（一）子研究一：年长员工适应性绩效量表编制和问卷调研

将组织中个体适应性纳入绩效体系是从 21 世纪初 Pulakos 等（2000）编制的八维度 JAI 量表开始的，适应性绩效被越来越多地应用于定量研究。但由于研究目的、对象等不同，适应性绩效量表出现较多的修订和更改版本，不利于研究一致性。本书基于对年长员工适应性绩效概念、内容和结构的理解，为形成年长员工适应性绩效测量量表及调查问卷做了以下工作：

第一，构建年长员工适应性绩效概念结构。基于文献研究制定深度访谈提纲，运用扎根理论对 70 份文本资料进行分析，通过三级编码整理出年长员工适应性绩效的 4 个主要范畴、9 个次要范畴、25 个开放编码及100 个基础概念的概念结构。

第二，初步形成年长员工适应性绩效测量量表。基于对适应性绩效测量量表题项的分析，对年长员工适应性绩效测量量表具体题项进行比较研究。采用专家法对 38 个初始题目整合分析后，形成了包括 4 个维度共计16 个题项的年长员工适应性绩效初始测量量表。

第三，形成年长员工适应性绩效正式测量量表。通过探索性因子分析、可靠性检验等，检验了年长员工适应性绩效测量量表的合理性，在调整和完善题项结构后，最终确定了 4 个维度 16 个题项的年长员工适应性绩效测量量表。

（二）子研究二：年长员工适应性绩效影响因素体系和理论模型构建

有关个体适应性的研究涉及医学、管理学、心理学等领域，自21世纪初开始被更多关注以来，适应性绩效被进一步运用于不同员工群体中，如教师、服务员、管理者等，但对年长员工适应性绩效关注较少。为了构建基于年长员工特点的影响因素体系，本书做了以下工作：

第一，构建年长员工适应性绩效影响因素体系。首先，运用关键事件法对70份文本材料进行质性研究，提取影响年长员工适应性行为的关键性事件和内容。其次，结合年长员工适应性绩效的特点，对影响因素体系进行总结和归纳，确定影响因素的优先级，并最终形成包含个体因素和环境因素两大类的影响因素体系。其中个体因素包括生理因素和心理因素2个子类，环境因素包括工作要求、工作资源和年龄氛围3个子类。5个子类又包括认知能力、责任感、职业自信、工作地位、同事支持等在内的17个影响因素。

第二，基于影响因素体系构建的研究，通过对关键性互动事件和关键性事件线的分析，进一步分析5类影响因素对年长员工适应性绩效影响路径，揎清年长员工适应性绩效产生的引发事件、形成过程，构建出五个年长员工适应性绩效影响因素关系模型。

（三）子研究三：年长员工适应性绩效的形成机制模型

根据工作要求—资源模型，工作场所中个体适应性行为受到来自个体和环境的多方面因素的影响。子研究二构建的年长员工适应性绩效影响因素体系得到对年长员工适应性绩效具有关键影响的因素，并通过影响因素关系模型构建明确这些影响因素与适应性绩效的关系线，在此基础上选择其中5个影响因素构建年长员工适应性绩效形成机制模型。对形成机制模型的研究具体内容如下：

第一，年长员工适应性绩效形成机制模型构建。参照子研究二所提供的年长员工适应性绩效影响因素研究，选择5个影响因素构建出年长员工适应性绩效形成路径，运用工作要求—资源模型、工作调整理论、社会认同理论并结合前期质性分析，阐述选取5个因素的合理性并提出7个研究假设，最终构建包含工作资源（社会支持）、工作要求（角色压力）、个人资源（心理资本）、个人要求（职业使命感）以及高绩效人力资源的年长员工适应性绩效形成机制模型。

第二，进行大规模样本调查，并通过数据统计分析对形成机制模型进行假设检验，得出实证研究结果并进行总结和讨论。

## 二、研究创新点

总体来看，适应性绩效虽然获得了一定程度的研究，但仍然缺乏统一性。在概念、内容、测量工具、研究对象等方面仍具有较大的研究空间。本书主要创新点包括：

第一，明确年长员工适应性绩效的核心内容和结构，开发测量工具。在子研究一中，通过对跨行业、跨职位的年长员工的访谈资料和质性资料的收集和整理，运用扎根理论研究对年长员工在适应性事件处理和应对中的心理、行为等进行分析，形成年长员工适应性绩效的概念结构。在此基础上，通过文献分析和数理统计最终建立包含 4 个维度 16 个题项的年长员工适应性绩效测量量表。这在一定程度上丰富了有关年长员工和适应性绩效研究领域，概念结构的形成有利于全面理解年长员工适应性绩效，测量量表的开发为未来关于年长员工适应性绩效的相关研究提供一定工具参考。

第二，形成年长员工适应性绩效影响因素体系和影响因素关系模型。尽管有关员工适应性绩效影响因素的研究成果丰富，关于年长员工适应性绩效的影响因素是否具有其特殊性，则较少有人讨论。考虑到相较于其他年龄群体的员工来说，在变化环境中的年长员工对不同的因素感知强度不同，本书在总结年长员工适应性绩效特点的前提下，采用关键事件法构建了包含个体和环境因素两大类，共 5 个子类别的年长员工适应性绩效影响因素体系，并结合质性资料中所体现出的关键性互动事件和关键性事件线，分析影响因素与年长员工适应性绩效如何产生关联，并最终构建 5 个年长员工适应性绩效影响因素关系模型。不仅为子研究三年长员工适应性绩效形成机制模型的研究打下了重要基础，也为未来有关年长员工适应性绩效形成机制的研究提供一定的理论参考。

第三，在分析年长员工适应性绩效影响因素关系模型的基础上，结合相关理论构建年长员工适应性绩效形成机制模型，并通过数据调查和分析对该模型进行验证，在一定程度上丰富了年长员工适应性绩效的研究。以往有关员工适应性绩效影响因素的研究主要集中于个体因素上，对外部环境因素的作用探讨较少，且缺乏从年长员工群体角度对工作特征、个体特征与适应性绩效关系进行整合。本书结合子研究二对影响年长员工适应性绩效关键因素的体系构建和关系模型分析，选择社会支持、角色压力、心理资本、职业使命感、高绩效工作系统 5 个影响因素构建年长员工适应性绩效形成路径。基于工作要求—资源模型、工作调整理论、社会认同理论和质性分析结果讨论选择以上 5 个影响因素的合理性并提出 7 个研究假设，在大范围数据调查和分析基础上对形成机制模型进行验证，这样做不仅是对子研究一和子研究二的理论应用和验证，还将职业使命感作为个人要求引入工作要求—资源模型，在一定程度上丰富了该模型的研究。

# 本章小结

第一章的主要目的在于在分析研究背景的前提下明确研究目的、意义，总览研究内容及框架，并提炼研究创新点。主要包含以下内容：

第一，通过背景分析可以看出，随着人口老龄化的发展，未来职场老龄化将成为组织发展和人力资源管理面临的重要挑战之一。进一步完善职场生态环境和传统人力资源管理策略，建立年龄友好型人力资源管理将成为组织可持续发展的方向（Smeaton 和 White，2016）。由于在动态环境下，组织需要更高适应性的员工，目前有关员工适应性的研究越来越多，但针对年长员工适应性的研究较少。本书以年长员工群体为对象提出年长员工适应性绩效研究主题，在明确年长员工适应性绩效的概念、核心内容、结构的基础上开发相关测量工具，并进一步对年长员工适应性绩效的影响因素和形成机制进行研究。不仅在一定程度上丰富绩效、适应性绩效、年长员工相关研究领域，而且为组织和员工自身识别、培养、提高适应能力提供必要的依据，促进职场年长人力资源开发和利用。

第二，阐述研究目的和研究意义。首先，在倡导将劳动力老龄化视为一个机会而非威胁，提高对年长人力资源的重视；其次，更清晰地了解年长员工适应绩效概念、内容和结构；再次，基于中国雇员样本开发年长员工适应性绩效测量量表，为年长人力资源开发和利用提供参考工具；又次，基于对年长员工在变化环境中感受的影响其适应性的关键因素分析，形成年长员工适应性绩效影响因素体系和理论模型；最后，结合相关理论和数据调查分析，构建并验证年长员工适应性绩效形成机制模型。

第三，概括研究内容和研究思路。包含三个子研究，子研究一采用扎根理论建立年长员工适应性绩效的概念结构，并开发测量工具；子研究二采用关键事件法分析影响年长员工适应性绩效的因素，并构建影响因素体系和影响因素关系模型；子研究三是在子研究一和子研究二的基础上，选取5个影响因素构建年长员工适应性绩效形成机制模型，并用工作要求—资源模型、工作调整理论和社会认同理论对该模型进行解释，提出相关研究假设，在大范围问卷调查分析的基础上对5个影响因素与适应性绩效的交互关系进行验证。

第四，介绍研究方法，并对研究创新点进行提炼。主要采用定性和定量研究方法，包括深度访谈、扎根理论研究、关键事件技术、问卷调查等。通过三个子研究首先明确了年长员工适应性绩效的概念、特点、内容和结构，并且开发年长员工适应性绩效自评量表；其次结合员工年龄特点分析适应性绩效的关键影响因素构建影响因素体系和影响因素关系模型；最后基于相关理论对其中一个关系模型进行解释和数据验证。这在一定程度上丰富了年长员工、工作绩效和适应性绩效、职场老龄化等相关研究领域。

# 第二章
# 文献综述

## 第一节　年长员工相关研究

### 一、年龄的划分及年长员工界定

随着社会的快速发展，人们对年龄的看法逐渐改变，寿命的增加、工作和退休方式的重新设计、生活方式的丰富影响着现代人对年长员工的界定（Moulaert 和 Biggs，2013）。随着相关政策的推动和社会经济技术的发展，人们过着更老、更丰富、更健康的生活，职场中员工具有更长的工作寿命。尽管众多研究者呼吁细化工作场所中的年龄结构，认为对员工年龄进行更好的概念化有助于更深入地开发人力资源价值并优化管理策略（Wisse 等，2018），但目前对什么是年长工作者仍缺乏共识。研究者普遍认为生理年龄仅是工作场所中考虑员工年龄因素的一个方面，"老化"是个体生理、心理、功能等多方面随着时间推移不断变化的过程，它在社会、组织等各个层面上影响每一个人，具有相同实际年龄的个体可能在组织、家庭、职业发展等多方面表现不同，而这些将直接或间接影响其工作表现（Truxillo 等，2017）。

不同研究中基于目的和背景对年长员工的年龄界定方法不同。Sterns 和 Doverspike（1989）提出的 5 种年长员工定义标准——实际年龄、功能年龄、心理年龄、组织年龄、生命周期年龄得到众多研究者的认可。首先，实际年龄即生理年龄，各国尤其是有关就业和劳动保护的法律政策，对劳动者就业和退休年龄的保障或规定影响组织和社会对年长员工的界定。例如，我国关于退休年龄的规定为 55/60 岁，部分行业规定为 45/55 岁①。美国劳动部的《就业年龄歧视法》② 以及《保护老年工人免受歧视法》③，针对 40 岁及以上的员工提供包括雇用、培训、薪酬、竞争公平等方面的年龄歧视保护；其《职业培训合作法案》和《美国老年人法案》则将 55 岁及以上的工作者纳入年长工作者范围（Kooij 等，2008）。综合来看，不同社会环境中使用的退休年龄标准在 40 岁及以上，政策标准是组织和个体界定年长员工的基础。其次，功能或绩效型年龄，考虑个体随着生理年龄的变化而带来的健康、体力、认知能力、行为表现等各方面工作能力和功能上的变化（Monteiro 等，2006）。例如，Linaker 等（2020）在对 50 岁以上员工两年的随访调查中发现，员工身体质量指数与其工作能力之间有明显关系，尤其是老年肥胖会导致工作能力下降。Flower 等（2019）认为年龄与工作之间的关系较为复杂，从体能、感官、认知功能、事故等方面来看，员工体能不仅受到年龄影响，更受到生活方式、工作环境的影响。个体通常从 40 岁开始肌肉力量、听力和视力开始下降，45 岁及以上员工事故发生率会明显上升，而认知能力在 50 岁及以下则会表现更好。综合来看，从功能年龄上讲，40 岁和 50 岁作为明显的分界岭被多数研究提出，个体在到达 40 岁及以上年龄后，生理机能的下降对其工作

---

① 国务院关于工人退休退职的暂行办法，http：//zwfw-new.hunan.gov.cn/hnvirtualhall/zcwj/detail.jsp? xh=A6FD0E3A502B6356E053671515AC6139.

② 就业年龄歧视法，https：//www.cnbc.com/2020/01/21/house-of-representatives-passes-age-discrimination-bill.html.

③ 保护老年工人免受歧视法，https：//www.investopedia.com/terms/a/age-discrimination-employment-act-1967.asp.

能力会产生更为明显的影响。再次，心理年龄通常包括主观年龄和社会心理年龄，主观年龄即个体的自我年龄认知和年龄群体划分，主观年龄对个体自我效能、积极性和心理健康等多方面有显著影响（Shane 等，2019）。社会心理年龄则涉及社会环境对不同年龄群体的分类及态度，指社会大环境、某一行业、公司或团体对不同年龄群体的认知和评价，社会心理年龄影响年长工作者的雇用、培训、机会等（Kraak 等，2017）。例如，Jeske 等（2019）在实验中发现，对老化持有不同主观态度的员工，对不同年龄对象的绩效判断具有差异性。当员工对老化有更多偏见时，则在工作适宜性、发展潜力、人际交往能力和绩效能力等方面评价更低。组织年龄通常与个人在工作和组织中的职业阶段有关，受到组织年龄氛围的影响，不同组织存在正式或潜在的年龄规范和认知，影响组织年龄多样化管理、员工退休、年龄歧视等。例如，Mulders 等（2017）研究发现高层管理者影响组织中的年龄规范（年龄平等规范和退休年龄规范），其中年龄平等规范对员工退休前的行为有积极影响，退休年龄规范对员工延迟退休或重返职场有积极影响。组织年龄通常受到行业、职业特点及不同社会背景下退休年龄的影响。最后，生命周期年龄是一种综合判断员工年龄的方法，其关注个体在生命不同阶段的行为变化。这一观点强调了个体行为受到生物年龄、社会或群体年龄规范以及职业和生活环境的综合影响。研究者认为生命周期年龄能够通过实际年龄和家庭生活环境来衡量（已婚、未婚等因素）。例如，De-Lange 等（2006）在对比了不同年龄阶段员工的工作和心理健康差异后发现，年长员工（50 岁及以上）对培训、教育、健康和公司政策等方面表现更加积极，但普遍对目前和未来的工作复杂性感到担忧。另一些研究者则关注与环境相关的工作行为来界定员工年龄，如 Wiernik 等（2016）认为年长员工更有可能从事养护行为，倾向于避免对工作场所的环境造成伤害，并鼓励和促进其他员工的环境可持续性。此外，不同研究中考虑更多影响年长员工界定的因素，如 McCarthy 等（2014）认为决策者（经理或管理者）在理解和确定年长员工方面处于中心地位，因为他们影响着员工招聘、晋升、培训、工作发展机会及组织的年龄倾向和政策方向。决策者界定员工年龄标准的来源不仅包括退休、任期、职业阶段，还受到组织年龄规范和行业年龄规范的影响，因此年长员工的年龄范围界定往往非常宽泛，在 28~70 岁（Kooij 等，2008）。

从国内外研究及行业普遍情况来看，尽管研究者倾向于综合不同的标准对年长员工进行定义，但有关劳动力市场参与的研究中将 45 岁及以上视为年长员工的研究较多（Kooij 等，2008；Zacher 和 Schmitt，2016）。例如，Wallen 和 Mulloy（2006）认为老龄化对个体带来的变化将影响员工基于计算机的培训学习，通过向不同年龄组的员工展示 3 种基于计算机的培训材料后发现，年轻员工总体表现良好，而 45 岁及以上员工则对带有图片和音频培训材料上的学习测试更好；黄杜渐（2009）在分析国有企业年长人力资源特点时，认为 45 岁及以上的基层年长员工在生理、心理、社会活动等方面具有其独特性；Mackey 等（2011）基于工作场所的身体活动引导措施，将 45 岁及以上员工界定为年长员工，并认为与年轻员工相比，年长员工的活动量降低，受伤和治愈费用更高，因此工作能力更低；Bowen 和 Staudinger（2013）认为 20 世纪 40 年代中期的雇员通常被认为是年龄较大的，以 45 岁为分界点的调查发现，心理年龄氛围较弱的年长员工具有更低的晋升取向；胡丽红（2018）在研究中国背景下的年长员工知识共享时认为，处于职业生涯后半段的 45 岁及以上的员工更符合年长员工的特点；Flower 等（2019）对年长员工文献总结后认为，区分老年员工和年长员工十分重要，虽然一些研究按照生理年龄对老年员工界定，但工作场所中年长员工的界定受到生理、心理、工作环境、职业等多方面的影响，通常被界定在 45 岁及以上。

综上所述，无论是从生理年龄、功能年龄、心理年龄还是组织年龄上，较多研究者认为 45 岁及以上员工在身体机能、工作能力、心理和行为、职业发展态度等方面存在明显的年龄界限。我国劳动法规定退休年龄一般为 55 岁或 60 岁，45 岁及以上员工处于员工职业生涯的中后期阶段，职业发展稳定且逐渐趋于转折，工作角色和家庭责任逐渐达到平衡，因此本书所指向的年长员工是那些仍处于工作岗位或从事某一专业活动的 45

岁及以上的组织的员工。

## 二、年长员工的人力资源优劣势

组织年龄日渐多样化促进了研究者对年长员工人力资源优劣势的广泛讨论。众多研究表明与年龄相关的身体、认知能力、性格、情感、动机等的变化影响着年长员工的工作能力和适应力（Harris 等，2018），但不同研究者对工作场所中年龄带来的影响有着不同观点。一些研究认为员工随着年龄增长，不良的健康状况和问题逐渐出现，体力、精力及认知能力（如记忆力、集中注意力）下降到一定程度上对其工作带来一定的消极影响（Bowen 和 Staudinger，2013）。例如，Flower 等（2018）研究不同年龄段的身体机能和工作能力发现，个体从 40 岁开始，那些与工作直接相关的身体机能下降明显，如体力、听力和视力，45 岁往后工作中的事故率开始上升，并且在 50 岁以后认知能力出现显著降低。Mäcken（2019）认为年长员工较低的工作控制能力和较差的自我健康评估水平会导致其提前退休。Bravo 等（2020）调查了年轻员工（45 岁以下）和年长员工（45 岁及以上）之间致命和非致命的工作相关伤害的患病率后发现，年长员工的高死亡率可能与行业或职业（如建筑、交通）相关，高体力、视觉、耐力、风险性的工作要求使年长员工相较表现更差。同时，随着年龄的增长，个体会因为时间资源限制，在职业发展后期将精力集中投入到工作重心，忽视或避免那些价值效用不高或需要耗费过多时间和精力的工作（Chang 等，2015）。例如，Wong 和 Tetrick（2017）的研究表明随着年龄的增长，员工的成长需求和外在动机减弱，同时内在动机不断增加，所以年长员工会改变自身资源消耗和投资方向并调整工作身份。对大部分年长员工来讲，在职业生涯中后期往往会面临更多角色转变、策略调整的需求（Veth 等，2019），这些需求消耗年长员工更多可用资源（如时间或精力），可能导致年长员工无法在环境需求和个体能力之间实现平衡，进而放弃成长和发展机会，丧失工作积极性和竞争力（Baltes 和 Staudinger，2000；Matthews 等，2010；Thrasher 等，2016；Hauk 等，2019）。因此，许多组织或管理者担心年长员工缺乏足够的灵活性或适应性，特别是当年长员工处于动态环境中，需要经常面临复杂问题或接触全新的知识或技能时更是如此（Shiu 等，2015；Flower 等，2019）。工作场所中年长员工即使呈现稳重、可靠、忠诚、责任感强、宽容、谦虚、自制力强等形象（Meisner，2012），还是会被贴上古板、不开放、不灵活、缺乏积极性等标签（Taneva 等，2016）。

另外一些研究则认为年龄并非影响个体工作行为和态度的唯一因素，并且员工往往能够通过自身的知识经验来有效弥补认知、生理等方面衰退所带来的影响，因而将年龄与工作效率的简单联系并不客观（Wang 等，2017；Taneva 等，2016）。例如，Roberts 等（2006）的分析显示，社会活力和开放性会随着年龄出现下降，而亲和力则会随着年龄提升，尤其是尽责性和情绪稳定性在中老年人群（40 岁以上）中提升较为明显；Wille 等（2014）对 500 多名职员长达 15 年的追踪调查发现，随着年龄增长，个体工作态度与性格发生变化，个体外向性和尽责性不断提高，而神经质有所降低，工作态度逐渐成熟，并表现出更高的工作满意度和顺应性；Hertel 等（2015）认为年长员工在面对问题时，往往会采用更主动和更积极的应对策略，年长员工在应对压力时具有其特定优势；Scheibe 和 Moghimi（2019）则认为年龄影响员工的情绪调节策略和能力，年轻员工（23 岁左右）面对高强度事件时倾向于隐藏情绪和表现出较低的接受水平，而年长员工面对高强度的事件时则倾向于保持压制和表现出较高的接受水平，相对来说，年长员工的工作满意度和幸福感在高强度事件下更加稳定；Bravo 等（2020）认为虽然年长员工容易发生严重事故，但年长员工的经验通常能够弥补工作中过度的体力要求，因此，支持性的工作环境在更大程度上影响着年长员工的动机和表现（Kenny 等，2016）。

可以看出，尽管在年龄增长的同时个体生理和心理上的改变会带来一定的不利影响，但年长是否就意味着低生产效率、低适应性及低灵活性的观点仍存在争议。随着年龄的增长，丰富的工作和生活经验能够帮助员工在复杂性高的工作中保持高水平的工作绩效，年长员工具有用某种方式补偿认知水平降低的能力（Sturman，2003）。仅仅根据实际年龄而忽视任务特殊性对员工的能力进行判断，往往会导致对年长员工价值的低估（Kenny等，2016）。综合来看，年长人力资源劣势通常表现在：首先，较差的生理机能，如健康状况、与工作相关的生理要求（视力、听力、体力等）、精力恢复、认知能力、记忆力、耐力、灵敏性等（Flower等，2019）。尤其是在劳动密集型组织或行业中，年长员工生理机能的下降对员工的工作效率、工作绩效等可能存在更明显的影响（Bravo等，2020）。其次，心理和认知转变对工作态度和行为带来的影响。随着职业生涯进入中后期，员工更加关注于短期目标，在有限的时间和资源内尽可能多地承担工作责任和实现个人价值。这导致年长员工在面对情境需求时会有选择地忽视或避免响应那些复杂的适应性要求。例如，学习新知识和技术需要耗费更长的时间成本，还会受到个体生理机能的限制，年长员工通常会表现出较低的学习意愿和学习能力（Chang等，2015）。因此，由于心理和认知转变，年长员工很可能在组织管理和工作中表现出积极性和动力较低、学习能力较弱、精力不足等现象。工作中的年长人力资源优势同样也较为明显，首先，丰富的工作和生活经验使年长员工在工作中的表现更加专业和细致，且面对问题时更加冷静沉稳。对"见过世面"的年长员工来说，工作中积累的知识库、策略库、方法库等使其足以应对日常工作中的问题，他们了解工作的流程和内容，清楚工作中会经常出现的误区和容易被忽视的细节，工作失误相对较低。即使是面对新的情境变动，年长员工也能够较快整合知识和信息或寻求资源支持来解决（Scheibe 和 Moghimi，2019）。其次，较强的信息分析能力、韧性和耐心。尽管年长员工出于记忆力下降和时间限制等多方面的考虑，表现出较低的学习意愿和能力，但长期的信息渠道的积累，也提升了其捕获外界变化信号和预测变化方向的能力（Hertel 等，2015），这为其应对变化提供了时间宽度。并且大多数年长员工在面对困难和复杂工作时表现出更强的韧性和耐心，这也降低了其身体机能下降对学习能力的影响。最后，责任心、忠诚度较高且擅长人际关系网络的建立和维护。有长远职业生涯规划的员工通常更加追求自我价值、职业使命的实现，在工作中表现出更高的忠诚度及责任心（Meisner，2012）。长期的组织工作促使年长员工总结出适合自己的人际关系网络建立和维护模式，他们往往更擅长寻求外界支持和帮助，并避免人际冲突。

# 第二节　适应性绩效研究

## 一、适应性绩效的概念

作为个体适应性研究领域的延伸，适应性绩效（Adaptive Performance，AP）主要专注于将适应性具象化为个体外在表现（Allworth 和 Hesketh，1999）。早在 1995 年，Johnson 等在有关顾客满意度框架研究中提到过"Adaptive Performance"的概念，从市场角度出发将其视为预期与现实间比较的结果。公认的较早提出工作场所中的个体适应性绩效概念的是 Allworth 和 Hesketh（1999）发表的有关适应性绩效的研究。该研究是在 Borman 和 Brush（1993）的二维模型基础上进行扩展，将与应对变化的能力相关的绩效维度纳入工作绩效范围。Allworth 和 Hesketh（1999）认为适应性绩效指那些能够表现出的个体应对变化能力，以及随着任务或工作需要变化而在任务间转移学习能力。他们将适应性绩效概念分为认知成分与非认知成分两个方面。认知成分与学习和技能应用有关，包括新学习和使用以问题为中心的应对策略，如计划改变、获得有关变化的信息、预测和解决与变化相关的问题；非认知成分与工作中适应变化的情绪和行为有关，包括自己应对变化能力的信心、接受改变、积极应对改变并发现机遇等。也有部分学者受到研究目的、对象等影响，将适应性绩效理解为更具职业或行业特点的表现，认为适应性绩效归根结底是将重点放在对不断变化的工作需求的响应上，相较于周边绩效和任务绩效来说，其更加具有动态性特点（Jundt 等，2014）。

　　本书基于梳理以往研究中不同的适应性绩效研究视角，将适应性绩效概念的理解分为特定领域下的任务适应性绩效和一般环境下的能力适应性绩效（见图 2-1）。

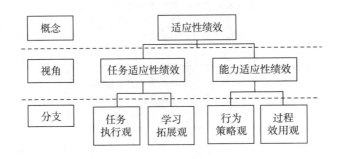

**图 2-1　适应性绩效概念分类**

　　其中，任务适应性绩效观点侧重个体适应某一任务、工作等变化而进行的相关知识和技能的转变。这种观点着眼于工作或任务的完成、专业知识技能的获取和应用。其目标导向为在任务变化时提高绩效、促进个人学习和发展（Baard 等，2014）。该观点根据目标导向不同进一步分为两个分支，即任务执行观（某一工作、任务、具体问题的完成或解决）和学习拓展观（获得或拓展能够帮助任务完成的知识技能）。能力适应性绩效观点侧重针对整体环境变化而进行的所有相关行为、心理、认知、态度等方面的调整。这种观点着眼于对整体环境变化信息的获取、变化形势的判断、调整策略的制定。其目标导向为对整体环境变化进行评估并促进个体和环境之间的平衡，既强调对环境变化的预测能力，又看中适应性需求与调整策略之间的平衡结果。该观点根据目标导向不同分为两个分支，即行为策略观（适应当前环境变化的自身一系列心理、行为的调整方案）和过程效用观（关注个体适应的过程机制）。表 2-1 对各观点下的适应性绩效概念的内容、关键词/句进行总结和对比。

表 2-1　不同类别适应性绩效概念内容总结

| 分支 | 作者（年份） | 概念 | 关键词/句 |
|---|---|---|---|
| 任务<br>执行观 | Lepine 等（2000）、Johnson 等（2006） | 由任务要求改变后个体表现出的行为，采用特定类型的任务绩效来代替适应性，即决策制定绩效 | 任务绩效<br>决策制定绩效 |
| | Chen 等（2015）、McFarland（2019） | 在客户交互或跨客户交互过程中基于感知信息而改变销售行为 | 感知信息<br>销售行为 |
| | Gwinner 等（2005）、Leischnig 和 Kasper - Brauer（2015）、Echchakoui（2017）、Yoo 和 Arnold（2019） | 员工以一种与情境相匹配的方式，通过有意识地调整人际互动关系或改变实际提供的产品或服务来适应特定的顾客需求 | 顾客需求<br>改变人际关系<br>改变产品或服务 |
| | Campbell 等（1993）、Jundt 等（2014） | 个体为了响应或预期与任务相关的变化而实施的以任务绩效为导向的行为 | 任务变化<br>任务绩效导向 |
| 学习<br>拓展观 | Mumford 等（1993）、Niessen 和 Jimmieson（2016） | 对新的、不明确的任务及时做出反应，以及在执行新任务时的学习和技能获取的能力 | 任务需求<br>学习和技能获取 |
| | Ghousseini 等（2015） | 需要学会有效的知识技能，并利用概念资源来判断在不确定环境下该做什么 | 知识技能<br>概念资源 |
| | Bell 和 Kozlowski（2008） | 利用一个人现有的知识库来改变一个已学过的过程或为一个全新的问题生成一个解决方案 | 知识库<br>改变已学的<br>新的解决方案 |
| | Heimbeck 等（2003）、王胜桥（2006）、Chen 等（2005）、胡晓燕（2015）、Kong（2018） | 表现在个体如何很好地解决学习和转移任务之间的差距，按照工作的要求将已有的知识经验在不同情境中转移 | 学习<br>知识经验转移任务 |
| | Niessen 等（2010）、王秀丽等（2011） | 适应不仅是学习新的知识和技能，还包括摒弃旧的工作流程，改变继续履行任务和职责以及重新建立适合自己所处情景的认知 | 学习知识和技能<br>摒弃旧工作流程<br>重新评估认知 |
| | 陈晓暾和熊娟（2017） | 社会环境不断变化的产物，要求员工具有不断学习新技术、新方法以及运用创造性思维解决问题的能力 | 学习能力<br>创造性思维解决问题能力 |

续表

| 分支 | 作者（年份） | 概念 | 关键词/句 |
|---|---|---|---|
| 行为策略观 | Allworth 和 Hesketh（1999）、Pulakos 等（2000）、陶祁和王重鸣（2006）、冯明和陶祁（2005）、吴新辉和袁登华（2010）、Blickle 等（2011）、Wihler 等（2017）、谭乐等（2018） | 对环境变化的反应或预期，当工作要求发生变化或当其他人表达其期望和目标时，个体能够根据新情况、事件或变化的环境需求适当修改自身行为 | 学习转移 修改行为 环境需求 他人期望 预期变化 |
| | Griffin 和 Hesketh（2003）、Shoss 等（2012）、王冬冬等（2019） | 改变会造成环境和个体之间的不匹配，是个体通过主动性、反应性和可操作性三种类型的行为调整来最大限度提高自身与环境的契合度，以提高绩效 | 环境契合度 主动性、反应性、可操作性 行为调整 |
| | Cronshaw 和 Jethmalani（2005）、Saks（2008）、Wang 等（2017）、Marques-Quinteiro 等（2019） | 个体对影响其角色作用变化的应对、响应的程度，是个体积极主动地对工作场所变化的反应，它包含了预期，是个体规划行为和行为表现之间的综合体现 | 角色 工作场所 预期 规划行为 |
| | Bröder 和 Schiffer（2006）、Burch 等（2008）、Glöckner 等（2014） | 个体有效地选择适应环境的行为结构，愿意使用不同的解决问题的策略，对策略进行适当或最优的变化或转移，能够以改进现有工作方法为目标 | 选择行为 策略变化或转移 |
| | Chang 等（2017） | 个体动态预测的准确性。个体基于预测调整策略来处理复杂情况和减少不确定性风险，因此预测的准确性是个体处理不确定任务能力的体现 | 预测准确性 处理任务能力 |
| | Baard 等（2014）、郑云翔等（2018） | 个人从开始产生适应性心理到完成工作的一种行为体现，是对新环境或不断变化的环境需求做出的认知、情感、动机、心理、人际、心智活动和行为调整，是应对变化的行为及结果的总和 | 认知、情感、动机、心理、人际、心智行为及结果过程 |

续表

| 分支 | 作者（年份） | 概念 | 关键词/句 |
|---|---|---|---|
| | Joung 等（2006） | 涉及个体从对一个情况进行评估，到识别潜在问题，再到生成一组可选择操作的过程 | 情况评估<br>识别问题<br>预测 |
| 过程效用观 | Tsui 和 Ashford（1994）、Bell 和 Kozlowski（2008）、Rosen 等（2011）、彭家敏和张德鹏（2015） | 个体或团队成员从开始产生适应性心理到完成工作的整个过程的适应 | 过程<br>效果总和 |
| | Howe（2019）、Stasielowicz（2019） | 个体如何随着时间的推移适应任务中的不同变化。是变化发生后，短期内任务绩效的转变和长期内绩效随时间推移变化的比例的总和 | 短期任务绩效<br>长期绩效变化比例 |

通过上述分析可以看出，任务适应性绩效是针对具体工作或任务的行为改变或调整，包括任务执行观和学习拓展观两个分支。任务执行观研究常见的关键词/句包括顾客需求、任务绩效导向、感知信息、销售行为等。总体来说，任务执行观认为适应性绩效是个体为了响应某一具体工作、任务、问题的适应性需求的行为表现，如适应性销售、适应性教学、适应性服务等，用来指代对员工某一领域适应性绩效的衡量或评估。这种观点具有明显的任务绩效目标导向，其关键假设是适应性绩效的评估带有明显的工作、任务特点，不具有所有工作情况下的一般性。例如，Lepine 等（2000）认为适应性最常见于复杂、新颖或仅仅是不明确的任务中的学习或表现，在其研究中将适应性特定为由任务要求改变后个体所表现出的行为，并在实验中用决策制定绩效的准确性来衡量。Jundt 等（2014）将适应性绩效定义为个体为了响应与任务相关的变化而实施的以任务绩效为导向的行为。其中，与任务相关的变化包括与工作相关的任务性质的变化、完成任务的方法（个人的和人际的）以及评估效率的方法。

学习拓展观研究常见的关键词/句包括学习和技能获取、知识技能、概念资源、知识库、摒弃旧工作流程、重新评估认知、知识经验转移任务等。总体来说，学习拓展观认为适应性绩效是个体在更复杂、更新颖的环境中应用他们在培训、实践中所学到的任务、流程、知识或技能的有效性。这种观点具有明显的学习、培训目标导向，其关键假设是个体通过学习、培训等获得的知识、技能、方法或流程，是满足工作或任务变化产生的适应性需求的基础。例如，Kozlowski 等（2001）认为组织中的个体面临着一个充满知识和创新的复杂任务环境，具备高水平的培训、技能和专业知识的个体，能够掌握先进的技术系统并快速评估情况和协调行动，以保证有效绩效。作者将个体训练有素的知识和技能概括为新的、更困难的、更复杂的任务情境的能力，来评估个体适应性绩效。Ghousseini 等（2015）提出由于实践中工具和技术手段的开发，对新手教师群体的知识和技能发展要求更高，并以新手教师是否能够在实践中学习使用这些工具来评估其适应性绩效。

相较于任务适应性绩效针对具体工作任务的特点，能力适应性绩效则具有一般性和普适性特点，根据现有文献可以分为行为策略观和过程效用观。其中行为策略观研究的常见关键词/句包括修改行为（认知、情感、动机、心理、人际、心智）、预期变化、选择行为、策略变化或转移、行为调整等。可以看出该观点认为适应性绩效是一系列响应环境变化的行为组合，个体能够通过信息对变化进行预测和判断，并对行为策略组合进行选择和施行。这种观点具有明显探索普遍性适应性行为策略组合的目的，其关键假设是适应性绩效是为了响应整体组织环境变化而不是某一特定任务环境的变化，并具有可跨组织性。例如，Pulakos 等（2000）认为适应性绩效是为了满足工作环境、事件或新情况的需求，个体改变、调整的行为表现的组合。在对适应性绩效和各个维度的提炼过程中，Pulakos 等尤其注意提炼概念上的一般性，认为一般性概念在一定程度上也能概括特定工作环境下的适应性，如人际适应性维度被定义为改变自己的行为以回应另一个人的行为，而非善待、倾听等具体表现。基于此，适应性绩效及其维度能够代表跨组织、工作环境中的适应性需求。郑云翔等（2018）认为适应性绩效是个体应对变化的整个过程中的一系列心理、态度、认知和行为的改变或表现，并将适应性绩效分为行为、能力、心理、人际和环境5个维度。

过程效用观研究的常见关键词/句包括预测、过程、情况评估、识别问题、短期任务绩效、长期绩效变化比例等。可以看出过程效用观将适应性绩效视为过程机制，既关注个体在环境改变后的行为表现结果，又关注随着时间推移个体行为变化的阶段、方式、过程等，并注重对适应的动态性的测量和评估。这种观点的目标在于概括适应过程各阶段的行为组合及阶段之间的过渡关系。例如，Howe（2019）认为适应性绩效是个体为了响应任务环境的变化而做出的一系列调整组合，它涵盖更加动态的以任务为中心的行为。作者根据时间变化将适应性绩效分为过渡适应和重新获取适应，其中过渡适应指变化后的近端绩效变化，此时的绩效依赖个体识别和响应的速度；重新获取适应指个体绩效随着时间推移的变化速度，强调长期适应的效果。

总体来看，目前对适应性绩效概念的理解可根据环境层次和目标导向不同分为两大类四个分支。无论哪个角度去理解，适应性绩效概念都具有以下几个共性：①以工作场所或组织环境的动态性为背景构建绩效内容框架；②适应性绩效是一种行为，不仅关注行为结果，更加关注适应的行为内容；③虽然部分研究在适应性绩效测量操作上侧重某一方面，但适应性绩效被认为是多维的结构，是动态环境中个体一系列行为表现的组合，而非某一方面的表现。根据工作调整理论，当个体与工作、组织处于需求和资源之间的不平衡时，个体必然出现自我调整来满足适应性需求。适应性是个体为了满足环境对角色的要求进行的自我调整，而适应性绩效则应该是适应性中那些与工作场所效率有关的、能够被控制和评估的部分（Campbell 和 Wiernik，2015）。所以，个体适应性绩效是当环境发生变动时，个体积极捕获情境变化信号并做出判断或预测，为了保证自身、组织、工作持续平衡，根据现实情况做出的规划和调整。这些规划或调整的内容不仅体现在工作行为上，而且体现在工作态度上，既包括调整后的效果也包括调整的效率。

## 二、国内外适应性绩效的维度及测量

从适应性绩效被提出并得到广泛研究以来，大部分研究肯定适应性绩效的多维结构，并就其测评工具的开发做出了众多尝试。但也有部分研究认为适应性绩效多维结构并未得到足够的经验支持（Huang 等，2014），或将适应性绩效狭义地定义成对不确定或紧急事件的应对（Johnson 等，2006）。综合以往研究，根据应用范围的不同，本书将适应性绩效测量工具分为通用型工具和特定型工具两类。前者倾向于通过大量理论和文献研究，基于实地绩效调查结果或个体差异问题，开发跨时间和行业领域的通用型测量工具。后者则倾向于结合特定研究目的，将在实验控制或任务转换设定下所测量的绩效、行为表现等作为适应性绩效，表 2-2 对常见的适应性绩效量表及其内容信息进行梳理分析。

首先，通用型工具的研究可分为两个分支，第一，以 Pulakos 等（2000）的 JAI 量表为代表，一部分学者就跨领域应用的适应性绩效测量工具展开了大量工作。Pulakos 等在 Campbell 等（1993）工作绩效分类法的基础上，采用文献综合分析法、关键事件法等，基于对来自 11 个不同军事组织、政府和私营部门工作中的 21 个样本的调查开发了适应性绩效量表，包括 8 个维度 68 个条目，但其 68 个条目未公开。之后大量研究在更大范围内对 JAI 进行验证和修改，如 Griffin 和 Hesketh（2003）在非军事领域对 JAI 进行检验，认为 JAI 的 8 个维度无法在非军事职业环境中复制，并基于工作调整理论将除"物理适应性"外的 7 个维度归纳为 3 个维度，即主动适应性、反应适应性、容忍性，开发了 20 个条目的量表。Charbonnier-Voirin 和 Roussel（2012）在法语背景下，基于 JAI 中的 5 个维度形成了 19 个条目的适应性绩效量表。另外还有大量研究在不同领域或人群中应用及验证了 JAI 量表，如医护人员、教师、政府官员、管理者、一线员工等（Naami 等，2014；Hosseini Koukamari 等，2015；Hameed 和 Bashir，2017），扩大了 JAI 量表的影响力。第二，部分学者基于其他有关适应性研究开发的个体适应性量表被广泛应用到一般场景的适应性绩效研究中。

表2-2　适应性绩效测量工具汇总分析

| 分类 | 作者（年份） | 维度数 | 维度内容（题项数） | 题项（解释） | 题项数量（是否公开） | 研究对象 | 评价方式 | 备注 |
|---|---|---|---|---|---|---|---|---|
| 通用型工具 | Allworth和Hesketh（1999） | 1维 | 工作绩效模型（1个维度） | ①文案和管理能力 ②任务学习和掌握能力 ③学习的自信心 | 3题 | 酒店员工（两次257+245） | 自评 | 作为工作绩效中的一个维度；采用面向结构的传记数据开发方法开发问卷 |
| | Pulakos等（2000） | 8维 | 处理紧急事件或危机情景（4条解释） | ①迅速分析应对危机的方法 ②集中思考，瞬间决策 ③情绪控制，积极自信 ④采取行动，掌控局面 | 68题（未公开，有定义） | 量表开发基于军队样本（年龄在23~27岁）；量表检验加入企业样本，共涉及21种不同职业 | 自评 | 针对8个维度给出了37条解释，但并未公开所设计的68个项目 |
| | | | 处理工作压力（5条解释） | ⑤高压工作下冷静沉着 ⑥意外情况下不过度反应 ⑦努力寻找方案克服挫折，不推卸和抱怨 ⑧高压下仍具有专业精神 ⑨保持镇静安定以免影响他人 | | | | |
| | | | 创造性解决问题（5条解释） | ⑩具有独特分析能力和创新理念 ⑪从本质到表象分析问题，产生新方法 ⑫善于整合信息 ⑬善于拓展思考的业务范围，寻找方法 ⑭善于开发方法获取和利用有限资源 | | | | |
| | | | 处理不确定性及不可预测性工作情景（6条解释） | ⑮根据当下信息及时采取行动，不拖拉 ⑯能够灵活调整工作计划、行为目标 ⑰能够及时调整方向 ⑱善于寻找动态情况中的固定范式或方法，降低不确定性 ⑲判断和决策机动性强，不死板 ⑳追求结果准确，拒绝模棱两可 | | | | |

续表

| 分类 | 作者（年份） | 维度数 | 维度内容（题项数） | 题项（解释） | 题项数量（是否公开） | 研究对象 | 评价方式 | 备注 |
|---|---|---|---|---|---|---|---|---|
| 通用型工具 | Pulakos等（2000） | 8维 | 学习工作任务及技术和程序（5条解释） | ㉑积极学习新方法和技术，并保持更新 ㉒快速学习，掌握新技术、解决新问题 ㉓适应新工作流程及规程 ㉔预测知识技能的变化，主动寻找途径获取 ㉕主动提高工作绩效短板 | 68题（未公开，有定义） | 量表开发基于军队样本（年龄任23~27岁）；量表检验增加入企业样本，共涉及21种不同职业 | 自评 | 针对8个维度给出了37条解释，但并未公开所设计的68个题项 |
| | | | 人际适应性（5条解释） | ㉖灵活变通 ㉗善于倾听和采纳他人意见，改变自己 ㉘开放地接受他人对工作的批评和建议 ㉙任何性格的人保持良好关系 ㉚善于汲取他人的优点并调整自身行为 | | | | |
| | | | 文化适应性（4条解释） | ㉛学习了解不同文化、价值观、目标 ㉜融入并适应不同价值观、风俗文化 ㉝能够入乡随俗 ㉞采取必要的方法，获取与不同文化的合作 | | | | |
| | | | 身体适应性（3条解释） | ㉟能适应极端工作环境 ㊱时常强迫自己完成费神费力的任务 ㊲能够随时根据需要提供必要的体力工作 | | | | |

续表

| 分类 | 作者（年份） | 维度数 | 维度内容（题项数） | 题项（解释） | 题项数量（是否公开） | 研究对象 | 评价方式 | 备注 |
|---|---|---|---|---|---|---|---|---|
| 通用型工具 | Griffin 和 Hesketh (2003) | 3维 | 主动适应性（包括问题解决和处理紧急危机情况）（4条解释） | ①为我的工作领域设计新的程序或流程<br>②主动解决新的或复杂的问题<br>③处理突发事件和紧急情况<br>④采取全新的方式完成工作或处理问题 | 20题（只公开14个题项） | 一般员工 | 自评 | 将 Pulakos 等（2000）开发的 8 维度量表中除生理适应性的其他 7 个维度综合为 3 个维度<br>研究中提到的 AP 量表为 20 个题项，但由于题项并未全部公开，后期将研究者直接将其定义为 14 个题项（Baard 等，2014） |
| | | | 反应适应性（包括人际、文化、新的学习行为）（6） | ⑤为应对变化、学习新的技能和知识<br>⑥掌握新的工艺、程序或设备<br>⑦与不同文化背景的人保持良好关系<br>⑧改变人际交往方式以适应各种不同性格的人<br>⑨能与不同文化或方法的人、团队一起工作<br>⑩改变自己的做事方式，以迎合不同人的喜好 | | | | |
| | | | 容忍性（包括工作压力、不确定或不可预测的工作情况）（4） | ⑪能够应对工作上的压力<br>⑫能够应付较高工作量<br>⑬能够在模棱两可/不确定的情况下工作<br>⑭在不了解全部信息和情况下能够继续工作 | | | | |

续表

| 分类 | 作者（年份） | 维度数 | 维度内容（题项数） | 题项（解释） | 题项数量（是否公开） | 研究对象 | 评价方式 | 备注 |
|---|---|---|---|---|---|---|---|---|
| 通用型工具 | Griffin 等（2007） | 2 维 | 适应性（3） | ①快速响应核心任务的变化要求 ②快速应对新的工作方法的改变 ③学习新的技术和知识 | 6 题 | 一般员工 | 主管评价 | 工作绩效模型包括响应性、适应性和主动性三大维度。其中适应性和主动性是不确定环境下的必要表现 |
| | | | 主动性（3） | ④能够寻找更好方法来完成核心任务 ⑤不断改进完成核心任务的方式 ⑥创新地改变任务完成的方式 | | | | |
| | Charbonnier-Voirin 等（2010） | 5 维 | 处理不确定或紧急情况（4） | ①我一直关注形势，以便迅速做出反应 ②我迅速采取有效的行动来解决问题 ③我研究了可用的选项及其含义，以选择最佳解决方案 ④我很容易改变计划以应付新情况 | 19 题 | 一般员工 | 自评 | 该量表是基于 Pulakos 等（2000）的 8 维量表，在法语语境下测量开发的 |
| | | | 处理工作压力（3） | ⑤在我必须同时做出许多决定时，我会保持冷静 ⑥我通过与更有经验的同事交谈来寻求解决方案 ⑦我的同事经常在困难情况下向我寻求建议，因为我能保持冷静 | | | | |
| | | | 创造性地解决问题（4） | ⑧我试图开发解决非典型问题的新方法 ⑨我依靠各种信息来找到创新的解决方案 ⑩我尽量避免遵循既定方法而是寻找创新的解决方案 ⑪我的同事听取我取的建议，以产生新的想法和解决方案 | | | | |

续表

| 分类 | 作者<br>(年份) | 维度<br>数 | 维度内容<br>(题项数) | 题项<br>(解释) | 题项数量<br>(是否公开) | 研究<br>对象 | 评价方式 | 备注 |
|---|---|---|---|---|---|---|---|---|
| | Charbonnier—<br>Voirin 等<br>(2010) | 5 维 | 学习 (4) | ⑫我在工作中寻求创新,以改进工作方法<br>⑬ (在公司内外) 我采取行动来保持我的技能与时俱进<br>⑭我通过参与帮助我应对变化的项目或任务来预测工作中的变化<br>⑮我一直在寻找能帮助我提高工作表现的机会 (如培训、与同事的交流等) | 19 题 | 一般员工 | 自评 | 该量表是基于Pulakos 等 (2000) 的 8 维量表,在法语语境下测量开发的 |
| | | | 人际适应 (4) | ⑯根据他人的反馈和建议,我改变了自己的工作行为方式<br>⑰工作中我总是与他人建立积极的关系,以助于我表现得更好<br>⑱我学习新的工作方法来更好地与同事合作<br>⑲我试着考虑别人的观点,以便更好地与他们交流 | | | | |
| 通用型工具 | Koopmans 等<br>(2013) | 1 维 | 适应性绩效 (8) | ①我努力使我的工作知识与时俱进<br>②我努力使我的工作技能跟上时代<br>③我表现出了灵活性<br>④我能很好地应对工作中的困难和挫折<br>⑤在工作中遇到困难或挫折后,我很快就恢复了<br>⑥我想出了解决新问题的创造性办法<br>⑦我很能很好地应对工作中不确定和不可预知的情况<br>⑧我很容易适应工作中的变化 | 8 题 | 一般员工 | 自评 | 开发了包含任务绩效、周边绩效、适应性绩效、反生产行为的 4 维工作绩效量表。虽然研究发现 AP 是 CP 的一部分,但后期一些学者依然将其AP 维度的 8 个题项应用到研究中 (Tabiu 等, 2018;Dang 等, 2020) |

续表

| 分类 | 作者（年份） | 维度数 | 维度内容（题项数） | 题项（解释） | 题项数量（是否公开） | 研究对象 | 评价方式 | 备注 |
|---|---|---|---|---|---|---|---|---|
| 通用型工具 | Oprins 等（2018） | 6维 | 处理危机情况（5） | ①能够分析不熟悉的问题<br>②能够从多个角度考虑一个复杂的问题<br>③为了解决问题而调整工作或行动计划<br>④能够比较同一复杂问题的不同解决方案<br>⑤采用/选择创新的方法来解决问题 | | | | |
| | | | 解决难题（5） | ⑥了解危机情况以便做出正确的决定<br>⑦跟踪紧急情的展开过程，以便调整自己的行为<br>⑧思考如何解决威胁的情况<br>⑨危机情况下，能在恰当时刻采取行动<br>⑩当危机形势加重时能够采取、设定新的优先事项 | 31题 | 一般员工 | 自评 | 基于荷兰适应力和绩效测量量表（D－ADAPT），并结合Pulakos等（2000）的JAI和Ployhart和Bliese（2006）的I－ADAPT－M量表综合开发 |
| | | | 文化适应（5） | ⑪对不同文化背景的人的行为采取开放态度<br>⑫了解其他文化的价值观和习惯，以熟悉有关规则<br>⑬基于对一种文化的了解来预测人们的行为<br>⑭思考如何在陌生的文化中行为处事<br>⑮调整自己的目标以适应来自不同文化的人 | | | | |

续表

| 分类 | 作者（年份） | 维度数 | 维度内容（题项数） | 题项（解释） | 题项数量（是否公开） | 研究对象 | 评价方式 | 备注 |
|---|---|---|---|---|---|---|---|---|
| | Oprins等（2018） | 6维 | 体力适应（6） | ⑯知道什么时候身体状况让你的工作更难完成 ⑰在需要承受一项任务时考虑身体承受力 ⑱在紧张任务活下保持最佳状态 ⑲决定如何在苛刻的物理环境下坚持下去 ⑳思考如何调整自己的计划以适应物理任务环境中预期的变化 | 31题 | 一般员工 | 自评 | 基于荷兰适应力和绩效测量量表（D-ADAPT），并结合Pulakos等（2000）的JAI和Ployhart和Bliese（2006）的I-ADAPT-M量表综合开发 |
| | | | 处理工作压力（5） | ㉒在复杂的情况下识别可能的压力 ㉓确定压力为什么会感到压力 ㉔预测压力如何影响你的工作质量 ㉕思考如何应对压力 ㉖不同的方案中选择以减少压力 | | | | |
| | | | 人际责任（5） | ㉗观察别人的行为以了解他人的反应 ㉘预测其他人可能的反应 ㉙创新为行为方式 ㉚因为其他团队成员的想法而改变主意 ㉛使自己的决定符合符合他人的愿望 | | | | |
| 通用型工具 | Ployhart 和 Bliese（2006） | 8维 | 危机（6） | ①我能在紧急情况下保持专注 ②在紧急情况下，我可以把感情放在一边来处理重要的任务 ③在紧急时刻我的思维清晰 ④我能在紧急情况下保持客观 ⑤在遇到危急时机时，我通常会挺身而出，采取行动 ⑥在危机时刻，我能做出明智的决定 | 55题 | 一般员工 | 自评 | 认为适应性是个体差异而非绩效的一部分，是影响绩效的一个近端因子。该量表适应性绩效于大量适应性绩效研究成果。为后期一些AP研究所借鉴，对AP测量工具开发有一定程度的影响 |

续表

| 分类 | 作者（年份） | 维度数 | 维度内容（题项数） | 题项（解释） | 题项数量（是否公开） | 研究对象 | 评价方式 | 备注 |
|---|---|---|---|---|---|---|---|---|
| 通用型工具 | Ployhart 和 Bliese (2006) | 8维 | 文化（5） | ⑦我喜欢学习与不同于我自己的文化<br>⑧我能和各种各样的人很好地合作<br>⑨对我来说，尊重别人的文化很重要<br>⑩我喜欢与不同背景的人一起工作所带来的变化和学习经验<br>⑪与不同价值观和习俗的人交往，我感到很舒服 | | | | 认为适应性是个体差异而非绩效的一部分，是影响绩效的一个近端因子。该适应性量表是基于大量适应性绩效研究成果。为后期一些 AP 研究所借鉴，对 AP 测量工具开发有一定程度的影响 |
| | | | 工作压力（5） | ⑫我通常对有压力的消息反应过度<br>⑬我觉得没有能力应付太多的压力<br>⑭当我的时间表很大满时，我很容易慌乱<br>⑮当我有很大的工作量时，我通常很有压力<br>⑯当我处于巨大的压力下时，我经常哭泣或变生气 | 55 题 | 一般员工 | 自评 | |
| | | | 人际（7） | ⑰我认为灵活处理与人的关系很重要<br>⑱我倾向于能够读懂别人、理解他们在任何特定时刻的感受<br>⑲我的洞察力帮助我有效地与他人合作<br>⑳我是一个思想开明的人<br>㉑我观察他人，并在互动中运用观察到的信息<br>㉒我在和别人打交道时尽量灵活一些<br>㉓我调整自己的行为以与他人相处 | | | | |

续表

| 分类 | 作者（年份） | 维度数 | 维度内容（题项数） | 题项（解释） | 题项数量（是否公开） | 研究对象 | 评价方式 | 备注 |
|---|---|---|---|---|---|---|---|---|
| 通用型工具 | Ployhart和Bliese（2006） | 8维 | 学习（9） | ㉔我负责学习新技能<br>㉕我喜欢学习新的工作方法<br>㉖我采取行动改善工作表现的不足<br>㉗我经常学习新的信息和技能，以保持专业前沿水平<br>㉘我很快就会学会了解决问题的新方法<br>㉙我接受培训，以保持我的工作技能和知识与时俱进<br>㉚我不断地学习新的工作技能<br>㉛我有责任在我的专业领域保持与时俱进<br>㉜我试着在随着工作需要新技能之前学习它们 | 55题 | 一般员工 | 自评 | 认为适应性是个体差异而非绩效的一部分，是影响绩效的一个近端因子。该个体适应性量表是基于大量适应性绩效研究成果。为后期借鉴一些 AP 研究所借鉴，对 AP 测量工具开发有一定程度的影响 |
| | | | 生理适应（9） | ㉝我擅长用我的身体去完成相关的任务<br>㉞我很好能利用了我的肌肉力量<br>㉟我只能在一个有序的环境中工作<br>㊱如果我的环境不舒适（如清洁度），我就不能很好地工作<br>㊲如果我的工作需要变得更强壮，我就会辞职<br>㊳我强迫自己去完成重要的任务<br>㊴即使我太累了，我也能有效地工作<br>㊵如果天气太热或太冷，我就不能很好地工作<br>㊶即使在我筋疲力尽时，我也坚持工作 | | | | |

续表

| 分类 | 作者（年份） | 维度数 | 维度内容（题项数） | 题项（解释） | 题项数量（是否公开） | 研究对象 | 评价方式 | 备注 |
|---|---|---|---|---|---|---|---|---|
| 通用型工具 | Ployhart 和 Bliese（2006） | 8维 | 创新力（5） | 62我能看到看似不相关的信息之间的联系<br>63我擅长对复杂问题进行独特的分析<br>64我是一个有创新的人<br>65当资源不足时，我热衷于开发创新的解决方案<br>66我能够从多个角度看待问题 | 55题 | 一般员工 | 自评 | 认为适应性是个体差异而非绩效的一部分，是影响绩效的一个近端因子。该适应性量表基于大量适应性绩效研究成果。为后期一些 AP 研究所借鉴，对 AP 测量工具开发有一定程度的影响 |
| | | | 不确定性（9） | 67我需要的东西是"黑"和"白"<br>68当事情变得不可预测时，我会变得沮丧<br>69我能在没有任何相关信息的情况下做出有效的决定<br>70我倾向于在稳定的情况和环境下表现最好<br>71当意料外的事情发生时，我很容易改变方式来应对<br>72我能适应变化的情况<br>73我在不确定的情况下表现良好<br>74我很容易适应变化的环境<br>75我可以根据变化的情况调整计划 | | | | |

续表

| 分类 | 作者<br>(年份) | 维度<br>数 | 维度内容<br>(题项数) | 题项<br>(解释) | 题项数量<br>(是否公开) | 研究<br>对象 | 评价方式 | 备注 |
|---|---|---|---|---|---|---|---|---|
| 通用型工具 | 陶祁和王重鸣(2006) | 4维 | 文化、人际促进(8) | ①融入不同的价值观、风俗和文化<br>②修正自己的行为适应其他文化、风俗习惯<br>③与不同个性的人一起很好地工作<br>④理解公司的组织气氛,发展方向和价值观<br>⑤主动了解其他部门的工作气氛和需要<br>⑥在必要时调整自己的行为<br>⑦容易理解在其他文化下行为的含义并调整自己<br>⑧与不同文化下的人维持良好关系 | 25题 | 一般员工,334人 | 自评 | 与陶祁(2006)发表的另一篇文章采用同一量表 |
| | | | 压力、应急处理(7) | ⑨处理紧急问题时能控制情绪<br>⑩分步骤采取相应的措施,以解决紧急问题<br>⑪工作压力过高时保持冷静<br>⑫处理紧急问题时通常思维清晰并且主次分明<br>⑬工作安排过于紧张时能够保持冷静<br>⑭能够客观地处理紧急问题<br>⑮通常提出几种备择方案以解决工作中的应急问题 | | | | |

续表

| 分类 | 作者（年份） | 维度数 | 维度内容（题项数） | 题项（解释） | 题项数量（是否公平） | 研究对象 | 评价方式 | 备注 |
|---|---|---|---|---|---|---|---|---|
| | 陶祁和王重鸣（2006） | 4维 | 岗位持续学习（6） | ⑯采取必要的方法使得知识和技能跟上潮流 ⑰学习新知识或新技术的速度很快 ⑱将所学习的新技术应用到工作中 ⑲有浓厚的兴趣学习与工作相关的新技术和新方法 ⑳很快适应没有接触过的工作程序或工作内容 ㉑采取行动改正工作缺陷 | 25题 | 一般员工，334人 | 自评 | 与陶祁发表的另一篇文章采用同一量表 |
| | | | 创新地解决问题（4） | ㉒从表面上无关的信息中找到新的解决方法 ㉓通过逆向思维提出解决问题的新方法 ㉔用创新的方法解决复杂的问题 ㉕找到别人没有发现问题的解决方法 | | | | |
| 通用型工具 | 王胜祚（2006） | 5维 | 组织与文化适应性（6） | ①能够主动理解公司的发展方向和文化 ②在必要时，能够调整自己的行为 ③能够与不同文化的人维持良好的关系 ④能够积极了解其他部门的需求和价值观 ⑤能够融入不同组织价值观和文化 ⑥能把所学习的新技能应用到工作中 | 25题 | 管理人员212名 | 自评 | 基于Pulakos等（2000）的JAI量表并结合中国文化背景 |

续表

| 分类 | 作者（年份） | 维度数 | 维度内容（题项数） | 题项（解释） | 题项数量（是否公开） | 研究对象 | 评价方式 | 备注 |
|---|---|---|---|---|---|---|---|---|
| 通用型工具 | 王胜桥（2006） | 5维 | 问题解决创造性（4） | ⑦善于从多业务信息中找到新的解决方法<br>⑧当资源不足时，能设法寻找新的资源<br>⑨能够逆向思维地想出解决问题的新方法<br>⑩复杂情况下能独特思考得出创新想法 |  |  |  |  |
|  |  |  | 危机与压力管理（6） | ⑪发生紧急问题时，善于立即采取应急措施<br>⑫处理冲突能保持情绪控制和客观应对<br>⑬紧急时，能迅速分析和选择备选方案<br>⑭当意外情况发生时，能够镇静自如<br>⑮能够分步采取相应措施以解决紧急问题<br>⑯面对困难和高压力情景时能够冷静应对 | 25题 | 管理人员212名 | 自评 | 基于Pulakos等（2000）的JAI量表并结合中国文化背景 |
|  |  |  | 不确定情景应对（5） | ⑰即使情况不明，资料不全也能有效行动<br>⑱常常找到别人没想到的问题解决方法<br>⑲情况发生变化，能迅速调整计划目标<br>⑳处于不确定情景时，能抓住焦点应对改进绩效<br>㉑能预料变化，主动学习做好应对准备 |  |  |  |  |
|  |  |  | 沟通反馈与工作改进（4） | ㉒总是能够采取行动改进工作中的缺陷<br>㉓总是想办法解决挫折而不是责怪他人<br>㉔能够倾听多方意见来改变自己不当观点<br>㉕经常了解与工作相关的正负信息反馈 |  |  |  |  |

续表

| 分类 | 作者（年份） | 维度数 | 维度内容（题项数） | 题项（解释） | 题项数量（是否公开） | 研究对象 | 评价方式 | 备注 |
|---|---|---|---|---|---|---|---|---|
| 特定型工具 | 张敏（2008） | 7维 | 文化促进（8） | ①我会主动去理解学校的组织气氛和发展方向 ②我会主动了解其他部门工作气氛和发展方向 ③我会寻找与学校或他人的共同价值观 ④我会调整行为或外表，以便尊重学校的文化特色 ⑤我能够修正自己的行为或外表去适应学校的发展要求 ⑥我能够理解他人行为的意义并进行调整，以维持与他人的关系 ⑦我可以与不同文化背景的人维持良好的关系 ⑧我善于利用自身的优势来未影响或改变他人 | 40题 | 中小学教师523人 | 自评 | 基于 Pulakos 等（2000）的 JAI 量表，部分题项结合教师职业特点 |
| | | | 能动解决问题（8） | ⑨我能够在已知条件外进行思考，以发现是否有更为有效的方法 ⑩我能够变通地运用各种教学原则和教学方法 ⑪我善于利用偶发事件来开展教育活动 ⑫我善于使用校内外资源完成工作任务 ⑬我会在必要时果断采取行动、不等待 ⑭我会把握变化的实质后采取行动以应对变化 ⑮我通常事先做好计划，以备可能的变化 ⑯我善于调整计划、目标，行动或先后顺序来应对工作中的变化 | | | | |

续表

| 分类 | 作者<br>（年份） | 维度<br>数 | 维度内容<br>（题项数） | 题项<br>（解释） | 题项数量<br>（是否公开） | 研究<br>对象 | 评价方式 | 备注 |
|---|---|---|---|---|---|---|---|---|
| 特定型工具 | 张敏<br>（2008） | 7维 | 压力处理（3） | ⑰工作压力过高时，我能够保持冷静<br>⑱工作安排过于紧张时，我能够沉着应对<br>⑲工作压力大时，我会进行自我心理调适 | 40题 | 中小学教师523人 | 自评 | 基于 Pulakos 等<br>（2000）的 JAI 量表，部分题项结合教师职业特点 |
| | | | 应急处理（7） | ⑳面对出乎预料的消息或情境，我不过分做出反应<br>㉑在处理紧急问题时，我能够控制情绪<br>㉒在处理紧急问题时，我通常常思维清晰并且主次分明<br>㉓我能够客观地处理紧急问题<br>㉔我能够沉着冷静地应对危机<br>㉕面对紧急情况，我首先稳定学生的情绪<br>㉖我会分步骤采取相应的措施来解决紧急问题 | | | | |
| | | | 人际促进（5） | ㉗我会与别人相互沟通、相互学习<br>㉘我常常听取别人考虑他人的看法和观点<br>㉙我与别人相处时遵循求同存异的原则<br>㉚我常常换位思考，理解他人的处境<br>㉛我能够保持开放性，接受跟工作有关的多方面反馈 | | | | |

续表

| 分类 | 作者（年份） | 维度数 | 维度内容（题项数） | 题项（解释） | 题项数量（是否公开） | 研究对象 | 评价方式 | 备注 |
|---|---|---|---|---|---|---|---|---|
| | 张敏（2008） | 7维 | 持续学习（5） | ㉜我努力学习与工作相关的新技术、新方法<br>㉝我能够快速学习新的现代教育技术<br>㉞我善于将学习到的新技术应用到工作中<br>㉟我会经常思考我对工作的适应性<br>㊱我能适应以前没有接触过的教学程序或内容 | 40题 | 中小学教师523人 | 自评 | 基于 Pulakos 等（2000）的 JAI 量表，部分题项结合教师职业特点 |
| | | | 身体适应（4） | ㊲必要时，我能够加班加点工作<br>㊳我能够适应长时间的讲话<br>㊴我能够适应长时间的站立<br>㊵我能够适应长时间坐着备课和改作业 | | | | |
| 特定型工具 | 王秀丽等（2011） | 4维 | 团队协作与融合（5） | ①我能经常与团队成员进行非正式交流<br>②在团队决策时能充分地共享相关信息<br>③在讨论工作问题时，经常会因其他人观点不同而提出不同意见<br>④在讨论工作问题时，我会针对工作任务讨论很多不同的方案<br>⑤因团队不同，我能融入不同的价值观、风俗和文化 | 17题 | 高校科研团队197人 | 自评 | 基于 Pulakos 等（2000）的工作成果并结合了科研团队的工作特点 |

续表

| 分类 | 作者（年份） | 维度数 | 维度内容（题项数） | 题项（解释） | 题项数量（是否公开） | 研究对象 | 评价方式 | 备注 |
|---|---|---|---|---|---|---|---|---|
| 特定型工具 | 王秀丽等（2011） | 4维 | 创新解决问题（6） | ⑥能够跳出已知条件思考，以便及时发现可能变为有效的方法<br>⑦善于从表面毫无联系的信息里找到解决方法<br>⑧能通过逆向思维想出解决问题的新方法<br>⑨当复杂问题出现时，我总能想到创新的方法<br>⑩能合理配置已有资源，进行统筹规划，并能对症地开展工作<br>⑪能对遇到的问题进行准确的分析，以便找到解决问题的关键点 | 17题 | 高校科研团队197人 | 自评 | 基于Pulakos等（2000）的工作成果并结合了科研团队的工作特点 |
| | | | 持续学习（3） | ⑫学习新知识或新技能的效率很高<br>⑬有浓厚的兴趣去学习与工作任务相关的新技术或方法<br>⑭将所学习的新知识或方法应用于实际工作中 | | | | |
| | | | 处理紧急问题（3） | ⑮处理紧急问题时通常思维清晰并且主次分明<br>⑯情况发生变化，能够有效调整计划目标<br>⑰能够迅速调整计划、目标、行动或优先顺序来应对工作中的变化 | | | | |

续表

| 分类 | 作者<br>（年份） | 维度<br>数 | 维度内容<br>（题项数） | 题项<br>（解释） | 题项数量<br>（是否公开） | 研究<br>对象 | 评价方式 | 备注 |
|---|---|---|---|---|---|---|---|---|
| 特定型工具 | Chen 等<br>（2005） | — | — | 参与者学会了操作模拟攻击直升机后，根据 JAI 中的紧急和危机情况、工作压力、不确定性 3 个维度设计更复杂的转移任务，将参与者完成转换任务后的绩效评估被用作个人适应绩效的测量 | — | 本科生 | 实验法（实验指导者评价） | |
| | Chen 等<br>（2005） | 两次<br>变更<br>场景 | 紧急和危机情况<br>工作压力<br>不确定性 | 参与者学会了操作模拟直升机后，根据 JAI 中的紧急和危机情况、工作压力、不确定性 3 个维度设计更复杂的转移任务，将参与者完成绩效评估用作个人适应绩效的测量结果 | — | 本科生，156 人，平均年龄 20 岁 | 实验法（实验指导者评价） | |
| | Lang 和<br>Bliese<br>（2009） | | 基础绩效或技能<br>过渡适应性<br>再适应 | 出克战斗场景作为复杂的任务环境：收集，评估场景变化前绩效（基础绩效或技能）、第一次场景变化绩效（过渡适应性）和第二次场景变化绩效（再适应），以代表参与者适应绩效 | — | 随机人员，184 人，平均年龄 20.91 岁 | 实验法（实验指导者评价） | |

续表

| 分类 | 作者（年份） | 维度数 | 维度内容（题项数） | 题项（解释） | 题项数量（是否公开） | 研究对象 | 评价方式 | 备注 |
|---|---|---|---|---|---|---|---|---|
|  | Hardy等(2014) | 两次增加难度 | 基础任务 训练后测试 适应性绩效测试 | ①射击电脑游戏（按照死亡人数和杀人数量计算）②计算机控制对手难度的客观等级，范围从1~8 ③基线测试、训练后测试 ④参与者与2个对手竞赛，这两个对手被设定为中等难度，在相同的地理布局上进行的AP测试 ⑤参与者与9名对手进行了两次测试，对手的难度级别更高，地理布局更大、更多样化 | — | 120名大学男性参与，平均年龄19.33岁 | 实验法（实验指导者评价） |  |
| 特定型工具 | Howe(2019) | 两次变更场景 | 任务性能AP 初始AP 后续AP | ①股票价格预测任务 ②任务性能：个人根据公司价值的潜在指标（即广告、市场份额和收入增长）估算多个股票的定价 ③初始AP：参与者必须忘记主要依赖于市场中的高度预测变为在预先变更之后刷集中的演相对较小的角色），并且重新学习与后期收入增加有关的重要性增曲 ④后续AP：要求学习调预测变量子集的方法，并激励重新学习习与所有前期预测变量相结合 | — | 261名大学生，多数为21岁白人 | 实验法（实验指导者评价） |  |

比较典型的如 Ployhart 和 Bliese（2006）作为特质适应性研究的代表提出的个体适应性（I-ADAPT）理论，作者利用先前适应性研究和 JAI 的 8 维量表对员工 KSAO（Knowledge, Skills, Abilities, and Other Characteristics）进行分类，建立了个体适应性的 8 维度结构并开发了 55 题项的量表（见表 2-2）。虽然该研究认为适应性是个体差异而非绩效内容，但其对适应性量表工具的开发结合了 AP 的相关研究，尤其是对 JAI 的 8 维量表的借鉴，使其被一些适应性绩效的研究所借鉴（Cullen 等，2014）。例如，Oprins 等（2018）基于荷兰国防部开发了荷兰适应力量表和绩效测量（Dutch Adaptability Dimensions and Performance Test，D-ADAPT），并结合 JAI、Ployhart 和 Bliese（2006）开发的 I-ADAPT 量表，建立包含 6 个维度（处理危机情况、解决难题、文化适应、体力适应、处理工作压力、人际交往）共 31 个题项的适应性绩效量表。

其次，特定型工具主要是研究者根据研究条件、目的和背景，采用实验法或观察法等通过控制实验条件和任务复杂程度，观察、统计、分析参与人员的适应性绩效。例如，Chen 等（2005）采用飞行模拟器任务实验来观察团队成员适应性绩效。根据 JAI 中的 3 个维度设定具体实验情境，分别为处理紧急和危机情况（如当实际弹药低于预期或任务时限耗尽时快速分析合理的策略）、处理工作压力（如在逃离时保持镇定）、处理不确定和不可预测情况（如在飞机损坏或某些弹药耗尽后调整任务计划），对参与者在更复杂的转移任务中的表现进行评估，以作为个体适应性绩效的度量。Howe（2019）在一项关于一般心理能力与适应性绩效关系的研究中，设定了股票价格预测任务，通过统计分析参与者在初始任务、第一次变更和第二次变更中的预测准确度来考察其适应性绩效。

国内对于适应性绩效的关注较晚，从马可一（2003）介绍 Pulakos 等提出的适应性绩效的 8 个维度的内容起，前期一部分学者以讨论适应性绩效的概念、结构或与工作绩效其他维度的关系为主（冯明和陶祁，2005；张敏，2008）；另一部分学者在 JAI 量表基础上结合中国背景对 JAI 进行改良和应用，比较有代表性的是陶祁和王重鸣（2006）建立的 4 维度 25 题项的适应性绩效量表，为后期国内研究提供了基础（王萍和吴波，2015；张阔等，2017；谭乐等，2018）。相较于国外研究者将焦点放在开发适应性绩效量表和将已有的适应性绩效量表在更大范围内检验不同，国内部分学者关注于针对不同人群开发适应性绩效测量工具。例如，王胜桥（2006）在中国背景下针对管理人员开发 5 维量表，包括组织、文化适应性，问题解决的创造性，工作沟通反馈及改进，管理危机与压力，应对不确定性，共 25 条目。陈亮和段兴民（2009）针对中层管理者开发 5 维量表，包括人际沟通、领导作为、敬业尽责、行事风格、任务执行，共 29 条目。王秀丽等（2011）针对高校科研团队发开了 4 维量表，包括团队合作、创新解决问题、学习、处理紧急事件，共 17 条目。尽管这些测量工具结合了先前的研究成果，但由于与特定职业或人群结合，使其与通用型量表工具又有一定的区别。

总之，从国内外有关适应性绩效结构研究来看，除个别研究中为了分析适应性绩效在模型中的整体角色或作为工作绩效维度会将适应性绩效在概念上抽象为一维（Allworth 和 Hesketh，1999；Koopmans 等，2013），多数研究认为其是多维的。根据应用范围，本书将适应性绩效分为通用型工具和特定型工具两类，通用型工具以 Pulakos 等（2000）的 JAI 为代表，在多数研究中得到肯定和验证。但一些研究对 JAI 提出了质疑，包括其开发量表基于年轻化的军人样本、维度涵盖范围重叠、未考虑职业人群特点等（Griffin 和 Hesketh，2003）。再加上 JAI 量表的 68 个题项并未公开，部分研究存在对适应性绩效结构的临时概念化，其模型开发或验证过程明显缺乏理论和系统研究指导，对原有模型中维度的增删证据不足，这不仅影响适应性绩效的准确理解，也使整个研究模型的价值受到质疑（Charbon-nier‐Voirin 等，2010；Baard，2014）。国内研究则以陶祁和王重鸣（2006）开发的工具为代表，但其量表开发过程与 JAI 相比，无论是在前期工作的介绍还是后期问卷的验证上都需要进一步的信息完善。特定型工具则以实验法和针对特定人群为主要特点，学者通过实验控制任务复杂程度来考察参与者的适应性绩效，其是以任务绩效为基础的，将适应性绩效等同于复杂环境下的任务绩效。而特定职业的适应性绩效工具则在国内一些研究中较多出现，部分学者结合某一职业的工作内容或特点对 JAI 或其他工具进行修改，或者结合职业特点开发新的适应性绩效评估工具。

从评价方法上来看，针对适应性绩效的研究主要尝试了自评法和上级评价法，而关于 360 评价或同事评价法的尝试较少。相较之下，主管评价的适应性绩效因为容易引入评级偏差（如光晕误差）而影响维度结构的可能性。Pulakos 等（2002）认为主管或上级在评价适应性绩效时更多从被评对象的整体表现角度而不是各个维度的表现出发，因此即使概念空间是多维的，也更有可能出现单因素结构。综合来看，虽然一些研究注意到在适应性绩效研究中加入个体差异特质，结合不同职业特点开发适应性绩效量表，但从代际角度出发分析适应性绩效的研究仍然较为少见。职场老龄化趋势会使组织中出现更多的年长员工群体，众多研究已经表明年长员工无论在生理上、精神上还是心理上的特殊性（Wang 等，2017）。为了缓解职场老龄化的压力，管理者应更加关注那些适应性较强、能够持续为组织带来有效价值的年长员工。因此针对年长员工工作场所适应性的评估工具的开发不仅能够体现出年长员工适应性绩效的特点，而且能够为组织和管理者提供识别、判断、培养年长员工适应性的工具。

## 三、适应性绩效的前因变量

工作中的适应性绩效受到个体（个性差异、能力差异）、工作（职业特点、工作强度）、组织环境（组织文化、领导方式）等各种因素的影响。不同研究者从多角度对适应性绩效影响因素进行总结，如吴新辉和袁登华（2010）从个体和环境两个方面共 6 个因素对适应性绩效影响因素进行总结；Jundt 等（2014）和 Huang 等（2014）将 AP 影响因素分为近端和远端影响因素，其中近端影响因素包括个体差异、培训技巧和学习策略、工作任务环境三个方面共 10 个因素，远端影响因素包括动机和自我管理、认知过程和行为策略两个方面共 5 个因素；Park 和 Park（2019）从个体、工作、群体和组织四个方面共 21 个因素对适应性绩效影响因素进行总结。

本书从个体、工作和任务、组织和团体三个方面对适应性绩效的影响因素进行总结归纳，如表 2-3 所示。

表 2-3　适应性绩效的影响因素研究综合

| 类型 | 影响因素 | 具体因素 | 代表文献 |
|---|---|---|---|
| 个人特征 | 特质差异 | 大五人格 | Allworth 和 Hesketh（1999）、Griffin 和 Hesketh（2003）、冯明等（2012）、Wihler 等（2017） |
| | | 情商 | Bande 和 Fernández-Ferrín（2015） |
| | | 认真程度 | Crowley（2011） |
| | | 人口统计变量 | O'Connell 等（2008） |
| | | 特质灵活性 | Griffin 和 Hesketh（2003） |
| | | 认知灵活性 | Griffin 和 Hesketh（2003） |
| | | 价值观 | Ployhart 和 Bliese（2006）、冯明等（2012） |
| | | 兴趣 | Pulakos 等（2002）、Ployhart 和 Bliese（2006） |
| | | 价值（忠诚度、责任、尊重、荣誉） | Tucker 和 Gunther（2009）、Didin（2017） |
| | | 人格匹配 | 张燕君等（2011） |
| | | 性情 | Kozlowski 等（2001） |
| | 知识、技术、能力 | 认知能力 | Allworth 和 Hesketh（1999）、Lepine 等（2000） |
| | | 个人经历、经验 | Pulakos 等（2002）、Griffin 和 Hesketh（2003）、Allworth 和 Hesketh（1999） |
| | | 角色知识 | Chen 等（2005） |
| | | 个人技能 | Chen 等（2005） |
| | | 胜任力 | 王世权和贾建锋（2009）、李欣（2014） |
| | | 内隐知识 | 冯明等（2012） |
| | | 品德胜任力 | 梅继霞（2017） |
| | | 认知适应性 | Pan 和 Sun（2018） |
| | | 信息获取偏好 | 谭乐等（2018） |
| | | 自我领导 | Marques-Quinteiro 等（2019） |
| | | 职业适应能力 | 顾倩妮和苏勇（2016） |
| | | 时间控制能力 | Lin（2012） |
| | | 跨文化能力 | Shdaifat（2014） |
| | | 工作技巧行为（即寻求资源、寻求挑战、减少需求） | Vakola 等（2017） |

续表

| 类型 | 影响因素 | 具体因素 | 代表文献 |
|---|---|---|---|
| 个人特征 | 心理、情绪因素 | 情绪控制或调解 | Schraub 等（2011）、Pan 和 Sun（2018） |
| | | 情绪稳定性 | Allworth 和 Hesketh（1999） |
| | | 情绪智力 | Pradhan 等（2017） |
| | | 自我效能 | Pulakos 等（2002）、Griffin 和 Hesketh（2003）、Chen 等（2005）、谭乐等（2018） |
| | | 自我调节 | Ployhart 和 Bliese（2006） |
| | | 心理资本 | 张阔等（2017）、李亚云（2018）、Dharmasiri Kirige 等（2019） |
| | | 一般心理能力 | Howe（2019） |
| | | 工作满意度 | 马凌等（2013）、Inuwa（2016） |
| | | 中庸思想 | Pan 和 Sun（2018） |
| | | 文化智力 | Oolders 等（2008）、董临萍等（2018）、林新月等（2019） |
| | | 心理授权 | 王萍和吴波（2015）、Yang 等（2017） |
| | | 职业幸福感 | 李亚云（2018） |
| | | 工作嵌入 | Kanten 等（2015） |
| | | 资质过剩感知 | Wu 等（2017） |
| | | 正念 | Asheghi 和 Hashemi（2019） |
| | | 工作倦怠 | Demerouti 和 Bakker（2014）、Asheghi 和 Hashemi（2019） |
| | | 情绪劳动 | Hameed 和 Bashir（2017） |
| | 动机和行为差异 | 动力 | Kozlowski 等（2001） |
| | | 成就动机 | Pulakos 等（2002） |
| | | 工作投入 | 胡晓燕（2015） |
| | | 目标导向 | Bell 和 Kozlowski（2008）、Howe（2019） |
| | | 工作中的表达抑制 | Schraub 等（2011） |
| | | 创新工作行为 | Kaya 和 Karatep（2020） |

续表

| 类型 | 影响因素 | 具体因素 | 代表文献 |
|---|---|---|---|
| 工作和任务特征 | 工作资源 | 工作自主性 | Griffin 和 Hesketh（2003）、Crowley（2011） |
| | | 感知多元化管理 | 董临萍等（2018）、胡晓燕（2015） |
| | | 组织支持感 | Sweet 等（2015） |
| | | 工作不安全感 | Mäder 和 Niessen（2017） |
| | | 组织承诺 | 马凌等（2013）、Anindyajati 等（2018） |
| | | 管理授权 | Charbonnier-Voirin 和 Roussel（2012） |
| | | 客户关系管理系统 | Chen Davison（2015） |
| | | 信任 | Didin（2017） |
| | | 培训和学习 | Bell 和 Kozlowski（2002）、Joung 等（2006）、Bell 和 Kozlowski（2008） |
| | 工作要求 | 工作复杂性 | Griffin 和 Hesketh（2003） |
| | | 工作压力（时间、身体） | 李英武和张海丽（2018） |
| | | 工作不稳定性 | Monteiro（2015） |
| | | 变化的程度 | Schraub 等（2011） |
| | | 角色压力 | Griffin 和 Hesketh（2003） |
| | | 工作伦理 | Kaya 和 Karatep（2020） |
| 组织和团体特征 | 领导风格或行为 | 管理支持 | Griffin 和 Hesketh（2003） |
| | | 变革型领导 | Charbonnier-Voirin 等（2010）、谭乐等（2018） |
| | | 领导者愿景 | Griffin 等（2010） |
| | | 共享型领导 | 王冬冬等（2019） |
| | | 领导者共情能力 | 刘夏怡和万文海（2016） |
| | | 领导—成员交流 | Sweet 等（2015） |
| | | 包容性的领导 | Yu（2020） |
| | | 领导者的主动结构和领导者的考虑行为 | Sree 和 Gunaseelan（2017） |
| | | 仆人领导 | Kaya 和 Karatep（2020） |
| | | 伦理领导 | Kaya 和 Karatep（2020） |
| | | 组织授权领导行为 | Yang 等（2017） |
| | 组织制度及管理 | 信息共享 | Johnson 等（2006） |
| | | 奖励结构 | Johnson 等（2006） |

| 类型 | 影响因素 | 具体因素 | 代表文献 |
|---|---|---|---|
| 组织和团体特征 | 组织制度及管理 | 问责压力 | Chang 等（2017） |
| | | 团队时间管理规范 | Lin（2012） |
| | | 人力资源管理实践 | Shdaifat（2014） |
| | 组织氛围 | 团队学习氛围 | Han 和 Williams（2008） |
| | | 组织政治 | Shoss 等（2012） |
| | | 职场排斥 | 陈晓暾和熊娟（2017） |
| | | 创新氛围 | Stańczyk（2017） |

　　个体适应性的本质是个体与情境互动的结果，通过有关适应性绩效影响因素的研究可以发现，研究者普遍认同个体适应性绩效不仅受到个体特征的影响，还受到外界环境支持和要求的影响。但从研究的趋势来看，除个别研究探讨了工作特征（培训与学习、工作自主性、工作复杂性）和组织特征（信息共享、管理支持）对个体适应性绩效的影响外（Lin，2012；Shdaifat，2014；Sree 和 Gunaseelan，2017；Stańczyk，2017），关于工作场所中的员工适应性绩效影响因素的研究主要集中于个体特征上，尤其是特质差异、情绪、认知能力、自我效能、自我调节等因素在早期的研究中经常出现（Pulakos 等，2002；Griffin 和 Hesketh，2003；张阔等，2017；Vakola 等，2017；Pan 和 Sun，2018；Marques-Quinteiro 等，2019）。近年来，研究者逐渐将焦点转移到工作特征、组织和团队特征等情景因素对适应性绩效的影响机制上，部分研究者提出工作资源的支持和工作要求的匹配对年长员工适应性发挥的重要性（Bravo 等，2020），研究表明负面刻板印象氛围中年长员工倾向于脱离和分化（Weiss 和 Kornadt，2018），而积极的年龄政策、来自领导和同事的支持和及时的资源补充能够更好地提高年长员工继续工作的意愿，增加年长员工的工作动力、工作积极性和对环境及压力的适应能力（Chiu 等，2001；Fraser 等，2009；Hengel 等，2012；Jiang 等，2018）。例如，Weigl 等（2013）的研究表明组织成功老龄化策略（选择、优化和补偿策略）的实施以及加强对工作的控制和协助，有利

于保持年长员工的工作能力；Alcover 和 Topa（2018）认为工作能力是工作需求与个人资源之间平衡的结果，而工作资源能够为员工提高工作能力提供一定的支持。

从上述总结来看，适应性绩效影响因素包括个体特征、工作和任务特征、组织和团体特征三个方面，其中从内外部压力源角度来看，工作和任务特征、组织和团体特征又可以被综合体现为工作特征。根据工作要求—资源模型，个体在工作场所中的心理、行为、态度等受到个体特征和工作特征的交叉影响，工作场所中的个体所面临的所有情景因素（外部压力源）都可总结为工作要求和工作资源两类，特质因素（内部压力源）都可总结为个人要求和工作要求两类，个人/工作资源和个人/工作要求分别代表员工在工作中的生理和心理的资源补充和消耗过程（Demerouti 等，2001；Bakker 和 Demerouti，2017），并且该过程往往会受到个体特征和工作特征的交叉作用的影响，最终对员工绩效、行为和适应性等产生影响（Garrosa 等，2011；Lorente 等，2014；Karatepe，2015）。后文有关年长员工适应性绩效的影响因素分析同样基于工作要求—资源模型，探讨哪些个体特征和工作特征对年长员工群体整体的适应能力和工作能力产生影响，为组织和管理者设计符合年长员工的任务特征（决策自主性、任务身份）、知识特征（复杂性、信息处理、技能多样性等）和支持性环境（年龄友好型、年龄多样化人力资源管理），识别和培养年长员工的生理特征、心理特征和个性特征，提高年长员工和组织整体适应能力提供更多方向。

# 第三节　年长员工适应性绩效的特点

员工适应性的本质是个体对与环境互动中产生的适应性需求的响应。因为不同年龄对不同情境的感知和判断很可能不同，年长员工在变化环境中的适应性绩效表现也可能具有其独特性。充分把握年长员工适应性绩效的独特性,并进一步分析理解年长员工适应性绩效影响因素的独特性,对年长员工适应性绩效概念、内容以及影响因素研究均具有重要意义。本节从个人层面和环境层面对年长员工适应性绩效的特点进行总结分析。

## 一、个人层面的年长员工适应性绩效

从以上关于年龄对员工影响的分析来看,对大部分年长员工来说,随着生活和工作阅历的同时增加,年长员工不仅具有满足目前工作要求的技能基础,而且有很多的生活经验和专业知识。这使他们面临工作中出现突发事件或问题时,能够利用丰富的知识库产生更多的解决方案和方法。另外年长员工通常拥有更高资历、组织地位以及稳固的关系网络,这提高了年长员工在面临问题时获得环境支援的机会和预期,因此面对突发情况,年长员工往往表现更加自信、沉着和乐观。这都成为个体在老化过程中保持个人与环境需求之间平衡的基础。但并非所有个体都能够实现这种平衡,社会情感选择理论(Socioemotional Selectivity Theory)认为随着寿命的增加,个体对时间限制的认识不断提高,个人的工作重点可能从与知识相关的长期目标(如学习)转变为短期的情感目标(如对职责内工作精益求精)(敖玲敏等,2011;Chang 等,2015)。年轻人会为了满足长远目标而倾向于获取新信息、建立长期职业规划、打造社会关系网络,年长者则越来越意识到时间的限制,他们倾向于优先考虑当前的目标而选择忽视环境变化所提出的适应性需求。年长员工往往由于年龄带来的变化避免选择那些导致负面情绪或需要耗费过多资源和时间精力的行为,而选择实现社会归属感和人生价值更容易的行为(Chang 等,2015)。例如,即使拥有进一步学习和发展的可能性,生理机能下降的顾虑、家庭责任对精力的分摊、现有关系网的重构等很可能使年长员工放弃或丧失积极性(Thrasher 等,2016),这导致年长员工容易在动态环境中缺乏竞争力,并丧失发展机会(Hauk 等,2019)。尤其是当适应性压力超过与年龄相关的能力或适应性储备达到极限时,年长员工继续保持和提升工作职责内的表现就变得越来越困难（Baltes 和 Staudinger，2000）。

从年长员工人力资源优劣势分析及适应性绩效的相关研究，不难分析出年长员工适应性绩效通常具有以下特点，首先，年长员工适应性绩效表现具有明显的个体选择性，受到个人资源的约束。为了在有限时间内获得最大化的回报，年长员工会根据自身对年龄相关变化的感知将有限的时间和精力投资在优先级排列更高的适应性行为上，年长员工集中精力于最快能够显现效果的适应性行为，而回避需要长久投资的适应性行为。所以会导致员工适应性行为耗费更多时间和精力的影响因素，会被年长员工有选择性地忽略，如即使年长员工预测到将来某项知识技术的革新对行业或职业发展带来重大影响，也很可能不会立刻耗费精力去学习。其次，年长员工适应性绩效表现注重自我资源的价值转换。丰富的生活和工作经验、稳定的关系网络以及信息获取渠道等都为年长员工在工作中建立了群体优势，对年长员工来说，面对环境变化时总是愿意花费精力去解决那些能够充分发挥优势的问题，即使一些影响因素会导致员工涉及优势领域外的范围，如组织重组变化导致岗位的重大调整，使人际关系网络重新建立和维护的需求上升，但他们宁愿花费更多精力去了解和学习新的岗位职责。因为丰富的知识和经验能够帮助其快速掌握相关内容，并在工作中表现更加突出。最后，年长员工适应性绩效受到个体主观年龄感知的影响。受到社会和组织中负面年龄刻板印象的影响，年长员工在职业发展中遇到一些实际问题，如就业机会较少、晋升通道关闭、职业发展和个人成长机会丧失等（Harris 等，2018），即使在丰富经验和知识的支撑下，根据社会认同理论，来自环境的群体身份认知会影响员工自我概念重构导致员工产生老年员工身份，降低年长员工职业自信、自我效能等（Rodríguez-Cifuentes 等，2018），并使其表现出更低的工作积极性和工作绩效。

## 二、环境层面的年长员工适应性绩效

动态环境下包括知识、技术、文化、习惯甚至规则的变化使员工面临更多的适应性压力。在快速变革的环境中，无论年长还是年轻员工都需要具备一定的适应力，伴随年龄增长而出现的生理、动机、目标、情感等方面的变化也预示着年长员工可能与年轻员工在面对适应性压力时采取不同的策略才更有效（Scheibe 和 Zacher，2013），同样的工作特征对年长员工和年轻员工的影响也具有差异性（Zacher 和 Schmitt，2016）。Truxillo 等（2012）的研究表明伴随年龄增长出现的信息处理能力的降低和经验性知识趋于稳定的特点，不同工作特征对不同年龄的员工影响不同。任务多样性、及时反馈和外部互动对年轻员工尤为重要，而年长员工则更需要组织提供角色过渡指导和支持。Zaniboni 等（2013）的研究表明在任务多样性的工作设计下，年轻员工具有较低的倦怠感和离职意向，而在技能多样性的工作设计下，年长员工则具有更低的离职意愿。根据工作调整理论，员工在经历职业生涯的过程中，工作环境对其的影响会发生改变，员工与环境的契合度可能因为年龄而增加或减少，即工作环境的变化影响不同年龄员工的个人能力（Zacher 等，2014）。这里的工作环境可以概括为工作要求和工作资源两类，工作要求的来源较多，从年龄角度来说，随着任期的增加，年长员工会面临不同的社会期望、职业压力、更多的刻板印象和更高的责任水平等，组织或管理者很可能安排年长员工承担类似监督和指导等，需要更多耐心、程序化程度高、创新度和挑战性较低的任务。同时随着资历和地位的提升，年长员工可能会得到更多工作资源支持，如工资、工作自主性、领导和同事支持、年龄友好型的文化氛围和人力资源政策等，但也有可能因为工作角色调整而丧失一定的工作地位和话语权（Zacher 等，2014）。这些来自环境变化的适应性要求可能导致年长员工需要重新确定工作目标并调整其工作期望、工作角色和身份。

从环境层面来看，年长员工适应性绩效在动态环境中通常具有以下特点，首先，年长员工适应性绩效表现通常会受到组织年龄规范和资源配置引导。年长员工不仅要考虑工作要求与自身能力之间的平衡，还要充分考虑工作资源与自身要求之间的契合度。年长员工之所以在职业发展中出现瓶颈以及停滞不前的现象，与组织内部资源配置在不同年龄群体的倾斜有关。即使能力再强，年长员工也会优先考虑解决那些组织能够提供资源的问题，而不会选择那些过度消耗自我资源的问题。其次，年长员工适应性绩效反映出现有资源获取难易程度。年长员工的职业自信除自身具有的经验和专业知识基础外，还源自对外界资源来源的清晰掌握和获得资源支持的稳定判断。相对于年轻人来说，年长员工面对环境变化时总是优先考虑解决那些自己现有资源能够支持的问题，而对于那些即使能够获得巨大成功但获取资源难度较大的问题会选择回避或忽略。最后，年长员工适应性绩效表现反映出组织对年长员工角色的定位。不同组织对年长员工的定位不同，一般来说，组织和管理者会肯定年长员工的经验和知识厚度，并将年长员工角色定义在导师、知识传承等上面，对年长员工新的成长和发展要求较低，年长员工要想在组织中获得更多的话语权和支持，其在面临环境变化时需要优先解决那些体现其角色定位的问题。

总体来看，年长员工适应性绩效内容体现更多年龄特点，为了充分发挥年龄所带来的人力资源优势并弥补劣势，年长员工会有选择性地、有目的性地开展适应性行为。本部分的主要目的是分析年长员工适应性绩效的本质，结合了年龄与工作中的适应性，通过个体和环境两个角度来看年长员工适应性绩效的本质和特点。从个体层面来说，适应性绩效表现出明显的选择性。年龄对个体自身带来的变化会影响个体处理适应性事件的过程和结果，年长员工往往需要建立对老化的正确认知和判断，并采取一定的策略扬长避短，选择那些自我价值体现最快的行为。从环境层面来看，年长员工适应性绩效表现出较大的融合性。由于社会年龄认知的渗透，组织及个体对不同年龄群体的态度具有差异性，这也会导致年长员工面临的适应性需求和感知的工作资源支持更具有年龄化的特点。这种年龄氛围及进一步体现出来的资源配置变化会影响员工对自我角色的重新定位，在适应性行为选择上通常倾向于那些符合组织年龄群体身份认知的行为。因此，年长员工适应性应该被概括为一个过程，在这个过程中员工以一种与年龄相匹配的方式，预测、判断可能出现的适应性要求并选择相应的策略以达到个体行为与适应性要求之间的匹配。年长员工适应性绩效则是以一种与年龄相匹配的方式，做出的那些满足适应性需求的行为策略组合。

# 第四节　理论基础

从适应过程的本质来说，组织环境变化构成了个体适应性绩效的基础，为了满足来自环境的适应性需求，不同个体特征的员工会表现出不同的行为。因此，个体能否在动态环境中保持足够的适应性受到工作特征和个体特征的综合影响。本节以工作要求—资源模型、工作调整理论、社会认同理论为基础分析个体适应性中个体特征与工作特征的作用和重要性，并进一步阐述工作要求—资源模型在作为子研究二和子研究三的理论基础的应用。

## 一、工作要求—资源模型

研究者长期关注工作压力对员工职业健康和幸福的影响，尤其是那些来自工作特征的压力（Lloyd 等，2002）。倦怠作为工作压力综合征的独特表现，从 20 世纪 70 年代以来被广泛研究。早期的研究者将工作倦怠归咎于与工作特征有关的现实冲击（Bakker 和 Demerouti，2017）。Lee 和 Ashforth（1996）通过元分析确定了一系列导致工作倦怠的工作特征，并根据资源保存理论将工作特征分为工作资源和工作要求，研究发现工作要求带来资源损失威胁，工作资源则可以直接补偿某些损失，帮助员工应对工作要求。Demerouti 等（2001）将所有的工作要求、资源和倦怠进行整合分析，提出了工作倦怠的工作要求—资源模型（Job Demands-Resources Model，JD-R 模型）。在 JD-R 模型中工作资源（或职业资源）被特定为那些与员工完成工作、在工作中成长发展相联系的资源，其来源主要包括自身（生理、心理）、组织（领导、同事、制度等）、社会（家庭、团体等）三个方面（Bakker 和 Demerouti，2007）。因此工作资源总是与动力激励有关，当员工感到资源丰富时，则更能够激发其创造资源获取资源的能力。工作要求则通常与成本付出、资源消耗有关，这些来自工作的压力源通常会因为员工长期应对疲劳或产生资源补充不足的预判而使员工出现耗竭、筋疲力尽等现象（Mauno 等，2007）。

Demerouti 等（2001）基于 JD-R 模型建立了工作特征对工作倦怠的影响关系模型，提出并验证了两个重要命题，命题 1：任何类型的工作都具有工作要求和工作资源两类工作条件，工作要求通常与资源消耗和成本投入相关，如生理消耗、心理努力等；工作资源通常与成长、发展、支持等相关，能够降低成本、补偿资源消耗，刺激个人成长，如晋升、绩效反馈等。命题 2：工作要求和工作资源对倦怠的影响是通过两条心理路径实现的，一是工作要求对员工的能源消耗和健康损耗而引发的健康损伤过程，个体在环境需求下长期采取绩效保护策略产生了生理成本，最终导致身体疲劳和健康问题。二是工作资源因满足员工成长需求和帮助实现目标而产生的动机激励过程，对工作投入（即活力、奉献和专注）、低愤世嫉俗、绩效具有激励和积极作用（Bakker 和 Demerouti，2007）；无论何种情境，工作资源对工作投入都有积极影响，但工作资源的缺失则会引起对工作的愤世嫉俗的态度（Bakker 和 Demerouti，2007）。

在此理论模型的基础上，Bakker 和 Demerouti（2007）进一步提出两个有关工作要求与资源交互的双重路径命题。命题 3：工作资源可以缓冲工作要求对工作压力的影响，这里的压力包括工作精神匮乏、健康损伤。命题 4：在高工作要求下，工作资源会导致更明显的动机激励效果或工作投入水平。综合四个命题来看，JD-R 模型描述了这样一个关系链，高要求—低资源环境会导致高压力—低动机结果；低要求—高资源环境会导致低压力—高激励结果。工作资源能够缓解工作要求导致的压力水平，这在高工作要求水平下尤其明显，当工作资源较高时，压力从最高水平可能会降到平均水平或较低水平。工作要求能够激发工作资源对工作投入、绩效等动机的作用，使工作资源显得特别有用，这在低工作资源水平下尤其明显，当工作要求较低时，激励从最低水平可能提升到平均水平。同时应该注意，虽然工作要求是主要的压力源，但并非所有的工作要求都带来消极结果。一些研究发现工作需求不仅在损耗过程中起到作用，而且在激励过程中也起到一定作用，并根据工作压力二分法将工作要求分为挑战性压力和障碍性压力（齐亚静和伍新春，2018）。挑战性压力带来积极的工作结果，指那些被视为学习和工作中必须克服的压力需求，尽管有潜在的压力，但对个体有潜在的收益，如高工作量、时间压力、职责范围等；障碍性压力带来消极的工作结果，指那些被视为不必要的、对完成工作和个人学习发展有阻碍的压力需求，往往与个人的潜在收益无关，如组织政治、角色模糊和工作不安全感等（Lepine 等，2000）。

随着 JD-R 模型的发展和应用，更多研究开始关注在工作特征产生影响的路径中，个体扮演着怎样重要的角色。研究者普遍认为个体与环境之间存在复杂的相互作用，个体对工作要求和工作资源的认知或感知差别很可能会影响潜在的压力和动机结果（Bakker 和 Sanz-Vergel，2013），因此提出了命题 5：个人资源（如自我效能、乐观、心理资源、特质竞争力、情感能力等）指个体对自己所处环境的控制程度，其在 JD-R 模型中产生与工作资源一样的作用（Lorente 等，2014；Karatepe，2015；Bakker 和 Demerouti，2017）。个人资源的引入弥补了 JD-R 模型在解释了工作特征影响倦怠和工作投入中的个体差异问题，尽管针对个人资源的研究仍然处于探索阶段（齐亚静和伍新春，2018），但部分研究者已经发现个人资源相较于工作资源，在 JD-R 模型中扮演着更多的角色。例如，Xanthopoulou 等（2007）基于资源保存理论提出了三种个人资源（自我效能、基于组织的自尊和乐观）在 JD-R 模型中有不同的作用，其结果并没有表明个人资源在消耗过程中的作用，但是个人资源影响了工作资源感知程度，同时在工作资源影响工作耗竭、工作资源影响工作投入的过程中扮演着重要的调节角色；Bakker 和 Sanz-Vergel（2013）分析工作要求、个人资源和幸福感之间的关系时发现，情绪要求增强了个人资源对幸福感的影响效应，工作压力则削弱了这种影响。顾江洪等（2018）将职业使命感引入 JD-R 模型中研究工作资源（社会支持、绩效反馈、工作自主性、职业发展机会）、个人资源（心理资本）与使命感之间的关系，发现使命感调节了个人资源

和工作资源与工作投入之间的关系。李燚等（2019）研究发现个人资源
（核心自我评价）通过工作资源（受欢迎程度）影响了工作绩效。

综合来看，工作要求—资源模型仍在不断地研究拓展和验证中，除
JD-R 模型的基本路径验证外，越来越多的研究者将不同的个人、组织、
工作等层面的因素引入模型中。多数研究在分析工作特征对健康或幸福影
响的同时，会进一步分析其对个人结果（如无聊、幸福）、工作结果（如
工作绩效、任务绩效）或组织结果（如组织承诺、组织绩效）带来的影
响。尤其是工作绩效作为工作特征对个人影响的重要显性结果，一直是基
于组织管理视角下的研究重点，由此产生了 JD-R 模型的命题 6：激励过
程和消耗过程对工作绩效分别带来正向和负向影响（Bakker 和 Demerouti，
2017）。例如，Miao 和 Evans（2013）研究发现销售控制系统对员工工作
投入（适应性销售行为和销售努力）和工作压力（角色歧义和角色冲突）
具有复杂的交互影响作用，具体来看，结果控制和能力控制积极影响了适
应性销售行为，结果控制和活动控制对适应性销售行为有负向的交互影响
作用。基于此 6 个命题，JD-R 模型形成了最新的版本，如图 2-2 所示。

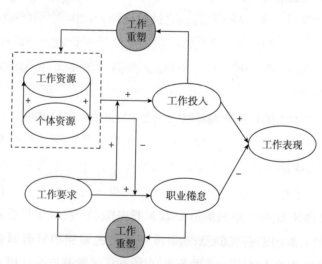

**图 2-2 工作要求—资源模型最新版本**

资料来源：齐亚静，伍新春．工作要求—资源模型：理论和实证研究的拓展脉络［J］．北京
师范大学学报（社会科学版），2018（6）：28-36.

从现有研究来看，针对工作要求—资源模型的研究未来发展方向为，第一，进一步探索除工作资源、工作要求、个人资源外的其他因素在模型中的角色和作用。例如，与工作要求相对应，研究者开始关注个人要求在 JD-R 模型中的角色，如工作狂（Guglielmi 等，2012）。研究者认为个人要求作为个体自身的一种资源消耗，对其工作投入和工作倦怠的角色很可能与工作要求相类似。Childs 和 Stoeber（2010）在探讨个体差异影响工作倦怠和工作投入的研究中发现，完美主义作为重要的个人要求对工作倦怠和工作投入有着重要影响。Guglielmi 等（2012）发现个人要求（工作狂）通过工作要求的中介作用影响倦怠水平，个人资源（自我效能）通过工作资源的中介作用影响工作倦怠和工作投入的水平。第二，进一步探索模型中各因素的交互关系和反向因果作用，从工作资源与工作要求的交互到检验工作资源、工作要求、个人资源、个人要求等复杂交互作用。同时一些学者提到了工作资源、工作要求与工作倦怠、工作投入之间的反向因果关系，但仍需要进一步验证（Bakker 和 Demerouti，2007）。第三，有关不同研究对象的资源、要求组合的探索，扩大 JD-R 模型的应用范围。例如，Dicke 等（2018）用 JD-R 模型在解释教师职业幸福的研究中，验证了命题 1 和命题 2 工作资源（自我效能）对工作参与、工作要求（课堂干扰）对情绪衰竭有显著影响，进而影响了教师的组织承诺。同时验证了命题 3 和命题 4，即自我效能缓冲了工作要求的消极影响、工作要求提升了自我效能对工作参与的影响力度。

根据对适应性绩效影响因素相关研究的总结可以发现，工作场所中的年长员工适应性绩效受到来自内外部因素的影响，根据工作要求—资源模型可以将这些影响因素分为个体特征和工作特征两大类，两类影响因素又可进一步根据资源消耗和资源补充两个方向进一步分类，其中资源消耗与工作要求和个人要求有关，资源补充与工作资源和个人资源有关。根据工作要求—资源模型，个人特征与工作特征与员工的行为和绩效之间的关系是复杂多样的，工作要求和工作资源会影响个人资源和员工行为，同时个人资源、工作资源和工作要求又存在多种交互影响关系。工作要求—资源模型作为本书的重要理论主线，首先在子研究二探讨年长员工适应性绩效影响因素关系模型过程中，基于工作要求—资源模型所提供的资源消耗过程和资源补充过程之间的关系，对各类影响因素与适应性绩效的影响关系及适应性绩效各种形成路径进行理论解释。其次用于进一步解释子研究三构建的年长员工适应性绩效形成机制模型，分析选取的 5 个变量与年长员工适应性绩效之间的关系。

## 二、工作调整理论

明尼苏达工作调整理论（Theory of Work Adjustment，TWA）是一个强调个人特征与工作环境特征相匹配的模型，最初提出是为了帮助员工进行职业选择和调整，属于个人—环境匹配理论的一种（Dawis 和 Lofquist，1978）。工作调整理论认为个体与环境通过彼此间的互动来满足自己的需求，虽然环境包括很多种，但工作调整理论关注于工作环境与作为雇员的个体之间的互动过程及结果。工作调整理论用预测模型和过程模型两个模型来描述个体与工作环境适应的过程（Bayl-Smith 和 Griffin，2018）。预测模型认为工作环境对个体的要求是完成并保持或改进工作必须具备的一些工作技能。同时环境也必须具备一些能力以满足个体的需要，对个体来说最重要的是环境的激励能力。因此预测模型提出个体与工作环境互动时的两种对应模式，即个体满意和环境满意，个体满意模式指个体需求（价值）与激励措施一致，即工作环境能够满足个体的需求和价值观；环境满意模式指个体技能与工作要求一致，即个体能够满足工作环境提出的要求。前者预测了个体的工作满意度，而后者预测了个体的合格度（或环境满意度）。当任何一种不一致情况出现时，个体与环境的不平衡就会刺激调整行为的出现，带来个体的保留/辞职、环境的保留/解雇结果。当个体既被工作环境满足又能够满足工作环境时，就意味着个人与环境处于一种平衡状态，工作不需要调整，那么个体就留在环境中并被环境保留，处于保留期，此时出现终身职位。此外，预测模型还认为个体满意、环境满意和一致性三者之间是相互影响的，也就是说，员工被环境满足的程度，影响员工满足环境要求的程度，当环境能够满足员工的需求和价值观时，员工可能更好地满足工作要求。相反，如果员工能够满足环境要求，那么自身的需求和价值观则更有可能被环境满足。同时，预测模型提出了个体风格和环境风格对个体满意和环境满意对应过程中的调节作用，认为个体风格、兴趣、性格差异，会影响一致性对个体满意度和环境满意度带来的效果（Bayl-Smith 和 Griffin，2015）。

过程模型则将调整描述为一个循环周期，并提出四种工作调整风格（灵活性、主动调整、反应调整和毅力）来描述工作调整过程。就个体满意过程来说，灵活度代表个体在调整之前承受不平衡的程度，当个体感知环境激励和个体需求（价值）之间的不一致时会产生不满，这种不一致和不满超出个体容忍程度时，个体就会产生主动和反应两种调整模式。主动调整是个体通过改变环境（尝试改变环境的激励条件或降低环境的技能要求）来减少不一致；反应调整是个体通过自我调节（改变自己的需求或提高自己的技能）来减少不一致。个体可能同时采用主动和反应调整，或只采取其中之一。这种调整行为一直会坚持到个体放弃或辞职之前，坚持的周期则反映了个体的毅力。过程模型认为，随着时间的推移，个体工作调整风格会趋于稳定，这时灵活性、主动性、反应性和毅力性就成为个体特征，代表个体面对不一致时的行为倾向。这种行为倾向越明显，则个体对环境的适应能力就越强。

## 三、社会认同理论

社会认同理论（Social Identity Theory）认为社会范畴先于个人而存在，个人出生在一个已经有组织的社会中，一旦进入社会，人们的身份或自我意识在很大程度上来自他们所属的社会类别。人们倾向于将自己和他人划分为不同的社会类别，如组织成员、宗教信仰、性别和年龄群组（Trepte，2006），最终形成了独特的社会身份。社会认同的形成要经过两个重要过程，即社会分类和社会比较（Bochatay 等，2019）。人们通过社会分类和社会比较过程，将与自我相似的人归类为内群体，与自我不同的人归类为外群体。社会分类指个体为了更好地理解和识别物体，把对象、事件和人归类的过程。社会分类有两个功能，首先，社会分类使个人能够在社会环境中定位或定义自己。当人们完成自我分类后，会将符合内群体的特征赋予自我，将自己视为群体的实际成员或象征性成员，并将群体的命运视为自己的命运。其次，为个体提供了一种系统、便利地观察他人的方法。个体会把内群体和外群体的区别最大化，增强自我和组内成员之间感知的相似性，以及与组外成员之间感知的差异性（Caricati 和 Sollami，2018）。这种差异性的强调发生在所有的态度、信仰和价值观、情感反应、行为规范、说话风格和其他被认为与群体间分类相关的属性上。社会比较是指一旦个体将自己归入某一团体，便倾向于将这一团体与其他团体进行比较。因为人们总是通过与其他类别的个体比较来定义自己，且只有比较才能使定义显得更有意义。社会比较具有很强的评价性，并倾向于从认知、情感和行为上对群体内成员给予更积极的评价，从而给个体带来了积极的自我评价，提升自我价值和自尊（Bochatay 等，2019）。这样就产生了不对称的群体评价和行为，形成了群体内认同和群体外偏见（Ferrucci 和 Tandoc 等，2018）。总之，社会认同理论描述的是个体如何将自己视为一个群体的成员，以及这种分类给个体带来的影响。拥有特定的社会身份意味着与某一群体保持一致，像群体中的其他人一样，从群体的角度看问题。一般来说，当人们以群体为基础的身份出现时，他们的感知和行动是一致的，可以表现为在认知、态度和行为上的一致性。这其中，社会刻板印象是社会认同理论的典型表现，在刻板印象中，个体通常会使用某个群体名称来代表自己，如老员工、女性员工、临时员工等（Ferrucci 和 Tandoc 等，2018）。

# 本章小结

本章首先通过对工作场所中年龄概念及划分的相关研究进行总结，基于 Sterns 和 Doverspike（1989）提出的年龄界定五种标准，对生理年龄、功能年龄、心理年龄、组织年龄和生命周期年龄进行了介绍和概括。工作场所中的年长员工的界定应充分考虑生理、心理、行业、职业等多种因素的影响，并根据现有研究成果，将本书的年长员工年龄界定在 45 岁及以上。其次对有关适应性绩效概念的研究成果进行分析和总结，将适应性绩效概念的理解分为特定领域下的任务适应性绩效和一般环境下的能力适应性绩效。提出对个体适应性绩效概念的理解，即当环境发生变动时，个体能够积极捕获情境变化信号并感知和判断到这种平衡状态的破坏及程度，为了保证自身、组织、工作和环境持续平衡，个体会根据当下情境中自身、组织、工作和环境的现状做出符合未来预测方向的规划和调整，这些规划或调整的内容不仅体现在工作行为上，而且体现在工作态度上，既包括调整后的效果也包括调整的效率。之后，根据应用范围将适应性绩效维度和测量工具分为通用型和特定型，并从个体、领导、工作和任务、领导、组织 5 个方面对适应性绩效的影响因素进行总结归纳。最后从年龄视角出发，分个人层面和环境层面分析总结了年长员工适应性绩效的特点，并对本书三个理论进行介绍。

总之，从年长人力资源开发和价值利用角度来看，系统研究年长员工适应性绩效的构念和其形成机制具有一定价值。年龄的变化是动态性的，工作场所中年长员工往往需要根据自身情况不断调整其动机、情绪、角色身份等以匹配环境的要求，结合年长员工生理和心理变化的特点，动态环境下员工需要具备哪些方面的适应性能力，以及什么样特质的员工和外部环境支持能够帮助员工提高其适应能力的研究，不仅能够丰富年龄对员工影响的相关研究，还对适应性绩效相关研究的丰富及管理实践的指导具有一定的补充作用。

# 第三章
# 年长员工适应性绩效测量量表的重构

本书在文献综述部分介绍了员工适应性绩效的概念、维度和影响因素，为对个体适应性绩效的理解打下了基础。虽然研究者对适应性绩效概念的理解有不同的角度，但已有的对不同行业、不同情境的实证研究在一定程度上推动了适应性绩效的理论发展，为本书及未来研究提供了借鉴。本书认为工作场所中个体年龄对其心理和行为的影响会反映在员工的适应性行为中，年长员工在动态环境中的适应性绩效具有独特性，因此本章基于已有文献资料、质性资料的收集和分析，探索动态环境下年长员工适应性绩效的内涵和结构，并开发年长员工适应性绩效测量量表。

## 第一节 年长员工适应性绩效质性
## 研究的思路与方法

### 一、研究思路

年长员工适应性绩效结构维度的研究思路如图 3-1 所示。首先，通过对现有文献资料中适应性绩效的结构维度及各维度对应的指标进行归纳与梳理，提高对员工适应性绩效的内容和结构的进一步理解；其次，基于对年长员工的深度访谈及通过网络、媒体等渠道获取的相关质性资料，提取年长员工适应性绩效的核心内容；最后，采用扎根理论研究，分析归纳出年长员工适应性绩效的结构维度及各维度的指标。本章研究为子研究二关于年长员工适应性绩效影响因素和子研究三关于年长员工适应性绩效形成机制的研究奠定了基础。

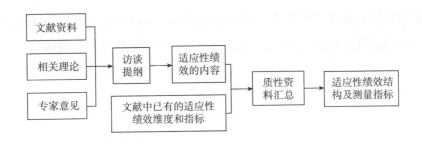

图 3-1  年长员工适应性绩效结构体系构建思路

## 二、研究方法

（一）扎根理论研究

本书采用扎根理论方法探索年长员工适应性绩效的概念和结构。扎根理论研究作为社会科学中一种极为重要且常见的研究范式，常被用于概念或理论构建中。扎根理论研究主要基于对质性数据的收集，在对资料进行整理和分析过程中不断思考和互动，最终归纳总结质性数据间的关系或结构，将资料转化为概念并构建理论。在扎根理论研究中最主要和烦琐的工作就是质性数据的收集和分析，除要控制好资料来源、内容的合理性和真实性外，质性数据的分析工作要严格按照规范进行。通常通过对所有资料进行整理和编码来实现质性数据的分析，这包含着理论的演绎和归纳（徐建平和梅胜军，2019）。在编码前要对所有的访谈记录进行文字整理和录入，录入的过程也是对质性资料进一步的熟悉和了解的过程。编码工作是基于识别和判断质性资料中的概念，对相似的、重复的概念和属性进行归类、合并、分析，形成编码范畴与特征，最终概念化的过程。编码一般包括开放式编码、主轴编码和选择性编码三组过程。其中，开放式编码是编码工作的第一环节，通过对质性资料的分解，提取出相关的概念或属性，采用比较和映射方法来发现概念或属性之间的相似性和差异性，并对其进行基础界定。主轴编码是基于开放式编码结果进行的，对所得到的概念或属性进行核心分类，经过不断的比较分析，最终发现、构建主要范畴与次级范畴之间的内在联系并达到理论数据饱和。选择性编码在主轴编码之后选择核心范畴，并通过对围绕核心范畴的故事情节展开来促进最终扎根理论的整合。本书采用 Corbin 和 Strauss（1990）提出的扎根理论研究流程，包括理论抽样、收集资料、逐级编码。

（二）理论抽样

理论抽样旨在使研究者将从资料中初步生成的理论构成后续资料抽样的依据，以指导资料的进一步采集与分析，这反映了扎根理论"一切皆为数据"的核心理念（张群祥，2012）。Corbin 和 Strauss（1990）指出，扎根理论强调研究之初应避免有预设的相关理论，这些理论可以从实际收集到的数据资料中遵循系统化的流程归纳得到。本书旨在发掘年长员工适应性绩效的维度结构，即年长员工在工作中的适应性表现通常由哪些内容构成，具有什么样的特点和内部关系。根据扎根理论抽样的目的性、合理性及可行性，本书在回顾有关年长员工人力资源优缺点、个体适应性绩效的概念和结构、年长员工适应性绩效特点的基础上，重点针对 45 岁及以上仍处于工作岗位或从事某一专业活动的组织员工进行研究，为了保证样本具有一定的代表性，样本选取采用跨行业、跨职位的标准。通过深挖年长员工在工作中面对适应性需求时深层次的心理和行为关系，明确年长员工在工作场所中需要适应什么以及都做哪些心理和行为调整，尽可能多地获取有助于了解年长员工适应性绩效的信息。

（三）资料获取

本次对年长员工适应性相关资料的获取途径包括两个：第一，深度访谈。对 45 岁及以上的员工进行深度访谈，主要了解年龄变化对员工工作相关的心理和行为影响，以及年长员工对变化环境的态度和行为表现等，详细记录和区分员工随着年龄而产生的心理和行为上的不同变化。第二，人物传记/自述、电视专访。众多媒体关注劳动老龄化问题，对职场中年长员工的报道以及对相关人物的专访信息丰富，如劳动模范、工匠精神代表等。这其中还包括新闻和论坛平台上的一些人物自述等，对年长员工职业成长过程中的心理和行为变化描述详细，其质量和可用性均能够通过技术上的筛选，为分析年长员工适应性绩效提供数据基础。这两种途径所获取的资料各有优缺点，深度访谈具有针对性强、事件脉络清晰深入的特点，访谈者能够根据研究目的对细枝末节进行深入挖掘，能够对员工随着年龄增长而产生的变化，以及这些变化的起因、动机、形成和在工作场所中的具体体现进行详细的阐述；缺点是费时费力，对样本信息的深度挖掘需要耗费较长的时间，且被访谈者有可能存在隐瞒、道德美化等现象，访谈质量与访谈设计和访谈技巧有直接关系。人物传记、自述或专访资料来源广泛，样本量大且便于收集，包括一些论坛和网站上的人物自述的内容不受研究者的主观影响，内容较为真实。但是网络资料的样本和内容质量参差不齐，一些资料存在必要信息的缺失，如样本年龄、工作内容等，文本质量筛选和淘汰工作量较大。

## 三、年长员工适应性资料收集

年长员工适应性过程调查分为两个阶段：第一，深度访谈的准备和实施，对 32 位年长员工在工作中适应性情况进行深入访谈，包括所有员工印象深刻的能够引起适应性压力的事件中，员工情感、动机等的变化以及所采取的应对策略，也包括年长员工所感知的组织中年长员工和年轻员工之间的差异，这种差异可能包括待遇、地位、被重视程度、机会等各个方面；第二，年长员工职业发展自述和采访材料的收集与筛选。按照一定的精选原则，最终选出 38 位年长员工适应性材料，用于提炼年长员工适应性过程的相关内容。

（一）深度访谈的实施

访谈法是质性材料收集应用最普遍的方法之一，即使在定量研究中，在构建研究模型和设计调查前，访谈法有时也被用来进行初步数据的收集。访谈并不是与被访谈者之间的随意对话。在访谈前，研究者需要根据研究目的设计核心访谈问题，挑选被访谈对象，在访谈过程中，研究者需要营造轻松的氛围，运用相应的提问和交谈技巧帮助被访谈者尽可能多地描述与研究主题相关的事件、看法、感受等。访谈者通过观察、理解、倾听、记录、重复、提问等方式，鼓励被访谈者畅所欲言，并引导对话围绕核心问题展开。与定量分析一样，访谈具有多种类型，如根据访谈形式可以分为面对面访谈、小组访谈、电话访谈、邮件访谈，根据访谈内容可分为结构化访谈、半结构化访谈和非结构化访谈。本书主要通过半结构化访谈，采取面对面访谈和电话访谈形式展开调查。深度访谈的优点在于能够在灵活、宽松的氛围中提高被访谈者的倾诉欲望，开放性的访谈过程中研究者能够及时发现和挖掘有价值的信息，并且能够及时与被访谈者沟通，引导谈话方向。鉴于本次访谈对象为工作场所中的年长员工，在展开访谈调研时对访谈原则、对象选择、访谈提纲和实施过程进行了规划和设计。

1. 访谈样本选择及实施原则

组织中的年长员工很多，为了能够充分获得高质量的访谈问题，对样本选择及实施过程有必要设定一些原则。

（1）可得性原则。职场中年长员工越来越多，但并非所有的年长员工都有意愿或能力对工作场景中的适应性过程进行详细的描述。研究者往往需要考虑一些如地域、关系网络、被访者性格等比较细节的问题才能够保证访谈调研的顺利开展。本章的研究目的是根据年长员工在与工作情境互动中的适应性事件的回忆和描述，总结和分析年长员工适应过程中的情感、动机、行为等的变化，需要被访谈者能够详细阐述适应性事件发生的始末及过程中的感受和认知。这需要被访谈者极高的配合度，耗费较长的时间和精力。访谈者与被访谈者之间需要首先建立信任和轻松的关系。鉴于此，在选择被访对象时，先从研究者身边的社会关系网络开始，采取滚雪球的方式不断扩大样本范围，选择表达能力强、配合意愿高、适应性事件回忆信息量大的年长员工样本数据进入最终数据分析环节。

（2）代表性原则。员工适应性的本质是个体与环境的互动，不同行业、职业的员工所面临的工作特征不同，如服务行业对员工的耐心、情绪控制等有较高的要求，建筑行业需要员工具有较强的生理和心理恢复能力，IT 行业则需要员工具有较强的学习能力等。尽管如此，从普遍意义上看，无论处于何种工作环境，员工在面对适应性压力时都会产生心理和行为的变化，这种变化很可能具有某种共性。2000 年 Pulakos 及其团队在设计适应性绩效结构和量表的过程中为保持样本的代表性，对 11 个私营部门、联邦政府、军事组织等的 21 位不同工作岗位的员工进行调查。参照 Pulakos 等（2000）的样本选择思路，为了提高年长员工适应性绩效研究结果的代表性，本书尽可能多地整合来自不同行业、职业等特点的年长员工的适应性事件及其过程信息。本次访谈中的被访谈对象来自涵盖服务业、建筑业、教育、交通运输、制造业、公共管理等多个行业，并涉及中高层管理者、研究员、个体户、基层员工等多个不同的职业或岗位。

（3）规范性原则。本次访谈主要采用半结构式访谈，在形式上以便捷性为主，包括面对面访谈和电话访谈。为了保证访谈的顺利开展和有效执行，必须考虑以下几点：第一，保证被访谈者处于一个不宜分心的环境并且有充足的时间；第二，访谈开始前与被访谈者就研究目的进行充分的沟通，充分了解被访谈者的工作经历，包括就业年限、所处行业、近 2~3 年有没有发生过职位变动、有无工作调整等需要适应的情境，并做好保密承诺；第三，要求被访谈者尽可能详细地回忆 3~4 个工作中遇到的变动、突发事件、紧急情况发生的始末，并描述该事件中自己的感受、情绪变化和应对方式；第四，访谈过程中态度保持中立，不对被访谈者所表述的信息做出强烈的情绪反应，不做任何带有个人观点色彩的评价；第五，注意围绕研究主题进行适度的话题拓展，不在与主题不相关的话题上耗费过多精力，并控制每个问题回答的时长和问题与问题之间的自然过渡；第六，通过录音、笔记的方式完整记录被访者的回答，并且标记好时间和时长，在当天或后一天整理访谈资料。

2. 访谈大纲

半结构化的访谈一般是在确定的主题引导下准备要提问的核心问题，并在访谈过程中插入能够引出更详细回答的进一步提问。因此在提纲设计环节的原则是既要有明确的主题性，又要包含一系列广泛的话题。半结构化访谈的优点在于灵活机动、易于理解和掌握，在访谈中允许访谈者采用不同的风格和技巧来控制访谈的节奏、问题顺序，鼓励被访谈者采用自己的思维和表述方式来回答问题。但半结构化访谈有一个基本前提，即问题必须是被访谈者能够充分理解的，并且访谈者能够理解被访谈者独特的思维和表述方式，从被访谈者角度看待问题建立的逻辑连贯性。因此，本书紧密围绕研究主题，在设计问题时遵循以下原则：第一，保持问题的中立性，避免可能影响被访者判断的措辞；第二，以开放式问题为主，让被访者充分表达自己的观点；第三，以被访者能够理解的方式呈现问题；第四，避免问题中出现具有引导性的或模糊性的词句，如可能、大概、应该、是等。在此基础上设立简练明确的访谈大纲，在设计提纲时，首先，根据 Stitt-Gohdes 等（2000）提出的意见设计问题，他们认为访谈提纲应要求被访者回答与研究主题密切相关的事件或事例，提出的问题应围绕以下几点展开："事件发生前的情况"、"确切地做了什么，为什么有效或无效"、"行为的结果或效果"和"行为的后果是否在员工的控制之下"；其次，反复征询相关专家的意见，以确保问题围绕年长员工适应性绩效形成过程展开；最后，对 8 位不同行业和职业的年长员工进行了测试，通过反复的沟通和解释，降低问题的理解性偏差，最终制定了深度访谈所需要的提纲（见附录）。

本书采取面对面访谈和电话访谈（包括微信和 QQ 等通信工具的语音访谈）两种方式。面对面的访谈主要是访谈者与被访者一对一的交谈和沟通，面对面访谈的特点是时间和地点上的同步交流，是一种容易深入互动获取有价值、有创新性信息的方法。在面对面访谈中，访谈者不仅可以通过被访者的表述，还可以根据被访者的声音、语调语速、肢体、表情等获得额外的信息。同时，访谈者也可以通过自己的肢体、表情对被访者做出一些暗示性的引导和鼓励，根据被访者的表现及时反应，调整提问的速度和方式。但面对面访谈中也要预防过多的互动交流分散被访者的注意力，需要访谈者主动与被访者之间营造一个轻松且信任的氛围。另外，面对面访谈受到时间、地域、资金等的限制，为了扩大样本的代表性，本书在面对面访谈的基础上，通过滚雪球的方式扩大样本覆盖范围，并采用电话访谈的方式展开。电话访谈具有便捷、效率的特点，虽然电话访谈无法观察到面部表情、肢体语言（视频访谈除外），但声音、语调这些信息仍然存在。相对于面对面访谈，电话访谈的优点也显而易见，被访者通常处于自己熟悉的场景中使其能够放下戒备，愿意表述一些更隐私和敏感的问题和想法。在做电话访谈时应注意的是要提前预约时间，确保被访者处于一个干扰较少的环境中，并控制电话访谈的时长，避免疲劳和精力分散。两种访谈方式都要做好录音和笔记，录音用于完整留存访问过程，笔记则用于记录访问过程中观察到的其他信息。

Pulakos 及其团队在设计适应性绩效结构和量表的过程中采用了较为严谨的量表开发过程，所开发的 JAI 量表被广泛应用于较多研究。Pulakos 等（2000）为保持样本的代表性，采用关键事件技术对 11 个不同的私营部门、联邦政府、军事组织等的 21 位不同工作岗位的员工进行调查，这些岗位员工工作类型包括服务工作、技术工作、支持工作、执法工作、军事工作以及监督和管理工作。参照 Pulakos 等（2000）的样本选择思路，本书将访谈样本设定为 45 岁及以上仍处于工作岗位或从事某一专业活动的员工，同时为了提高年长员工适应性绩效内容的代表性，样本选择上采用跨行业、跨地域、跨职业的选择标准。访谈工作按两个阶段展开：第一阶段针对教育、服务行业，访谈了 13 人次；第二阶段针对金融、建筑、房地产、零售业、制造业、交通运输业等行业，访谈了 19 人次。共计访谈来自 11 个行业的访谈对象 32 人。根据扎根理论方法的要求，在收集资料过程中要不断采集、比较、分析资料，通过资料的分析产生概念与范畴，直到理论饱和为止。被访者的基本情况如表 3-1 所示。

表 3-1　访谈人员基本情况汇总

| 序号 | 称呼 | 年龄（岁） | 从业年限（年） | 所属行业 | 组织性质 | 职业/职称 | 所在地 |
|---|---|---|---|---|---|---|---|
| 1 | 陈男士 | 56 | 36 | 教育业 | 事业单位 | 大学教授 | 北京 |
| 2 | 曹女士 | 48 | 17 | 教育业 | 事业单位 | 大学副教授 | 湖北武汉 |
| 3 | 赵男士 | 49 | 30 | 教育业 | 事业单位 | 大学教授 | 湖北武汉 |
| 4 | 陈男士 | 52 | 30 | 教育业 | 事业单位 | 大学副教授 | 河南郑州 |
| 5 | 陈女士 | 47 | 24 | 教育业 | 事业单位 | 财务副处长 | 河南郑州 |
| 6 | 申男士 | 47 | 17 | 信息技术服务业 | 民营企业 | 创始人 CEO | 广东广州 |
| 7 | 唐男士 | 49 | 20 | 制造业 | 民营企业 | 财务主管 | 贵州贵阳 |
| 8 | 陈女士 | 45 | 23 | 餐饮业 | 民营企业 | 客户主管 | 贵州贵阳 |
| 9 | 陈男士 | 59 | 23 | 制造业 | 民营企业 | 电焊工人 | 贵州贵阳 |
| 10 | 袁男士 | 44 | 24 | 餐饮业 | 民营企业 | 市场总厨 | 云南昆明 |
| 11 | 张女士 | 46 | 9 | 餐饮业 | 民营企业 | 后厨班长 | 云南昆明 |
| 12 | 齐女士 | 58 | 7 | 餐饮业 | 民营企业 | 服务人员 | 安徽黄山 |
| 13 | 郑女士 | 50 | 17 | 餐饮业 | 民营企业 | 行政主管 | 浙江杭州 |
| 14 | 姜男士 | 45 | 22 | 公共管理 | 事业单位 | 边检处科长 | 云南昆明 |
| 15 | 郭男士 | 47 | 26 | 交通运输业 | 国有企业 | 采购处长 | 河南郑州 |
| 16 | 赵男士 | 47 | 12 | 房地产业 | 国有企业 | CFO | 北京 |
| 17 | 王男士 | 45 | 20 | 电力业 | 国有企业 | 设备维护员 | 云南昆明 |
| 18 | 余男士 | 50 | 4 | 金融业 | 国有企业 | 销售员 | 云南丽江 |
| 19 | 焦女士 | 47 | 26 | 金融业 | 民营企业 | 财务主管 | 河南濮阳 |
| 20 | 谢男士 | 47 | 24 | 建筑业 | 民营企业 | 销售代理 | 浙江杭州 |
| 21 | 孙男士 | 49 | 29 | 交通运输业 | 民营企业 | 财务核算 | 上海 |
| 22 | 邓女士 | 46 | 27 | 建筑业 | 民营企业 | 副总裁 | 云南昆明 |
| 23 | 金男士 | 49 | 26 | 零售业 | 民营企业 | 个体户 | 云南昆明 |
| 24 | 杜女士 | 57 | 35 | 制造业 | 外资企业 | 副总裁 | 江苏昆山 |
| 25 | 王女士 | 49 | 24 | 教育业 | 事业单位 | 图书馆行政 | 云南昆明 |
| 26 | 陈男士 | 56 | 11 | 餐饮业 | 民营企业 | 餐饮店老板 | 上海 |
| 27 | 王男士 | 47 | 23 | 公共管理 | 事业单位 | 处长 | 云南昆明 |
| 28 | 王女士 | 52 | 31 | 金融业 | 国有企业 | 理财经理 | 江苏南京 |
| 29 | 林女士 | 50 | 29 | 制造业 | 民营企业 | 食品质检员 | 新疆 |
| 30 | 周男士 | 55 | 30 | 批发业 | 民营企业 | 贸易经理 | 上海 |
| 31 | 周男士 | 46 | 25 | 交通运输业 | 民营企业 | 司机 | 广西桂林 |
| 32 | 王男士 | 52 | 20 | 零售业 | 民营企业 | 个体户 | 广西桂林 |

注：从业年限为当前组织中的从业年限；所属行业依据《国民经济行业分类（2019 修改版）》划分。

（二）媒体资料的搜集与筛选

为了扩充资料的层次性和代表性，本书以年长员工适应性为主题在国内各大媒体网站，如央视频道、搜狐新闻、腾讯新闻、天涯论坛、知乎社区等上搜索相关的典型人物传记、员工自述、视频采访等资料。这些网络平台所采访的人物可能包括劳动模范、工匠精神代表、模范员工，这些员工大部分工作年限长，工作经验丰富，访谈的配合度高，愿意和他人分享自己的职业成长经历，并且往往对自己典型的工作事例记忆深刻，访谈内容具有一定的可信度。收集资料时主要采用"年长员工"、"老员工"、"工作经历"及"回忆录"等关键词，在几大主流媒体网站上进行搜索。由于资料来源广泛，数量庞大且质量不一，在对搜索结果的筛选过程中主要采取以下原则：第一，基本信息要全面，被采访对象的年龄、从业年限、行业、职位要清晰体现；第二，内容贴合度高，人物采访和自传要包含对个体从进入工作到职业生涯结束，职业发展过程中所遇到的重大事件、困难以及解决的过程的详细回忆和描述；第三，内容要丰富，对话或者自述的过程不宜过于简单，内容要深刻且丰富，能够体现被访者的一些情绪和观念的转变，排除字数不够或时长不够以及封闭式问答的访谈资料。收集和处理的媒体资料情况如表3-2所示。

表3-2　媒体资料基本情况

| 序号 | 人物 | 年龄（岁） | 从业年限（年） | 行业 | 组织性质 | 岗位 | 发表时间（年） | 材料来源 |
|---|---|---|---|---|---|---|---|---|
| 1 | 杨女士 | 46 | 8 | 制造业 | 民营企业 | 生产经理 | 2017 | 搜狐网 |
| 2 | 周女士 | 46 | 29 | 制造业 | 民营企业 | 生产部切料组组长 | 2017 | 搜狐网 |
| 3 | 陈先生 | 46 | 29 | 制造业 | 民营企业 | 生产经理和项目经理 | 2017 | 搜狐网 |
| 4 | 程女士 | 60 | 14 | 服务业 | 事业单位 | 上海作协理事 | 2016 | 上观新闻 |
| 5 | 王先生 | 45 | 25 | 金融业 | 国有银行 | 大堂经理 | 2012 | 中国知网 |
| 6 | 吴先生 | 45 | 4 | 金融业 | 国有银行 | 大堂经理 | 2012 | 中国知网 |
| 7 | 宋先生 | 48 | 20 | 金融业 | 国有银行 | 个人客户经理 | 2012 | 中国知网 |

| 序号 | 人物 | 年龄（岁） | 从业年限（年） | 行业 | 组织性质 | 岗位 | 发表时间（年） | 材料来源 |
|---|---|---|---|---|---|---|---|---|
| 8 | 沈先生 | 45 | 30 | 金融业 | 国有银行 | 大堂引导员 | 2012 | 中国知网 |
| 9 | 曹先生 | 83 | 32 | 制造业 | 国有企业 | 调研室组长 | 2009 | 新浪汽车 |
| 10 | 孙先生 | 57 | 7 | 金融业 | 商业银行 | 董事长 | 2019 | 上海证券报 |
| 11 | 桃女士 | 49 | 16 | 制造业 | 民营企业 | 仓管员 | 2019 | 网易新闻 |
| 12 | 集体访谈 | 70左右 | 40左右 | 制造业 | 国有工厂 | 平炉工人 | 2016 | 中国工人网 |
| 13 | 周先生 | 45 | 9 | 信息技术服务业 | 外资企业 | 咨询师 | 2009 | 天涯论坛 |
| 14 | 张女士 | 45 | 14 | 互联网行业 | 民营企业 | 执行董事 | 2007 | 新浪科技 |
| 15 | 孙先生 | 78 | 33 | 制造业 | 国有工厂 | 汽车生产工人 | 2007 | 中国知网 |
| 16 | 纪先生 | 52 | 36 | 电力行业 | 国有企业 | 党支部书记 | 2019 | 搜狐网 |
| 17 | 俞先生 | 56 | 25 | 教育业 | 民营企业 | 董事长 | 2018 | 搜狐网 |
| 18 | 龚先生 | 57 | 35 | 考古业 | 事业单位 | 考古专家 | 2019 | 中国社会科学院考古研究所 |
| 19 | 张先生 | 50 | 18 | 服务业 | 民营企业 | 教练 | 2018 | 新浪网 |
| 20 | 任先生 | 75 | 31 | 制造业 | 民营企业 | 董事长 | 2019 | 搜狐网 |
| 21 | 杨先生 | 53 | 33 | 制造业 | 民营企业 | 董事长 | 2018 | 搜狐网 |
| 22 | 董女士 | 65 | 29 | 制造业 | 民营企业 | 董事长 | 2019 | 央视网 |
| 23 | 杨先生 | 62 | 39 | 公共管理 | 事业单位 | 公务员 | 2020 | 一线聚焦 |
| 24 | 倪先生 | 81 | 59 | 教育业 | 事业单位 | 工程院院士 | 2020 | 人民网 |
| 25 | 贾先生 | 67 | 31 | 卫生业 | 事业单位 | 超声科主任 | 2020 | 人民网 |
| 26 | 姚先生 | 66 | 38 | 科学研究 | 事业单位 | 科学院院士 | 2020 | 人民网 |
| 27 | 张先生 | 68 | 50 | 军事 | 事业单位 | 海军少将 | 2020 | 人民网 |
| 28 | 李先生 | 57 | 37 | 公共管理 | 事业单位 | 环卫工人 | 2020 | 人民网 |
| 29 | 刘先生 | 58 | 33 | 教育业 | 事业单位 | 教授 | 2020 | 人民网 |
| 30 | 李女士 | 76 | 59 | 娱乐业 | 事业单位 | 歌唱家 | 2020 | 人民网 |
| 31 | 刘先生 | 69 | 37 | 农业 | 民营企业 | 董事长 | 2019 | 人民网 |
| 32 | 李先生 | 48 | 28 | 社会保障 | 事业单位 | 消防队参谋长 | 2018 | 人民网 |
| 33 | 王女士 | 66 | 34 | 社会组织 | 社会团体 | 义工 | 2018 | 人民网 |
| 34 | 刘先生 | 47 | 26 | 娱乐业 | 事业单位 | 主持人 | 2016 | 人民网 |

续表

| 序号 | 人物 | 年龄（岁） | 从业年限（年） | 行业 | 组织性质 | 岗位 | 发表时间（年） | 材料来源 |
|---|---|---|---|---|---|---|---|---|
| 35 | 余女士/马女士 | 50/50 | 16/17 | 公共管理/商务服务 | 事业单位 | 公务员/律师 | 2016 | 人民网 |
| 36 | 王女士 | 52 | 31 | 卫生业 | 事业单位 | 护士长 | 2015 | 人民网 |
| 37 | 吴先生 | 63 | 38 | 文化艺术 | 个体 | 作家 | 2015 | 人民网 |
| 38 | 何先生 | 59 | 35 | 文化艺术 | 个体 | 摄影师 | 2019 | 搜狐网 |

注：年龄指截至采访日期的生理年龄；从业年限为当前行业的从业年限。

从这些人物专访和自述媒体资料来看，本次共收集 38 篇媒体资料，其中涉及的行业和职业范围广泛。从被访者年龄分布来看，一些被访者超过法定退休年龄（60 岁及以上，属于大于 45 岁及以上的年长员工范围），这些被访者存在两个特点：一是在业内做出杰出贡献，如院士、自媒体、董事长、企业创始人等，虽然超过法定退休年龄但仍然在行业中、岗位上发挥重要作用；二是全国或地区的劳动模范、工匠精神代表，这些被访者被社会树立为典型和榜样，一般从参加工作开始回顾整个职业生涯发展过程，并对职业生涯发展中的关键事件和变动有重点的描述。这些被访者乐于分享自己的职业发展经历，在访谈中会表达与年龄、年轻一代等有关的感想或看法，因此本书保留来自这些样本的专访和自述材料。总体来看，媒体资料的整理弥补了深度访谈样本量的不足，并且提供了更丰富的研究视角。

## 第二节　资料分析

基于访谈获取的 70 份访谈数据及相关资料，严格按照扎根理论研究方法的三组编码程序展开开放式编码、主轴编码和选择性编码工作，具体情况如下：

## 一、开放式编码

开放式编码是用来确定所收集资料中包含哪些概念或属性，并对概念和属性的差异性和相似性进行类比分析的过程。在编码的一开始是对数据进行分类并赋予含义，需要将所有原始资料打散分解后尽可能多地提取并概念化其中涵盖的重要事件、事物、行动等内容，然后比较概念与概念之间的差异，通过合并、去重、重述等工作，最终按照某种标准对这些概念进行重新组织并加以类聚以形成更抽象的基本范畴。

在这个过程中，对概念群的提取及类比后形成基本范畴是最重要的两个环节。通过基本范畴的提炼，研究者能够更清楚概念范围及范畴之间的关系，有助于通过范畴来解释与预测事件。在开放式编码工作阶段，将70份文本资料打散结构后，本书组织了3名企业管理和人力资源管理研究方向的研究人员对概念进行提取和初步的类比分析，每个分析人员背对背进行概念提炼工作，并采用名义小组方式通过对资料、概念的反复探讨与考察，并历经"数据收集—编码—分析—补充收集数据"的多次循环，最终达成一致，从原始资料中抽取出100个概念，每个概念用"A+序号"的形式标示。在此基础上，召开焦点小组会议，笔者结合对年长员工人力资源特性和适应性绩效相关文献的深刻思考和理解，作为主持人组织和引导分析人员对100个概念进行基本范畴的提炼，通过去重、合并、重述等工作，将100概念进一步提炼为25个更为抽象的基本范畴，对范畴进行命名，描述其性质和维度。同时在此过程中就相关概念的范围、表述清晰度以及范畴的分类提炼、命名、归纳等，与人力资源、企业管理等相关领域的专家或被访谈者进行交流。最终对25个基本范畴用"A+序号"的形式进行编号，这些范畴分别是：A1学习心态、A2学习动力、A3学习能力、A4学习目标、A5学习投入、A6学习方式、A7工作投入、A8工作动力、A9角色定位、A10工作压力、A11工作能力、A12工作原则、A13工作精神、A14职业效能感、A15身体素质、A16年龄心态、A17人际交往能力、

A18 人际交往原则、A19 人际交往方式、A20 人际冲突处理、A21 组织认同、A22 信息敏感度、A23 信息预测分析能力、A24 风险压力、A25 风险应对力。每个基本范畴所包含的概念及其各自的性质和维度如表 3-3 所示。

表 3-3 开放式编码

| A 基本范畴 | a 概念 | 原始记录事例 |
| --- | --- | --- |
| A1 学习心态 | a1 学习意愿<br>a2 学习毅力<br>a3 学习积极性<br>a4 学习自信心 | "我觉得非常关键的不是技术，而是愿意学（a1）（1）。就是不怕困难。我要是怕肯定学不会（a2）。而且我是愿意采用新方法的。"（2）<br>"并且我也不觉得我年龄有多大，我觉得除了精力上没有以前好，但是我在学习能力上也好，在精神上的积极性也好（a3）（3），从综合素养上来说，是最好的时候（a4）。"（4） |
| A2 学习动力 | a5 学习压力<br>a6 学习价值 | "在学习上给自己点儿压力（a5）（30），你要给自己找个有意义的事儿干，学习比天天看电视剧有意义多了（a6）。"（11） |
| A3 学习能力 | a7 从工作中总结提炼<br>a8 知识理解深度<br>a9 从交流中总结提炼<br>a10 知识应用<br>a11 静得下心<br>a12 原有习得的放弃 | "在工作当中摸索，在工作当中学习，提炼知识和技术。（a7）（52）并且还要经常与别人交流，在交谈中总结别人的经验教训（a8）。"（19）<br>"自己对新东西和旧东西的理解能力比较强，年龄大的人对知识的理解深度和全面性都要好一些（a9）。"（1）<br>"在自己的工作上不断地创新，有自己的想法，更新，把外面的东西不断地引进来（a10）。"（15）<br>"你能不能静下心来，比如说案例研究方法，你要坐得下来去学习，你自己杂事儿太多是学不好的（a11）。"（3）<br>"有的人可能觉得 40 多岁已经比较老了，不太愿意改变，不愿意学习。我觉得要学习，要善于改变，要勇于改变，打破舒适圈（a12）。"（16） |
| A4 学习目标 | a13 预见学习方向<br>a14 知识更新速度<br>a15 职称或待遇提升<br>a16 自我提高 | "要了解自己需要学习什么，能够学习什么，暂时不用学习什么（a13）。"（13）<br>"要时刻注重自我综合素养的提升（a16），要不断地去学习，不断去接受一些新的东西，知识，包括知识和结构的更新（a14），拿到证书还可以评职称，工资和平台也能更好一些（a15）。"（17） |

续表

| A 基本范畴 | a 概念 | 原始记录事例 |
|---|---|---|
| A5 学习投入 | a17 学习时间投入<br>a18 学习精力投入<br>a19 资源投入<br>a20 工作、学习、家庭平衡 | "我看这个人都是要学习，我每天都是在办公室学到10点才回家呢（a17）。我记忆力不行，所以在学习上要花费更多的耐心去反复地看反复地记，你要不怕苦不怕累，我每天回去都是头昏眼花（a18）（63）。但是你学习不能影响工作，还是要顾家庭顾孩子，这个弄不好不行的（a20）。"（7）<br>"北京这个地方有一大特点就是它的再教育和再培训这方面的资源还是比较丰富的。你自己可以去提升自己。还是有很多渠道的（a8）。"（8） |
| A6 学习方式 | a21 学习渠道<br>a22 及时求助<br>a23 虚心请教<br>a24 知识共享<br>a25 学习技巧 | "现在想要了解信息很方便，网上查询，一些微信公众号，还有行业交流会和活动，一些QQ群，方便大家交流学习（a21）（29），有问题可以及时求助外援（a22）（36），并且很多人会在群里探讨一些专业性的问题……我也很愿意在里边公开发表自己的观点，大家讨论讨论没什么（a24）。"（15）<br>"有些技术方法你不会，如果说你不好意思问，自己慢慢看，你又没有时间，那你肯定搞不好（a23）。"（6）<br>"你要明白怎样才是最适合自己的，光靠学习理论知识是不行的，它与工作不直接相关，你要借助一些熟悉的、能帮助你快速掌握的方法，我倾向于交流和实践（a25）。"（9） |
| A7 工作投入 | a26 工作时间投入<br>a27 工作精力投入<br>a28 资源投入 | "就算他动作慢，他会提前来。不然晚一点走。这种就是效率低的员工，我们企业也有呀，但是他任劳任怨，比如说别人8点上班，他7点钟就去了。这样的话他也能做好（a26）。"（20）<br>"年纪大以后精力明显下降，会有疲倦感，但是你还是要时刻想着怎样能把自己的工作做好，为了完成工作，可能花费再多的精力也可以，不和年轻人比速度，要有耐心，谨慎，保证不出错（a27）。"（19） |
| A8 工作动力 | a29 薪酬福利<br>a30 热爱工作<br>a31 工作挑战性<br>a32 成就感<br>a33 发展平台追求 | "年龄大了要顾家，要养家糊口，所以他必须得继续干（a29）。"（21）<br>"我挺喜欢的，我觉得挺充实的。我的工作挺有挑战性的（a31）（66），尤其是我在工作当中，有时候会要求突破一下自己，在工作当中，越是要突破自己越是能够感觉到挺有意义的（a30）。"（4）<br>"如果你真的把这个职业当成你喜欢的行业，当成你的事业。就不会有太大的压力。年纪大了以后，反而考虑到这个成就。但是这个成就并不是说想让别人变，而是自己内在的一种追求。自我实现（a32）。"（3）<br>"我是觉得那个平台没有意思，日复一日年复一年，干着重复的，没有意义的没有进步空间的活。所以跳槽了（a33）。"（2） |

续表

| A 基本范畴 | a 概念 | 原始记录事例 |
|---|---|---|
| A9　角色定位 | a34　角色边界<br>a35　导师角色<br>a36　角色重要性的淡化<br>a37　角色地位和价值<br>a38　让渡资源和机会 | "你自己要摆正你自己的位置。毕竟我也不是公司的老板，要分清楚自己的职责边界，该负责什么不该负责什么要清楚（a34）（54）。有时候可以给年轻人做导师，指导一下他们工作（a35）。"（15）<br>"年轻人会逐渐替代老人，老人的角色会慢慢地淡化，这是自然规律，我觉得没有什么。任何单位这种现象都会有的，作为年龄大的人，也不需要有太多的不适感，慢慢地还是有平和的心态，要面对，承认岁月的老去（a36）。"（5）<br>"你在这个公司里的价值到底是什么？尤其是竞争性行业中。你的价值是什么？你的贡献到底是什么（a37）。"（8）<br>"因为年长的员工毕竟要退休了。以后新员工来，你再去培养人也很麻烦，还不如把现在的机会给年轻人。然后老人把他的知识教给新员工（a38）。"（24） |
| A10　工作压力 | a39　冷静镇定处理突发事件<br>a40　全局统筹<br>a41　创造性解决问题<br>a42　尝试更多新的方法<br>a43　快速找到工作改变切入点 | "面对突发情况你首先要冷静下来（a39）（48），并且尽量了解清楚，掌握必要信息，这样才能从大局角度去统筹协调（a40）。"（14）<br>"领导或者老师把这个事儿交给你干，你干出来这个事儿比老师自己想的还要好。这就是创造性地完成工作。老师让你干肯定是有一个预期了，但是拿给他，要让他大吃一惊（a41）。（51）遇见没有见过的问题，也不要只是因循守旧，要勇敢尝试多种方式方法，才能有可能创新（a42）。"（3）<br>"工作变化后，先找到工作的切入点，他和原来工作的相同点与不同点搞明白（a43）。"（7） |
| A11　工作能力 | a44　匹配胜任<br>a45　目标规划能力<br>a46　快速决策能力<br>a47　迅速执行能力 | "能力必须胜任岗位，随着环境变化，基本能力也要保证（a44）。"（13）<br>"对自己的工作设定一个明确目标，有一个很好的规划，自然就能够做好工作（a45）。"（20）<br>"年长员工一般比年轻人在决策能力上强很多，决策失误风险较小一点（a46），并且有了新的想法也能够快速变现，执行下去，工作执行力强（a47）。"（1） |

| A 基本范畴 | a 概念 | 原始记录事例 |
|---|---|---|
| A12　工作原则 | a48　道德底线<br>a49　法律法规底线<br>a50　公私分明<br>a51　避免冲突<br>a52　制度执行灵活 | "人和人之间的适应是有底线的，如果这个人的道德你适应不了，或者和你自己的价值观不同，如果他没有超越公共道德底线，我觉得我可以尝试着去适应。如果他超过了道德底线，那我肯定不会适应他（a48）。"（13）<br>"要把握底线，不要被利益诱惑，出现违纪的事情（a49）。"（11）<br>"工作和人情要分得清楚，该处罚就处罚，该奖励就奖励（a50）。但是处理冲突时要讲究自己的语气语调，不要加深矛盾（a51）。"（20）<br>"现在处理事情不像以前那么极端了，以前都是按照制度严格走，现在知道把握一个度，只要不违反初衷，其实可以有一定的灵活空间（a52）。"（7） |
| A13　工作精神 | a53　以身作则<br>a54　配合程度<br>a55　细心谨慎<br>a56　踏实谦虚<br>a57　不逃避敢担当 | "自己要以身作则，你要求别人学，要求别人去接受新的东西，你作为一个领导者来说，要首当其冲，先学会先应用（a53）。"（4）<br>"年长员工不好管理，资历深了就比较懒，不愿意配合，你需要他干活，他不会去干，还叫不动（a54）。"（24）<br>"年长踏实一点，经验也丰富，能够快速定位出工作中容易出错的地方，仔细排查，一般不用担心他们工作会有问题（a55）。"（14）<br>"我觉得以前那种传统的工作精神不能丢，起码你工作要踏实、勤勤恳恳、有责任心，不能成天偷懒耍滑，更重要的是要谦虚，不能觉得自己做事比别人好，仗着经验就懈怠工作（a56）。"（17）<br>"遇到困难和阻挠能够正确面对，不能有逃避或直接不努力就想放弃的想法（a57）。"（42） |
| A14　职业效能感 | a58　工作效率<br>a59　业务领域专家<br>a60　技术和知识型工作 | "现在我觉得50多岁还算是年富力强了。工作效率也很好（a58）。"（12）<br>"有些问题，目前我觉得在我的这个专业里面，就我们公司还没有超越我的。所以他们基本上有什么问题都会来问我怎么办。还不存在不同的意见或者争论（a59）。"（18）<br>"技术含量较高、知识型的工作可能年长员工更吃香（a60）。"（14） |

| A 基本范畴 | a 概念 | 原始记录事例 |
|---|---|---|
| A15　身体素质 | a61　承认体力和精力下降<br>a62　锻炼身体<br>a63　调节和恢复<br>a64　业余爱好 | "劳动强度没有以前承受能力强，身体会疲倦（a61）（38），要多锻炼身体，锻炼身体给人好的能量，保持健康的身体（a62）。"（21）<br>"虽然会感到累，但是休息一晚上基本就恢复了，一般我晚上不存在休息不好的问题（a63）（27），实在感觉累了，就做一些自己感兴趣的事情，比如跑步、下棋、游泳，这些业余爱好我近几年来也在有意识培养，能转移注意力，减轻压力（a64）。"（16） |
| A16　年龄心态 | a65　经验丰富<br>a66　主观年龄<br>a67　思想开放性<br>a68　自尊心<br>a69　平和自然 | "但是我觉得我在这个年龄积累了很多东西，是我发挥作用的时候（a65）（65）。并且我也不觉得我年龄有多大（a66）（51），我觉得除了精力上没有以前好，但是我在学习能力上也好，在精神上的积极性也好，在综合素养上来说，是最好的时候。"（4）<br>"你对老同志不能这样，方式肯定要让老同志觉得这个事儿你可以跟他商量着办，要尊重他（a68）。"（3）<br>"面对新的角色变化，我觉得应该顺其自然，心态平和慢慢去适应（a69）。"（23） |
| A17　人际交往<br>能力 | a70　人际关系经营<br>a71　团队凝聚<br>a72　和谐氛围 | "明确公司中的人员关系和利害关系其实很重要，还有在和别人交往时要注重长期关系，要会经营和维护，要有耐心，建立你自己的交际圈，这样在工作中，碰见什么问题也有照应（a70）。"（22）<br>"你要有领导力，团结你团队的成员，把所有力量凝聚起来才能做好企业，做好项目（a71）（44）。还有就是部门一定要和谐，氛围要自然舒服，才能留住人才（a72）。"（4） |
| A18　人际交往<br>原则 | a73　宽容、包容、谦让<br>a74　正能量<br>a75　诚信<br>a76　互相尊重 | "做人要有心胸和格局，能够承受更多的委屈和不平，现在我在待人接物上就更加平和、中庸，和年轻人相处更是要耐心一点、包容一些（a73）。"（7）<br>"多释放正能量，把自己岁月积累的善念，转化为善行，来引导影响学生（a74）。"（5）<br>"还有就是你个人人格和秉性很重要，对自己的话负责，做人要讲诚信，得到客户的信任（a75）。"（10）<br>"与领导和同事之间相互尊重是起码的要求（a76）。"（21） |

续表

| A 基本范畴 | a 概念 | 原始记录事例 |
|---|---|---|
| A19　人际交往方式 | a77　自省和反思<br>a78　认同领导<br>a79　发掘他人优点<br>a80　寻找共同语言 | "我觉得自省很重要，空闲时间多回想自己的所作所为，多反思自己的缺点，以便在未来改进，追求对自己的提升吧（a77）。"（16）<br>"我幸运的是我们这边领导也是一步一步干起来的，这些老板还可以，我觉得他们的素质好像普遍比我们还高一点（a78）。"（24）<br>"大家都还是比较好的，首先要学会肯定他人的工作，你年长一些，他们会给你足够的尊重（79）。"（24）<br>"说实话，我觉得和年轻人沟通其实还是有很多共同点的，只是你没有找到。如果你想要现在的年轻人像我们想的那样，这个完全是不对的。我们要与时俱进，现在比如说什么网红呀、抖音呀，你要尝试去学习，什么王者荣耀呀，你都去了解一下，要有共同语言（a80）。"（20） |
| A20　人际冲突处理 | a81　主动迁就和沟通<br>a82　向上反馈<br>a83　充分调查和理性判断<br>a84　虚心纳谏<br>a85　改变自己的行为方式 | "我说我现在就做这个工作，我就是现在主动和他沟通，去迁就他，而不是说等他来找我去沟通（a81）。"（4）<br>"遇到这样的情况，先要了解来龙去脉，充分调查（a83）（30），不要掺杂个人情绪，妨碍对错的判断。当然我也会听取别人的意见（a84），不断改变自己的方式（a85）（25），我告诉领导我应该怎么办（a82）。"（4） |
| A21　组织认同 | a86　文化和价值观认同<br>a87　组织责任感<br>a88　忠诚度 | "因为我和我们老板认识二十几年了，在这个企业这么长时间，有感情了（a88）（66）。我们的管理我觉得还可以，还比较人性化，比国内的企业要人性化一点，大家做事也都认真负责（a86）。"（24）<br>"我现在是副总经理，有时候看问题的角度要全局一些，公司现状确实存在一些发展上的问题，比如一些冗余的劳动力导致创新力不够，但是我们也一直在研究解决，这是我们的使命和职责（a87）。"（24） |

续表

| A 基本范畴 | a 概念 | 原始记录事例 |
|---|---|---|
| A22 信息<br>敏感度 | A89 大环境形势掌握<br>A90 多渠道获得信息 | "主要还是要和经济社会发展密切联系得更加紧密一些（A89）。平时要多关注国民经济的发展，国际会议、国内会议、学术交流这一类的会议也常去关注，有空就参加（A90）。"（1） |
| A23 信息预测<br>分析能力 | A91 预见工作变化<br>A92 快速做出备选方案 | "中国工业遇到了相对的平静和困难期。另外一点，我觉得销售慢慢地规范化。原有的销售模式觉得存在一定的风险（A91）（70）。所以说由原有的纯销售技巧和纯销售手段，慢慢地转向技术性的，面对必然趋势你肯定要明确自己的目标，提前做好预备方案（A92）。"（14） |
| A24 风险压力 | A93 求稳<br>A94 社会责任感<br>A95 社会名誉<br>A96 家庭责任感<br>A97 社会贡献 | "因为像我们这个年纪做事情肯定就是求稳吧。你孩子要上学，家里要生活，老人事情也要解决，很多责任在肩上（A96）（67）。从经济上也好，还是什么上也好，都是求一个稳字（A93）。"（10）<br>"你干了一辈子，不希望某一个小事儿把你自己这一辈子名声搞坏了。也就是说晚节不保了（A95）。"（3）<br>"作为一个有责任的生命体，社会上任何你相关和接触的现象，你都有责任去关注而不是漠不关心（A94）。"（5）<br>"现在想要做实事，能够给社会留下重要的东西（A97）。"（1） |
| A25 风险<br>应对力 | A98 家庭支持<br>A99 退休规划<br>A100 生活安全感 | "有困难，我也会和家人聊一聊，获得支持（98）。"（23）<br>"我有规划吧。等到我退休年龄了，我的梦想就是要周游全球，到欧洲啊、到泰国呀、到各国去旅游。那个时候我觉得我可能就已经是财富自由、精神自由，人也自由（A99）。"（20）<br>"自身有一定的经济基础，没有后顾之忧（A100）。"（3） |

## 二、主轴编码

在开放式编码工作的基础上，主轴编码开始进一步对比基本范畴间的关系并确定哪些范畴可以进一步归类，通过分析和明确类别间的有机关联,使核心类别变得更加清晰。前文已经通过开放式编码识别了年长员工适应性绩效的 100 个概念和 25 个基本范畴,但这些基本范畴之间仍然存在着某种内部关联性。为了进一步了解年长员工适应性绩效的内容结构,本书根据范畴的属性和属性维度再进行发展,并产生主要范畴与次要范畴。然后通过"条件、背景、策略和结果"的编码范式将次要范畴联结到主要范畴上,从而实现资料的重新组合。本书将 100 个概念和 25 个范畴置于动态工作情境下,针对环境可能发生的变化、变化环境中可能面临的适应要求、年长员工工作调整行为特点,得到了年长员工适应性绩效的 4个主要范畴和 9 个次级范畴,如表 3-4 所示。在编码过程中,为确保归类的可靠性,邀请了人力资源管理和组织行为学研究方向的 6 名专业人员,包括 2 名人力资源管理专业或方向的博士生(笔者在内的),2 名人力资源管理专业或方向的硕士生,2 名企业管理专业的博士生,分为三组对开放式编码所得的基础范畴进行类比分析和归纳,同样采用名义小组方式,三组成员(两两一组)背对背独立完成对基础范畴的探讨与分析比较工作,然后由每一组成员就自己产生的范畴分类方案向其他成员进行阐述,三组成员经过反复比较与深入讨论开放式编码所抽取的概念和范畴,最终达成一致形成了年长员工适应性绩效的 4 个主要范畴(学习力、工作应变与改进、人际与文化促进、年龄角色融合)和 9 个次要范畴。

表 3-4　访谈资料的主轴编码分析

| 开放式编码抽取的范畴 | 次要范畴 | 主要范畴 |
|---|---|---|
| A1 学习心态<br>A2 学习动力<br>A4 学习目标 | b1 学习意愿 | B1 学习力 |
| A3 学习能力<br>A5 学习投入<br>A6 学习方式 | b2 学习能力 | |

续表

| 开放式编码抽取的范畴 | 次要范畴 | 主要范畴 |
|---|---|---|
| A8 工作动力<br>A13 工作精神<br>A14 职业效能感 | b3 工作贡献 | B2 工作应变与改进 |
| A7 工作投入<br>A11 工作能力<br>A12 工作原则 | b4 工作职责 | |
| A10 工作压力<br>A22 信息敏感度<br>A23 信息预测分析能力<br>A24 风险压力<br>A25 风险应对力 | b5 风险应对 | |
| A18 人际交往原则<br>A19 人际交往方式 | b6 人际交往规范 | B3 人际与文化促进 |
| A17 人际交往能力<br>A20 人际冲突处理 | b7 人际融合能力 | |
| A9 角色定位<br>A21 组织认同 | b8 组织地位认知 | B4 年龄角色融合 |
| A15 身体素质<br>A16 年龄心态 | b9 年龄影响认知 | |

## 三、选择性编码

选择性编码是通过层层分类，将主要范畴整合到一个完善的理论构架上，用一个核心范畴来体现所有概念和范畴的高度概念化形式，并能够通过对核心范畴的解读来展示概念本质上的关联性。选择性编码阶段首先需要确定核心范畴，它是对开放式编码和主轴编码得到的概念和范畴进行分析而得到的术语或词汇，这个术语或词汇代表着整个研究的含义。其次结合前两阶段得到的其他范畴和概念，采用一定的方式方法对核心范畴进行分析并形成一个完整的解释框架。采用撰写故事线（Storyline）的方法通过建立一个将范畴联系起来的故事，能够促进对扎根理论研究成果的形成、构建、整合的理解。通过对访谈资料、100 个概念、25 个基本范畴、9 个次要范畴和 4 个主范畴的反复比较与分析，本书发现从组织管理的角度来看，组织之所以关注年长员工的适应能力，主要是因为某些工作环境变化和持续变化会对年长员工的工作态度和行为带来较大影响，并最终在工作中有所体现。从这个思路出发，年长员工适应性绩效结构形成的故事脉络如图 3-2 所示，来自于任务环境的变化和年龄氛围环境的变化对年长员工提出了适应性需求，年长员工不仅要调整自我心理（学习意愿、年龄和角色认知等）还要调整工作行为（学习和工作投入、人际网络建立和维护等）来满足动态环境产生的适应性需求。

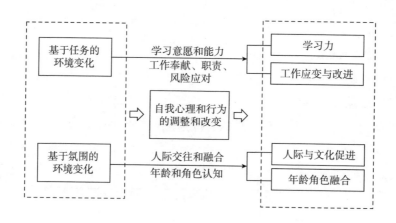

图 3-2　年长员工适应性绩效影响过程

　　年长员工在动态环境中很可能面临来自工作任务和环境的变化，会选择心理和行为的调整或彻底改变来满足适应性需求。这种外界适应性压力源主要来自基于任务的环境和基于氛围的环境两类工作特征中。基于任务的环境变化和持续变化主要指个体在工作中所感知的工作要求的水平，它具有新、难、险三个特点。根据工作要求—资源模型，工作要求主要作为资源消耗过程对个体适应性行为产生影响。"新"主要体现在任务环境变化或持续变化中出现的新知识、技术、流程等，这要求员工具有足够的学习意愿去主动发现、积极学习新知识，并拥有快速掌握新技巧和方法并将其应用到任务环境中的能力。"难"主要体现在任务环境变化或持续变化的复杂性和工作负荷上。由于和原有习得不一致，个体在面对变化的任务环境时感受到更多的不确定性，可能无法像日常工作那样在短时间内轻松完成，并且会面对更多没有先例的新问题需要解决。此时需要员工付出更大的耐心和毅力，对于年长员工更是如此，由于精力和体力消耗更快，在面对复杂问题时，年长员工往往更容易觉得力不从心。这就要求年长员工具有极强的工作责任感和耐心，对工作职责范围内的工作内容、规则、流程等清晰明确，从而在面对动态环境下的工作任务时才能有足够的辨别问题的能力。"险"主要体现为任务环境变化或持续变化的风险性上。有时任务环境的变化是紧急的，这就要求员工能够在面对紧急情况时具有足够的信息获取和分析预测能力，以帮助自己快速冷静地做出决策，并能够勇于承担职责范围内的责任，不推卸、不逃避。

基于氛围的环境变化或持续变化包含与两个客体关系的变化，即与组织中其他人的关系、与组织的关系。首先，与组织中其他人的关系可以进一步概括为与领导和同事之间的关系。根据工作要求—资源模型，工作资源对应资源补充过程对个体适应性产生影响。当工作流程、职位、人事等发生变化时，年长员工原有的工作人际圈发生变化，面对不同的交往对象，年长员工需要保持更开放的交往方式和既灵活又不失底线的交往原则。而当人际交往冲突发生时，年长员工则需要具有足够的理解、融合他人的能力，以更好地打造工作人际圈。其次，与组织的关系，也可以理解为对自我的定位和认知。由于工作环境中的年龄刻板印象，在变化和持续变化的环境中，年长员工通常被认为是不能够快速适应或不能推动组织发展的。当年长员工将负面认知内在化时，则不利于其积极快速响应环境变化。年长员工需要明确年龄对自身的影响，并主动在组织中寻找或重新定位自我角色，清楚自己对组织效应提高的作用和价值，强化而不是弱化自我发展与组织发展之间的关系，才能够更好地克服年龄产生的直接或潜在的负面影响。上述过程将年长员工适应性绩效这一核心范畴与主要范畴、次要范畴、范畴与概念联结为一体，充分展现了年长员工适应性绩效形成过程，并建立各级范畴与概念之间的关联体系。

# 第三节　问卷设计和检验

本节通过借鉴已有的适应性绩效测量量表，结合前文的扎根理论研究结果形成年长员工适应性绩效测量工具，并对其有效性进行检验。本节主要分为三个部分，第一，确定问卷设计的思路和分析程序；第二，在已有的适应性绩效维度和量表题项研究成果上，对量表结构进行定义，并整理相关题项；第三，展开发放、收集问卷工作，并对问卷的信效度进行检验。

## 一、初始量表设计原则和分析程序

问卷调查为研究者提供必要的收集数据的工具，被广泛应用于管理学、心理学、市场营销、医学等多个领域，问卷调查的主要目标是将研究者的信息需求以问题的方式正确地传达给被调查者，并以标准化的方式收集定量数据。为了保证问卷的有效性，问卷设计和检验必须遵循一定的原则和程序。本书借鉴以往有关适应性绩效的成熟量表，结合年长员工适应性绩效的质性研究结果，自行开发年长员工适应性绩效测量量表。在设计问卷时遵守以下原则，第一，规范性原则，调查问卷的设计要具有严谨性，如对题项的设计中要充分考虑题项传达意思的目的性、题项措辞、顺序等的正确性，以避免被调查者误解而产生数据偏差。第二，目的性原则，在设计调查问卷之前应该具有明确的研究目的，围绕年长员工适应性绩效，要明确调查问卷的每一道题和每个结构是为了解决或回答核心问题的哪一方面，与调研目的不相符的题项容易引起被调查者的误解，并干扰所收集数据的内部一致性。第三，可接受原则，问卷设计首要考虑被调查者的特点，并结合研究目的，以一种简洁明确的方式向被调查者传达研究者的信息需求，最好是能够以贴合被调查者特点的方式对问卷题项进行阐述。

在调查程序上，Rattray 和 Jones（2007）提出了问卷设计的详细过程，可总结为六大步骤：第一，明确研究目的。根据总体研究目的明确开发问卷所要解决的问题，将研究目的作为判断问卷内容的标准。第二，确定研究问题。根据理论和文献基础，确定量表的变量结构，本书根据扎根研究法确定了四个变量构成的量表结构。第三，明确题项形式和评估标准。题项可以是非结构化的、结构化或半结构化的，非结构化的问卷采用开放性题目，结构化问卷采用封闭性题目，半结构化问卷则是二者的结合。测评标准包括不同的量表评级形式，如逐项评定量表、语义差异量表等，其中逐项评定量表的李克特量表在管理研究领域被广泛应用，本书主要采用李克特量表形式。第四，生成题目。在已有研究基础上，设计测量题项。第五，测量和数据收集。对符合要求的样本发放问卷，并回收。第六，修正和提炼。根据数据检验结果，删除不符合要求的题项，修正表达不准确的题项，最终形成测量量表。这六大步骤涵盖了量表开发和设计的基本流程，在此基础上，本书确定初始量表的调研工作包括以下几步：

第一步：变量界定及量表编制。

量表中的变量和题项是主要内容，变量体现了量表的结构或层次，题项则是变量的具体呈现形式，变量和题项之间的逻辑关系和结构顺序构成了量表。从问卷设计角度来看，针对年长员工的研究成果很少，但员工适应性绩效测量却存在成熟的量表。在工作场所中，不同年龄群体的适应性绩效内容很可能存在某种共性，因此有必要在对年长员工适应性绩效的理解基础上，结合现有一般性适应性绩效研究的成果和扎根理论研究的结果，来设计四个变量下的测量题项。

第二步：问卷调研和数据收集。

在得到初始问卷后对其内容效度进行检验，通过专家法，请相关领域的专家对问卷的科学性和准确性进行检验，主要对问题是否与研究主题相关、问题表述是否准确、量表结构是否完整、问题的顺序是否正确等方面进行审查，并根据专家意见对初始问卷进行修订。修订后的问卷向目标群体发放，并做好样本情况统计、数据清理等相关工作，为后期分析检验提供可靠的数据。

第三步：量表信效度检验。

通过可靠性分析、探索性因子分析等方法对量表信效度进行检验，根据检验结果再次对量表结构和内容进行调整，最终形成正式问卷。

## 二、变量界定和量表编制

年长员工适应性绩效量表的开发是基于扎根理论研究的成果进一步展开的。通过扎根理论研究构建了年长员工适应性绩效内容结构，形成了年长员工适应性绩效测量量表的基本框架。在此基础上在界定年长员工适应性绩效各变量的内容、关系后，结合已有成熟量表的题项内容，概括出各变量包含的题项内容。前期通过年长员工适应性绩效扎根研究，共得到年长员工适应性绩效的 4 个主要范畴、9 个次要范畴和 25 个基本范畴。根据编码过程及适应性绩效已有量表的借鉴，形成了包括 38 个题项的初始量表，如表 3-5 所示。

表 3-5　年长员工适应性绩效初始问卷题目及文献来源

| 序号 | 题目 | 文献来源 |
| --- | --- | --- |
| 1 | 我愿意花费更多的时间和精力在学习和提高自我上 | Pulakos 等（2000） |
| 2 | 在面对新的学习任务时，我具有足够的耐心和毅力 | Ployhart 和 Bliese（2006） |
| 3 | 我会积极寻找机会参加各种培训和交流 | Charbonnier-Voirin 和 Roussel（2012） |
| 4 | 我认为自己学习能力很强 | Oprins 等（2018） |
| 5 | 我感受到来自外界的学习压力促使我不断学习 | Oprins 等（2018） |
| 6 | 我能够很快地将所学知识和技术应用到工作中 | 陶祁和王重鸣（2006） |
| 7 | 我很乐于和他人进行知识分享和交流 | Charbonnier-Voirin 和 Roussel（2012） |
| 8 | 当我在工作中遇到问题时，我会及时向周边寻求帮助 | Charbonnier-Voirin 和 Roussel（2012） |

续表

| 序号 | 题目 | 文献来源 |
|---|---|---|
| 9 | 我对自己的工作任劳任怨 | Ployhart 和 Bliese（2006） |
| 10 | 在面对问题时我总是充满自信 | Pulakos 等（2000） |
| 11 | 我善于捕捉工作相关的信息，并及时调整工作规划 | Charbonnier-Voirin 和 Roussel（2012） |
| 12 | 我能够在公司中得到进一步的晋升 | 扎根理论研究 |
| 13 | 我愿意在工作中承担更多的导师和监督角色 | 扎根理论研究 |
| 14 | 面对突发事件，我能够快速冷静下来 | Pulakos 等（2000） |
| 15 | 我能够从全局角度看待问题 | Pulakos 等（2000） |
| 16 | 面对问题时，我能够从多个角度出发去寻找解决方案 | Pulakos 等（2000） |
| 17 | 我会把更多的机会让给年轻员工 | 扎根理论研究 |
| 18 | 我在工作相关的问题或事件上具有一定的权威性和话语权 | 扎根理论研究 |
| 19 | 我的身体状况足以应对目前的工作负荷 | Pulakos 等（2000） |
| 20 | 我对自己的工作能力很有自信 | Oprins 等（2018） |
| 21 | 我具有较强的规划能力 | Pulakos 等（2000） |
| 22 | 我具有较强的执行能力 | Griffin 和 Hesketh（2003） |
| 23 | 我在工作中能够做到公私分明 | 张敏（2008） |
| 24 | 我能够维护好工作中的关系，尽量避免人际冲突 | Oprins 等（2018） |
| 25 | 我愿意积极配合领导或同事提出的工作请求 | Ployhart 和 Bliese（2006） |
| 26 | 我会在工作中细心谨慎，关注遇到问题的每一个细节 | 扎根理论研究 |
| 27 | 高压力下我仍然能够保持高工作效率 | Ployhart 和 Bliese（2006） |
| 28 | 工作中我能保持自己的体力 | Griffin 和 Hesketh（2003） |
| 29 | 我能够快速调节自己，从疲劳中恢复精神 | Ployhart 和 Bliese（2006） |
| 30 | 我善于运用自己的工作经验快速解决问题 | Oprins 等（2018） |
| 31 | 我能够理解和包容他人不同的习惯和行为方式 | Oprins 等（2018） |
| 32 | 我乐于接受他人的批评和建议 | Pulakos 等（2000） |
| 33 | 我对不同文化背景的人的行为采取开放的态度 | 王胜桥（2006） |
| 34 | 我具有一定的信息敏感度，对未来变动有预测能力 | Charbonnier-Voirin 等（2010） |
| 35 | 我十分重视自己的名誉 | 扎根理论研究 |

续表

| 序号 | 题目 | 文献来源 |
|---|---|---|
| 36 | 我追求自己的职业使命和人生价值的实现 | 扎根理论研究 |
| 37 | 我能解决技术要求较高的问题 | 扎根理论研究 |
| 38 | 我认同组织的创业文化和价值观 | 陶祁和王重鸣（2006） |

在处理问卷的基础上，将38个问题发送给6名专业人员（包括笔者在内）共同参与题项的筛选和归纳工作。在对个别题项进行反复的讨论和推敲后，对包括学习、工作压力、人际、角色4个关键词的题项进行整合，最终得到包括4个维度16个题项的量表。形成量表后，找到相关专家2人和年长员工2人，对该量表进行再次审视，对量表题目的分类、措辞、解释等进行沟通，最终达成一致意见，如表3-6所示。

表3-6　年长员工适应性绩效初始量表

| 维度 | 测量题目 |
|---|---|
| 年龄角色融合 | NL-1 我能够快速调节自己，从疲劳中恢复精神 |
| | NL-2 我愿意把更多的资源和机会让给年轻同事 |
| | NL-3 我乐于在工作中扮演更多的导师和监督角色 |
| | NL-4 我追求自己的职业使命和人生价值的实现 |
| 工作应变与改进 | WR-1 丰富的工作经验能够帮助我快速找到解决问题的切入点 |
| | WR-2 面对问题时，我能够从多个角度出发去寻找解决方案 |
| | WR-3 面对突发事件，我能够快速冷静下来 |
| | WR-4 当我在工作中遇到问题时，我会及时向周边寻求帮助 |
| | WR-5 我具有一定的信息敏感度，对工作和知识有关的未来变动有预测能力 |
| 学习意愿与能力 | XX-1 我乐于在工作和与人交往中对知识和经验进行提炼、概括、总结 |
| | XX-2 我能够很快地将所学知识和技术应用到工作中 |
| | XX-3 我愿意花费更多的时间和精力在学习新技术、新知识和接受新事物上 |
| | XX-4 在面对新的学习任务时，我具有足够的耐心和毅力 |
| 人际与文化促进 | RS-1 我愿意学习和采用新的沟通方式和方法，寻找与不同群体之间的共同语言 |
| | RS-2 我认同和理解组织的企业文化和价值观 |
| | RS-3 我有自己的处事原则，能够在工作中保持公私分明 |

从表 3-6 可知，年龄角色融合维度包含 4 个题项，年龄角色融合主要体现年长员工如何应对年龄可能带来的生理和心理变化，包括对自己体力和精力调节的能力、工作中角色转化的接收程度等。工作应变与改进维度包含 5 个题项，主要体现年长员工是否能够及时发现、判断未来发展方向，是否能够更好地利用已有的知识库和策略库解决遇到的问题，以及是否能够保持对未来变化的预测能力和变通能力。学习意愿与能力维度包含 4 个题项，主要体现员工学习和掌握新知识和技术的意愿和能力。年长员工对学习的态度越积极则越可能让年长员工在工作中更加具有活力，并保持乐观的态度面对工作中遇到的问题。同时更高的学习能力使年长员工在面对创新性和复杂性的工作事件时更有自信和更有效率。人际与文化促进维度包含 3 个题项，主要指年长员工对任务之外的变动的适应，年长员工总是倾向于维持与周边的友好关系，这有利于员工在遇到适应性事件时得到更多的帮助，尤其是当员工对组织文化和价值观比较认同时，其在工作中的行为方式更符合组织的设定，则更容易感受到来自组织的支持。但年长员工通常不会一味地谦让，因为在人际交往中坚持自我原则和工作职责的态度不会让年长员工陷入复杂的人际关系，并获得更多尊重和支持。

## 三、问卷调研和数据收集

本次调查主要针对仍处于工作岗位或从事某一专业活动的 45 岁及以上的员工，预测问卷还包含一些基本信息，如年龄、学历、从业年限、所属行业等。问卷采用李克特量表的方式，询问被调查者题项所表述情况与自己的真实情况的符合程度，1~5 分别表示从"非常不符合"到"非常符合"。本次预测调研主要通过滚雪球和组织现场调查的方式获得有效问卷共 501 份。其中滚雪球方式是从笔者自身关系网络入手，在详细解释了调查目的后，请身边符合条件（年龄在 45 岁及以上）的亲朋好友、同事、领导、老师等填写问卷，并且请他们在填完问卷后及时反馈问卷中可能存在的理解歧义、表述不明确的地方。然后采用滚雪球法，请求关系人脉帮忙转发和回收，该部分样本涵盖高校、政府机关、事业单位和企业的员工样本，这种发放方式回收率较高，共回收 389 份，有效问卷 360 份，有效回收率为 92.5%。现场调查包括组织现场调查和街头走访调查，笔者通过与两个企业取得联系，到企业现场发放纸质问卷，其中一个企业位于郑州，属于管理咨询行业，专业程度较高，有员工 120 人，笔者亲自到场对被调查者进行面对面的问卷调查，共回收 40 份问卷，有效问卷 40 份，有效回收率 100%；另外一个企业位于昆明，属于全国连锁餐饮行业，员工600 人左右，通过两次面对面问卷调查的方法共收回 121 份问卷。由于第二个企业属于餐饮行业，大部分员工偏向于年轻化，年长员工通常做基层工作，如保洁和洗碗工等，并且学历普遍偏低，在调查过程中发现一些被调查者对问题理解力不足或者回答时不确定题目较多的情况，对这些问卷进行去除处理，最终得到有效问卷为 101 份，有效回收率为 83.5%。本次调查样本分布情况如表 3-7 所示。

表 3-7　样本的描述性统计

| 指标 | 指标值 | 人数（人） | 占比（%） |
|---|---|---|---|
| 性别 | 男 | 253 | 50.50 |
| | 女 | 248 | 49.50 |
| 年龄（岁） | 45~50 | 191 | 38.12 |
| | 51~55 | 177 | 35.33 |
| | 56 及以上 | 133 | 26.55 |
| 组织性质 | 国有企业 | 102 | 20.36 |
| | 民营企业 | 114 | 22.75 |
| | 政府机关 | 115 | 22.95 |
| | 事业单位 | 126 | 25.15 |
| | 其他 | 44 | 8.78 |
| 受教育程度 | 高中及以下 | 130 | 25.95 |
| | 中专、大专 | 114 | 22.75 |
| | 本科 | 120 | 23.95 |
| | 硕士及以上 | 137 | 27.35 |

续表

| 指标 | 指标值 | 人数（人） | 占比（%） |
|------|--------|-----------|----------|
| 工作年限<br>（年） | 5 及以下 | 47 | 9.38 |
| | 6~10 | 104 | 20.76 |
| | 11~20 | 135 | 26.95 |
| | 21~30 | 111 | 22.16 |
| | 31 及以上 | 104 | 20.76 |

## 四、预测问卷的信度分析

可靠性是问卷、测试、观察或任何测量程序在重复试验中产生相同结果的程度。可靠性指标主要是为检验是否存在被调查者与问卷之间的分歧或误解而导致的结果不稳定性。可靠性可以通过三种主要形式进行评估，即重测可靠性、替代格式可靠性和内部一致性可靠性。本书采取内部一致性可靠性（Internal Consistency Reliability，or Homogeneity）对预测量表的信度进行检验。内部一致性可靠性通常采用 α 系数（Cronbach's α 系数）表示。α 小于 0.5，表示内部一致性不足，α 在 0.5~0.6 表示内部一致性偏低，α 在 0.6~0.8 表示内部一致性较好，α 在 0.8~0.9 表示内部一致性高，α 在 0.9 以上则表示内部一致性达到理想水平。此外，问卷信度分析还应包括对单个题项的关联程度的测量，即修正后项目总相关系数（Corrected Item-Total Correlation，CITC），在测试构造中，修正后的项目总相关性用于定义某一题项与其他题项的总分关联，当某个题项的 CITC 小于 0.4，则认为该题项与其他题项的关联性不高，并可能影响总体内部一致性，可以考虑删除该题项。

本书利用 SPSS 25.0 对初始问卷的数据进行个别信度和整体信度两方面的分析。个别信度即每个题项的可靠性，整体信度则指问卷整体的可靠性。结果如表 3-8 所示。

表3-8　年长员工适应性绩效预测问卷信度检验

| 变量 | 题目 | 删除项后的标度方差 | 修正后的项与总计相关性 | 删除项后的Cronbach's α | 分量表的Cronbach's α | 问卷信度 |
|------|------|------|------|------|------|------|
| 年龄角色融合 | NL1 | 7.578 | 0.852 | 0.811 | 0.884 | 0.864 |
| | NL2 | 9.647 | 0.746 | 0.852 | | |
| | NL3 | 10.153 | 0.697 | 0.869 | | |
| | NL4 | 9.816 | 0.722 | 0.860 | | |
| 工作应变与改进 | WR1 | 10.147 | 0.777 | 0.724 | 0.817 | |
| | WR2 | 12.515 | 0.714 | 0.751 | | |
| | WR3 | 12.544 | 0.708 | 0.753 | | |
| | WR4 | 16.358 | 0.188 | 0.886 | | |
| | WR5 | 12.331 | 0.720 | 0.748 | | |
| 学习意愿与能力 | XX1 | 8.511 | 0.885 | 0.831 | 0.899 | |
| | XX2 | 11.254 | 0.749 | 0.879 | | |
| | XX3 | 11.325 | 0.754 | 0.878 | | |
| | XX4 | 11.234 | 0.745 | 0.880 | | |
| 人际与文化促进 | RS1 | 3.966 | 0.847 | 0.720 | 0.865 | |
| | RS2 | 5.654 | 0.729 | 0.826 | | |
| | RS3 | 6.007 | 0.698 | 0.855 | | |

从表3-8可以看出，首先，年长员工适应性绩效预测问卷总体信度为0.864，大于0.7，说明量表具有较好的内部一致性。其中年龄角色融合量表的信度系数为0.884，大于0.8，工作应变与改进量表的信度系数为0.817，大于0.8，学习意愿与能力量表的信度系数为0.899，大于0.8，人际与文化促进量表的信度系数为0.865，大于0.8，说明4个分量表具有较高的信度。其次，16个题项的CITC均大于0.4，说明题项具有一定的内部关联性。

## 五、预测问卷的效度分析

由于针对年长员工群体开发的适应性绩效测量量表成果较少，本书基于扎根理论的方式设计出的量表，除要进行信度分析外，还要检验其有效性。所谓效度分析即测量工具所得到的结论与真实情况的匹配程度。对问卷效度分析的方法很多，本书主要从内容效度和结构效度两个方面来检验年长员工适应性绩效量表。

（一）内容效度

内容效度可以被看作定义有效性和逻辑有效性，对问卷来说即题项反映所要度量的变量的能力。在开展年长员工适应性绩效相关研究中，为了确保内容效度做了以下工作，首先，访谈提纲的设计阶段，为了保证题目能够准确围绕中心主题，反复征询相关专家的意见，并对 8 位不同行业和职业的年长员工进行了测试，通过反复的沟通最终形成访谈提纲。其次，媒体资料收集和整理过程中，通过与 6 位专业人员的合作共同完成了扎根理论研究，其中，在开放式编码阶段采取将原始资料打散后从数据中提取概念和范畴，在此基础上与 3 位专业领域的研究人员通过对资料、概念的反复探讨与考察最终抽取出 100 个概念和 25 个基本范畴；在主轴编码阶段与 6 位专业人员形成了年长员工适应性绩效的 4 个主要范畴和 9 个次要范畴。最后，根据编码过程及适应性绩效已有量表的借鉴，形成了包括 38 个题项的初始量表，并经过 6 位专业人员的讨论分析，最终形成了包括 4 个维度 16 个题项的量表。可以看出从信息的收集到资料的处理，再到相关研究的展开过程中，与相关人员的充分沟通和交流避免了很多可能出现的错误，使量表能够较好地围绕年长员工适应性绩效这一核心主题展开，因此预测问卷具有一定的内容效度。

（二）探索性因子分析

本书运用探索性因子分析（EFA）检验预测问卷的结构效度。根据扎根理论研究得出了年长员工适应性绩效包括 4 个维度 16 个题项的结构。因子分析旨在用尽量少的因子去描述量表并检验预测问卷的维度结构。在进行因子分析前，需要先进行 KMO 检验（Kaiser-Meyer-Olkin Measure of Sampling Adequacy）。KMO 检验主要用于考察变量间的简单相关和偏相关性，其统计量取值在 0~1，越接近 1，表示变量之间的相关性越强，因子

113

分析效果好，一般认为 KMO 不应小于 0.7。本节使用 SPSS 25.0 进行 EFA，因子提取选择主成分分析法，因子旋转选择最大方差法，在特征值为 1 的情况下得出预测量表的验证结果，如表 3-9 至表 3-11 所示。

表 3-9　预测问卷的 KMO 和巴特利特球形检验

| KMO 取样适切性量数 | | 0.816 |
|---|---|---|
| 巴特利特球形检验 | 5242.490 | 2449.559 |
| | 120 | 120 |
| | 0.000 | 0.000 |

表 3-10　预测问卷总方差解释

| 成分 | 初始特征值 | | | 提取载荷平方和 | | | 旋转载荷平方和 | | |
|---|---|---|---|---|---|---|---|---|---|
| | 总计 | 方差百分比（%） | 累计方差百分比（%） | 总计 | 方差百分比（%） | 累计方差百分比（%） | 总计 | 方差百分比（%） | 累计方差百分比（%） |
| 1 | 5.392 | 33.697 | 33.697 | 5.392 | 33.697 | 33.697 | 3.108 | 19.428 | 19.428 |
| 2 | 2.481 | 15.508 | 49.205 | 2.481 | 15.508 | 49.205 | 3.015 | 18.842 | 38.270 |
| 3 | 2.213 | 13.832 | 63.037 | 2.213 | 13.832 | 63.037 | 3.006 | 18.786 | 57.056 |
| 4 | 2.033 | 12.703 | 75.741 | 2.033 | 12.703 | 75.741 | 2.990 | 18.685 | 75.741 |

注：提取方法为主成分分析法。

表 3-11　预测问卷旋转后的成分矩阵

| 题项 | 成分 | | | |
|---|---|---|---|---|
| | 1 | 2 | 3 | 4 |
| NL1 | 0.033 | 0.076 | 0.069 | 0.928 |
| NL2 | 0.143 | 0.133 | 0.134 | 0.825 |
| NL3 | 0.186 | 0.147 | 0.095 | 0.786 |
| NL4 | 0.064 | 0.125 | 0.151 | 0.817 |
| WR1 | 0.067 | 0.921 | 0.011 | 0.100 |
| WR2 | 0.146 | 0.807 | 0.125 | 0.168 |
| WR3 | 0.137 | 0.810 | 0.106 | 0.124 |
| WR4 | 0.075 | 0.096 | 0.811 | 0.139 |
| WR5 | 0.141 | 0.837 | 0.067 | 0.089 |

续表

| 题项 | 成分 | | | |
|---|---|---|---|---|
| | 1 | 2 | 3 | 4 |
| XX1 | 0.942 | 0.064 | 0.026 | 0.080 |
| XX2 | 0.830 | 0.175 | 0.079 | 0.095 |
| XX3 | 0.837 | 0.133 | 0.114 | 0.098 |
| XX4 | 0.819 | 0.125 | 0.136 | 0.146 |
| RS1 | 0.037 | 0.021 | 0.943 | 0.041 |
| RS2 | 0.089 | 0.052 | 0.833 | 0.136 |
| RS3 | 0.142 | 0.132 | 0.801 | 0.119 |

注：提取方法为主成分分析法；旋转方法为恺撒正态化最大方差法；旋转在 6 次迭代后已收敛。

由表 3-9 可知，年长员工适应性绩效预测问卷的 KMO 值为 0.816（p<0.001），表示适合做因子分析。旋转成分矩阵抽取 4 个因子，解释总体变异性的 75.741%。根据旋转矩阵的结果可以看出，整体结构没有太大的变化，但个别变量内的题项分布有变动。工作应变与改进维度中的"当我在工作中遇到问题时，我会及时向周边寻求帮助"题项被归类到人际与文化促进维度中。从问题解决的本质来看是合理的，往往一项工作或任务顺利展开或解决更多取决于处理流程及其中的人与人的互动效果。从年长员工角色变化来看，丰富的经验和沉稳的性格使年长员工常常在工作中成为指导者角色，并且组织和领导会安排年长员工承担工作监督和指导性的工作，以促进内部知识共享和传承。所以与他人交流成为员工随着年龄增长必不可少的一项内容。对一向看重亲和人际关系的年长员工来说，维护日常人际关系网络不仅是工作的一部分，还是其获得认可和成就感的重要来源。在工作中表现出与他人交流和学习的意愿和积极性，既是一种工作态度也是一种手段，不仅能够帮助员工更快解决问题，更有利于其树立谦虚亲和的形象，促进人际关系稳定发展。在与相关专家沟通后，最终确定了因子分析的问卷结构，将"当我在工作中遇到问题时，我会及时向周边寻求帮助"的表述改为"工作中我乐意向其他同事请教问题"。

## 六、年长员工适应性绩效的维度及量表

通过对预测问卷的信效度分析，调整了原有预测问卷的变量内容后，形成了年长员工适应性绩效的正式问卷。该问卷包括 4 个维度 16 个题项，4 个维度是年龄角色融合、工作应变与改进、学习意愿与能力、人际与文化促进，每个维度包含 4 个题项，表 3-12 对年长员工适应性绩效的概念、各维度的理解进行了汇总。

表 3-12　年长员工适应性绩效的概念及其结构理解

| 变量 | 概念或理解 | 指标内容 |
|---|---|---|
| 年龄角色融合 | 能够对那些年龄所带来的生理和身份变化进行良好的调整与控制 | NL-1 我能够快速调节自己，从疲劳中恢复精神 |
| | | NL-2 我愿意把更多的资源和机会让给年轻同事 |
| | | NL-3 我乐于在工作中扮演更多的导师和监督角色 |
| | | NL-4 我追求自己的职业使命和人生价值的实现 |
| 工作应变与改进 | 利用自身优势在工作或问题发生时保持良好表现 | WR-1 丰富的工作经验能够帮助我快速找到解决问题的切入点 |
| | | WR-2 面对问题时，我能够从多个角度出发去寻找解决方案 |
| | | WR-3 面对突发事件，我能够快速冷静下来 |
| | | WR-4 我具有一定的信息敏感度，对工作和知识有关的未来变动有预测能力 |
| 学习意愿与能力 | 较高的学习意愿和掌握知识的速度 | XX-1 我乐于在工作和与人交往中对知识和经验进行提炼、概括、总结 |
| | | XX-2 我能够很快地将所学知识和技术应用到工作中 |
| | | XX-3 我愿意花费更多的时间和精力在学习新技术、新知识和接受新事物上 |
| | | XX-4 在面对新的学习任务时，我具有足够的耐心和毅力 |
| 人际与文化促进 | 包容并认同组织和他人的观点和行为 | RS-1 我愿意学习和采用新的沟通方式和方法，寻找与不同群体之间的共同语言 |
| | | RS-2 我认同和理解组织的企业文化和价值观 |
| | | RS-3 我有自己的处事原则，能够在工作中保持公私分明 |
| | | RS-4 工作中我乐意向其他同事请教问题 |

续表

| 变量 | 概念或理解 | 指标内容 |
|------|-----------|---------|
| 员工适应性绩效 | | 个体积极捕获情境变化信号并预测、判断可能出现的适应性要求，为了保证自身、组织、工作持续平衡，根据现实情况做出必要的规划和调整。这些规划或调整不仅体现在工作行为上，也体现在工作态度上，既包括调整后的效果也包括调整前的效率 |
| 年长员工适应性绩效 | | 在满足适应性需求过程中，做出的那些突出其年龄特点的规划和调整组合 |

（一）年龄角色融合

年龄角色融合是指个体在工作中能够对那些年龄所带来的生理和心理变化进行良好的调整与控制。在长期的工作中，伴随着生理年龄的增长，个体必然会感知来自生理机能、认知能力等方面的下降对工作所产生的负面影响，如精力下降较快、工作记忆力能力减退等（Monteiro 等，2006；Flower 等，2019）。对年长员工来说，如何正确认知年龄对个体带来的变化是首先需要具备的能力。接受并坦然应对年龄带来的变化，并积极地采取措施降低负面影响是高适应性绩效年长员工表现出的第一个特质。此外，年长员工还应对自身在组织中的角色变化有一定的预测、判断和角色转变能力。为了追求资源利用效率最大化，组织和管理者总是在日常资源、机会等的配置上倾向于年轻员工群体。作为年长员工，首先应该明确自身的人力资源优势，在丰富的工作和生活经验、较强的综合分析和压力应对能力的基础上，采取适合自身的方式方法获取资源和机会。其次明确组织及管理者对年长员工的定位，及时做好自我角色调整和角色责任的承担。对很多组织及年轻员工来说，年长员工所具备的工作和社会经验以及在工作中积累的人际、信息等资源非常宝贵，年长员工承担好知识和经验的传承角色，能够帮助年长员工实现角色的调整或转变。

（二）工作应变与改进

工作应变与改进主要指年长员工利用自身优势在工作或问题发生时保持良好表现。众多研究表明，年长人力资源的优势对其劣势的有效补偿价值（Sturman，2003；Harris 等，2018），但也并非所有的年长员工都能够实现这种优劣势互补。高适应性绩效水平的员工一般能够做到以下几点：首先，在面对突发事件时，能够快速找出解决问题的切入点。调查中发现一些年长员工之所以能够准确快速地应对变化，是因为其具有很强的信息敏感度、全局观念和综合分析能力，在突发事件发生后尽快明确事件发生的根本原因和解决事件的核心要素。其次，面对复杂问题时，不是仅仅根据书面或程序化的知识去理解和分析情况，而是能够从多个角度出发去寻找解决方案，这也高度依赖于年长员工以往所经历过的类似工作的经验。再次，在面对问题和变化时表现出足够的从容淡定，这是年长员工专业自信的一种体现。在长期的工作中，年长员工很可能已经建立了属于自己的紧急工作应对策略库，这能帮助年长员工在突发情况中快速抓住解决问题的要点，并形成有效的解决方案。最后，对来自行业、专业、工作或组织中的信息具有一定的敏锐度，抓住与自身工作和专业知识有关的信息，敢于对未来发展趋势进行预测并做出是否要提前应对的判断，这使年长员工在面对变化时有充足的准备。

（三）学习意愿与能力

学习意愿与能力主要指年长员工在工作中以及工作外对学习保有积极的态度，并且能够较快掌握相关的知识和技术。工作场所中年长员工一般呈现稳重、可靠、忠诚、责任感强、宽容、谦虚、自制力强等形象（Meisner，2012），同时被贴上学习能力弱、不灵活、缺乏积极性等标签（Taneva 等，2016）。从生理变化角度上来说，记忆力、精力、认知能力等方面的下降使年长员工在新知识和技术的掌握上确实存在一定劣势。再加上一些年长员工在社会中承担更多工作以外的社会角色，分散了年长员工投入工作的精力，也使组织和管理者形成了年长员工学习能力和适应能力较差的印象。适应性绩效水平较高的年长员工通常具有较高的学习意愿和掌握知识的速度，具体表现为：首先，在工作中乐于和他人交流和共享知识，并时刻注意从有限的交流中对知识和经验进行提炼、总结和归纳，丰富自己的知识库。其次，对知识的转化能力较强，通过访谈和调研发现一些年长员工通常能够对不同的知识和技术进行融会贯通，能更全面地理解知识和技术的作用，这极大地帮助他们将新知识和技术应用于工作中，表现出较高的知识掌握和运用效率。再次，对于家庭角色、社会责任更多的年长员工来说，如何安排好精力去学习实际上是学习能力的一部分。调查中发现那些愿意在学习上花费更多时间和精力的年长员工，在工作中通常具有更长久的职业生涯前景，并保持更高的工作活力和热情。最后，对很多年长员工来说是否能够静下心来学习是一个重要因素，一些员工尽管愿意花费时间精力去学习，但会因为学习效率较低而失去继续学习的动力，而只有那些能够在学习中保持耐心和毅力的年长员工才能够尽快地掌握知识。

（四）人际与文化促进

人际与文化促进主要指年长员工在工作和与他人交往中表现出一定的开放性，愿意接受不同的观点、性格、行为，并且对不同现象的出现表现出较高的包容性。一些组织、个体和管理者将年长员工管理视为难题，认为年长员工古板、不开放、不灵活、缺乏积极性（Taneva 等，2016），在工作中容易和其他群体产生冲突并且难以调动其工作热情。实际上调查中发现那些适应性表现较强的年长员工（一般指那些在描述突变事件时表现出足够自信和能够给出详细应对过程和方案描述的被调查者）无论是在人际沟通中还是对不同的工作方式方法都具有一定的开放性和包容性。具体表现为：首先，愿意学习和采用新的沟通方式和方法，寻找与不同群体之间的共同语言。开放性较高的员工很乐意去了解和接受年轻群体的文化，并通过建立共同语言来促进与不同群体之间的沟通。其次，对组织文化和价值观通常表现出更高的认同度。适应性水平较高的年长员工一般具有较高水平的责任感和忠诚度，在长期的工作中与组织之间建立深厚的感情，并且在面对观念冲突时愿意站在不同的角度去理解组织和管理者。再次，调查中发现一些年长员工之所以在群体中受欢迎，除了打入群体，还有就是树立自身的专业性和原则性形象。一味迎合他人也许并不能够得到尊重，正是因为年长员工坚守自身职责和角色界限，才能够在群体中具有话语权，进而更好地发挥角色作用。最后，调查中有一点尤为突出的是年长员工利用向其他同事请教问题来快速打开交流通道，进而融入不同群体和文化中。这种策略不仅能够帮助年长员工更快地获取有效的知识和信息，而且能够消除年长员工古板、严肃的形象，打消代际间的沟通屏障。

# 本章小结

本章是围绕年长员工适应性绩效的概念、内容和结构维度展开的研究，采用扎根理论研究对相关质性资料进行分析并最终形成了年长员工适应性绩效量表。具体包括以下几个方面的内容：第一，通过深度访谈和媒体资料收集大量的质性资料，采用规范的扎根理论研究方法系统分析了这些资料，发掘出年长员工适应性绩效的内在维度结构，并讨论了年长员工适应性绩效概念的内涵，深化了对年长员工适应性绩效概念的认识与理解。第二，介绍预测问卷的调研思路、基本流程，遵循一定的原则设计初始问卷，包括 4 个维度 16 个题项。第三，对初始问卷进行调研和验证，基于分析发现初始问卷在信、效度上均有良好的表现。其中，效度检验后调整了问卷中变量的指标内容，工作应变与改进维度由 5 个题项变为 4 个题项，其中的"当我在工作中遇到问题时，我会及时向周边寻求帮助"归入人际与文化促进维度，并改成"工作中我乐意向其他同事请教问题"。

# 第四章

# 年长员工适应性绩效影响因素研究

    个体在工作环境中经常面对大量的适应性需求，员工在应对适应性要求的过程中会受到来自内部和外部多种因素的影响，根据工作要求—资源模型，这些影响因素对员工适应性绩效的影响过程可能存在多种路径。由于不同年龄阶段的员工在生理和心理上的差异性，年轻员工和年长员工在面对同样的适应性要求时，对内外因素的识别、判断以及受到的干预程度等很可能存在差别。本章以关键事件技术为主要方法，对年长员工适应性绩效影响因素进行研究，首先，结合对适应性绩效影响因素研究，对比两种影响因素分类标准，并结合工作要求—资源模型确定了按照压力源对适应性绩效影响因素进行分类；其次，采用关键事件技术分析相关质性资料，提炼、归类、分析那些对年长员工的适应性行为干预程度最深的关键影响因素，并通过对关键影响因素出现频率的统计，确定影响因素的优先级，建立年长员工适应性绩效影响因素体系；最后，通过对影响因素与个体适应性表现间的关键性互动事件和关键事件线的回顾，基于工作要求—资源模型进一步分析不同类型影响因素与适应性绩效之间是如何互相影响的，基于交互关系分析，构建针对年长员工群体的适应性绩效影响因素关系模型，为子研究三奠定理论基础。

# 第一节　研究思路及研究设计

由年长员工适应性绩效特点分析可知，年长员工适应性绩效应从个体和环境两个角度来理解。在概括年长员工适应性绩效时不仅要充分考虑年龄所带来的个体特质、动机、情感控制等方面的变化，还要充分考虑环境对年长员工提出的适应性要求的年龄化特点。由于研究年长员工适应性绩效的文献较少，也缺乏对其影响因素或形成路径等的进一步研究，因此，本节基于对年长员工适应性绩效的年龄特点的理解，通过质性研究分析个体与环境交互中的心理、情感、行为、价值观等方面的变化，归纳出年长员工适应性绩效的关键影响因素，并进一步构建影响因素体系和影响因素关系模型。

## 一、研究思路

本章的核心内容是要构建年长员工适应性绩效关键影响因素体系和关系模型，如图4-1所示，包括以下三步：首先，对所收集的70份文本资料进行汇总，采用关键事件技术对年长员工工作中的适应性关键事件进行提取，根据压力源对年长员工适应性行为影响因素的关键事件进行归类；其次，经过多轮归类、分析、综合后，根据关键事件出现数量对影响因素进行优先级排序，构建年长员工适应性绩效影响因素体系；最后，通过对各类影响因素与年长员工适应性行为之间的关键性互动事件和关键性事件线的分析，进一步捋清年长员工适应性绩效产生的引发事件、形成过程，构建年长员工适应性绩效影响因素关系模型。

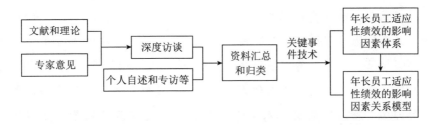

**图4-1  年长员工适应性绩效影响因素体系的研究过程**

## 二、研究设计

本章采用质性研究法挖掘年长员工适应性绩效的影响因素。研究设计包括三个方面：首先，质性资料的获取情况；其次，年长员工适应性绩效影响因素体系构建；最后，年长员工适应性绩效影响因素关系模型构建。

（一）质性资料的获取

对年长员工适应性绩效影响因素的质性分析是在第二章所收集的70份质性材料的基础上展开的。表4-1所列的访谈提纲中的前半部分着重于年长员工对适应性过程中的关键事件回顾，对自己是如何表现、做出哪些行为、有哪些心理活动等均有详细的阐述。访谈内容的后半段提问主要针对的是年龄对工作中的个体带来的适应性影响，如"您认为年龄的增长对您在这些事件处理过程中的表现是否有影响"和"整体来看，在组织和工作中年龄对您的观念、情绪、行为方式等有什么影响"等。这些问题和被访者的回答都能够提供年长员工在面临适应性压力时可能会受到哪些因素的影响，并且通过对其适应性造成关键影响的事件的回忆，能够提供更多影响因素与适应性绩效之间的关键性互动事件和关键性事件线，帮助从年龄视角理解影响因素对适应性行为关联的动机、过程和结果。表4-2所获得的38份个人专访或自传中，年长员工在对自身职业生涯转变或面对环境变化时的那些具有关键性影响的事务、人员、环境、条件等均有阐述，能够为确定年长员工适应性绩效影响因素提供相关信息。

（二）质性资料的分析方法介绍

由于相关研究的缺乏，为了将现实情境中年长员工适应性绩效形成的过程梳理出来，本书选择质性研究方法。质性研究法在心理学、管理学、营销、人力资源管理等多个领域被广泛应用于开发概念、挖掘事物的本质和发展规律等。其中，关键事件技术（Critical Incident Technique，CIT）是收集被研究者在互动情境中的相关事件，分析事件的本质内涵和发展规律的一种方法。通过年长员工对工作中与适应性直接相关的重要事件的描述，发掘年长员工在适应性过程中情感、动机等心理和工作行为变化的原因，进而构建影响因素体系。同时，在运用关键事件技术时，要充分考虑员工与工作环境的互动中个体和环境的互动关系，即年长员工适应性事件中体现出的个体心理和行为的变化，以及工作要求和工作资源对年长员工所产生的适应性需求的变化。通过研究影响因素是如何与适应性行为产生关系的，提炼影响因素与适应性绩效间的关键性互动事件和关键性事件线，构建影响因素关系模型。

# 第二节　年长员工适应性绩效 影响因素体系构建

## 一、关键事件技术的应用

关键事件技术最初由 Flanagan（1954）提出并用于航空心理学研究，主要由用来收集特定情况下员工有关行为的一系列程序组成。关键事件即那些能够被观察或记录下来的，与研究目的相关并且被调查者印象深刻的典型事件。关键事件技术是定性研究中的一种，它的特点在于被调查者对典型或极端事件的回忆和描述，能够以一种鲜明的形式表达事件内部因素之间的关系和个体对事件中的心理、行为及逻辑关系的深刻理解。将与研究主题密切相关的问题突出体现，这有助于提供更多的信息，帮助研究者发现事物之间的本质关系。关键事件技术实施的核心在于制定有助于收集实施的程序，以确保获取信息的客观性。其实施规则较为灵活，在调查过程中提倡及时对问题和方向进行调整和修改以适应具体情况。包括五个主要步骤，第一，确定研究总体目标，根据总体目标进行行为的规划和评估，并对是否为关键事件建立评价标准；第二，制订计划和判断标准，根据总体目标设定建立评估和分类的标准；第三，资料收集，获取数据的方式包括访谈、小组访谈、问卷、书面记录等，数据可以是直接观察而得，也可以是通过回忆的方式进行的详细阐述；第四，资料分析，研究者要对收集的资料进行有效的总结和归纳，以促进对研究主题的理解；第五，解释和报告，对整体工作进行总结和汇报。关键事件技术的基本原则包括基于真实事件的记录或汇报，而不是二次加工的资料收集（评估、判断、解释等）；记录的事件应该是那些与研究主题相关，并有助于解决研究问题、实现研究目的事件。

　　关键事件技术获取资料的方式很多，本书采用访谈和媒体资料收集的方式，遵循关键事件技术步骤对年长员工适应性行为的影响因素展开分析。通过访谈信息和文本资料中体现的被访者在适应性事件中与哪些情境因素产生互动，互动的起因、过程和效果等描述，将所有关键性的事件进行列举。从被访者的角度来看，其回忆的典型事件是其感受比较深刻，认为这些事件对其处理突发事件或变动情况有明显影响的，这些事件可能发生在适应性事件处理的开始，也可能发生在适应性事件处理的过程中或发生之后的反思。本书通过对年长员工对典型适应性事件的回忆，主要提炼出以下要点：首先，在年长员工回忆的适应性事件发生过程中，哪些因素影响了其对适应性事件的反应和处理；其次，这些因素之间有什么样的关系，是否能够进一步的分类归纳；最后，在适应性事件处理过程中，哪些行为和表现有明显的年龄特点。

## 二、年长员工适应性绩效影响因素分类的思路

　　通过对 70 份年长员工的深度访谈和媒体资料的整理，共获得文本资

料约 10 万字，从文本分析中提炼出 227 个关键事件。关键事件技术本质上就是根据对关键事件的分类还原事物的真实结构。227 个关键事件都来自年长员工印象深刻的适应性事件，理论上能够通过分类进一步明确适应性绩效的影响因素结构以及这些影响因素间的关系。为了保证对关键事件提取和分析的可靠性，本书重新收集 16 篇个人专访和自述（不包含在 70 份中），经过反复提炼和分析发现无法得到 227 个关键事件之外的新的事件。之后，找到 6 名相关专业人员对 227 个事件进行分析，评判 227 个事件是否体现了年长员工适应性事件应对过程中的影响因素。最终 6 个关键事件被认为和其他事件在概念或解释范围上有重复或没有反映出影响因素信息，经过反复讨论最终融合成 221 个关键事件。年长员工适应性绩效影响因素即基于对该 221 个关键事件的特点及内容进行分类得来。

根据已有研究中关键事件技术展开的步骤建议，本书对年长员工适应性绩效影响因素分类的基本思路是：首先，研究的总体目标是提炼年长员工处理适应性事件过程中受到哪些因素的影响，用简明的方式表述为适应性绩效的影响因素事件；其次，基于现有文献有关适应性绩效前因变量的研究成果，在工作要求—资源模型基础上确立年长员工适应性绩效影响因素的分类标准；再次，根据分类标准对典型影响因素进行分类，由 6 名专业人员对影响因素进行划分，并对分类工作的可靠性进行检验；最后，邀请专家对分类结果进行全面评估，调整后建立适应性绩效影响因素分类体系。这其中，现有文献和理论中有关适应性绩效或行为的研究，能够提供的影响因素分类标准有两种。

第一种，按照个体适应性行为的压力源进行分类。这种分类标准从工作特征的角度考虑个体与情境互动中可能产生适应性需求的来源。例如吴新辉和袁登华（2010）认为适应性绩效的影响因素可以从个体和环境两个方面进行分类，其中个体因素包括认知能力、自我效能、知识技能等可能促使个体无法满足环境适应性需求的因素；环境因素则包括组织内因素（领导支持、工作自主权等）和组织外因素（文化冲突），这些因素对个体提出了适应性需求或为个体适应环境要求提供了支持。Park 和 Park

（2019）则认为个体适应性绩效的产生源自对从个体、工作、群体和组织四个方面的要求的应对。根据工作要求—资源模型，工作场所中的个体受到影响可以概括为工作特征和个体特征两个方面，工作要求和个人要求通常与资源消耗和成本投入相关，工作资源和个人资源通常与激励、发展、支持等相关，激励过程和消耗过程对个体工作绩效分别带来正向和负向影响。大多数研究根据该分类方法对适应性绩效影响因素进行分类，从适应性压力源入手，有助于理解个体适应性行为的动机和发展方向，具有较高的科学性。

第二种，按照对个体适应性行为的影响程度进行分类。这种分类标准考虑影响个体适应性效果的程度和作用大小，对影响因素进行分类。例如，Jundt 等（2014）和 Huang 等（2014）将适应性绩效影响因素分为近端和远端影响因素，其中近端影响因素包括个体差异、培训技巧和学习策略、工作任务环境三个方面共 10 个因素；远端影响因素包括动机和自我管理、认知过程和行为策略两个方面共 5 个因素。研究者主要关注个体适应性受到的影响程度的高低，找出哪些因素对适应性效果产生直接影响，哪些因素对其产生间接影响。

根据本章第一节的分析可知，适应性的本质是个体与环境的互动，这涉及个体满足环境的适应性需求，以及环境对个体提出适应性需求和资源支持的过程。并且年龄作为一个重要个体特征，在此过程中起到重要作用。因此在对影响因素进行分类时选取第一种分类标准，基于工作要求—资源模型，从适应性行为的压力源角度将影响因素分为个体因素和环境因素。通过整理那些在适应性事件处理过程中包含影响因素的事件，提取并构建年长员工适应性绩效影响因素体系。

## 三、适应性绩效影响因素分类的展开

通过将质性资料初步打散再综合后，需要首先进行初始编码工作来提炼和概括关键词汇或关键事件。这其中要注意的是编码单位的确定，一些关键事件可能只反映一个影响因素，但一些关键事件中包含多个独立的关键行为，每一个关键行为又反映一个影响因素，需要将这种关键事件分解为独立的关键行为，对每个关键行为进行编码。例如"我每天下班之后都要在单位再留半个到一个小时来学习，因为年纪大了，对知识记忆和理解得比较慢，不多花点时间的话很难赶上别人，虽然很累但是也要努力学习不能耽误工作，给别人找麻烦，自己也麻烦"。这句话前半段反映出"对知识记忆和理解得比较慢"，后半段反映出"很累"（学习）和"不能耽误工作"（意愿），所以此段话就分析出三个关键行为，即三个编码单位。最终经过对全部关键事件的反复对比分析，共得到221个编码单位（关键行为），部分列举如表4-1所示。

表4-1 关键事件部分列举

| 关键事件或行为 | 编码单位的关键事件来源 |
| --- | --- |
| CT1 面对学习的时候愿意去学并不怕困难就很容易学会<br>CT2 在工作中愿意采用新的方法才能够在工作中取得进步<br>…… | 我觉得非常关键的不是技术，而是愿意学。就是不怕困难。我要是怕肯定学不会。而且我是愿意采用新方法的。现在很多老教授，我听说，依然是连PPT都不用，还手写，说的河南话，在黑板上写字。在评估期间，一个专家就在评估大会提出来有个老师，当过学校的科研处长，现在去人社厅了，平常口碑非常好。评估完了之后被专家概括为"十个不"，一丝不动，一字不写。因为他口才好，上了两节课，那个专家听了，就写了一句话，没有PPT，就用粉笔写了一句话。结果就被专家提出来了，他本来就是兼职，后来兼职也不做了……（1号文件） |
| CT12 因为大家配合得很好所以工作起来没有压力<br>CT13 领导有领导力和协调能力，能够促进工作和协作<br>…… | ……没有压力。因为大家都做得很好，大家配合得很好。你研究的是人力资源，是不是里边有一个领导力啥的。其实我觉得虽然我们部门不大，就是再小的单位，也能体现一个人的领导力。你看就是两个人之间，如果相处的话也存在一种领导和被领导。两个人之间协调不好这种矛盾的话，也会出现矛盾、上下级分歧都会出现。如果你有领导力，就是人才多一点，部门再大一点，如果他有领导力和协调能力，也能把大家这个工作和相互之间的协作管理好，其实少数人的作用还是挺大的。关键岗位上的人的影响力还是比较大……（2号文件） |
| CT25 现在的工作变得更复杂会耗费很多时间和精力，会感到累<br>…… | 更多的是这，比如说牵扯到了设备销售这一块儿就比较简单了。比如说简单举例来讲，郑州要盖郑州奥体中心。这个消息得到以后呢，可能属于一个进口的或者是高端的，是吧？必须经过设计院，我们获得相关信息，由设计院这边呢，给我们提供一些信息，包括我们的销售人员也在跟进。他是做完以后呢，就到基建办公室啊，和人家人员沟通啊这一类的。然后或者是他们有大包方。这个流程基本上不牵扯到专项款项的问题。但是现在呢，我们做工程这一块儿呢，就比较麻烦一点了。面临的不确定性因素比较多。相当于体量是大一点的，然后呢，原来我们销售人员可能比较少，就是三四个就可以了，对吧？但是现在牵扯到将工程安装还有设计啊这类的人员，相对多一点，所以可能更复杂一些，要耗费很多时间和精力，有时候感觉有点累……（8号文件） |

在进行了关键行为的整理后，本书借鉴了 Stitt-Gohdes 等（2000）、屈小爽（2018）、杨瑞（2017）对关键事件技术的分类过程，组织 6 名分析员（包括笔者在内），其中 2 名人力资源管理专业或方向的博士生、2 名人力资源管理专业或方向的硕士生、2 名企业管理专业的博士生，依照"组内相近，组间相斥"的原则对 221 个关键行为或事件进行评估和分析。第一，第一位分析员根据适应性绩效的分类标准和基本内容，基于主观判断把关键行为或事件划分为两个大类，即个体因素和环境因素。然后逐一分析 221 个关键行为或事件属于哪一大类，并进一步将大类中的事件分为若干个小类别，同时对小类别命名。第二，第二名分析员根据自己的判断将 221 个事件归入第一位分析员所建立的类别筐中，如果与第一位分析员的分类判断一致，则直接放入，如果不一致，则放到待判区域中。第三，前两位分析员就待判区域内的事件进行讨论，最终决定是产生新的类别还是属于现有类别，达到完全一致后，就类别命名和划分进行商榷。第四，第三位分析员将事件放入类别筐中，并与前两位分析员讨论待判区域中的事件归类及类别名称和划分是否需要完善。第五，依次类推，直到所有分析员讨论并达成一致后，计算关键事件分类的可靠度（杨瑞，2017）。可靠性指数公式如式（4-1）所示，若 $I_r$ 大于 0.8 则判断关键事件分类可靠。

$$I_r = \sqrt{\dfrac{\dfrac{F_0}{N} - \dfrac{1}{K}}{\dfrac{K}{K-1}}} \qquad\qquad (4-1)$$

式中，$I_r$ 为信度；N 为样本总量；K 为分类数；$F_0$ 为达成一致的事件数。

关键事件分类法可靠度计算结果如表 4-2 所示。第一次对比的可靠性为 0.894，即前两位分析员共有 197 个事件达成一致并协商分类为 20 个类别，$F_0 = 197$，$N = 221$，$K = 20$，计算可得 $I_r = 0.894$；第二次对比的可靠性为 0.876，即第三位分析员与前两位分析员共有 192 个事件达成一致并协商分类为 18 个，$F_0 = 192$，$N = 221$，$K = 18$，计算可得 $I_r = 0.876$；第三次对比的可靠性为 0.903，即第三位分析员与前两位分析员共有 202 个事件达成一致并协商分类为 19 个，$F_0 = 202$，$N = 221$，$K = 19$，计算可得 $I_r = 0.903$。依次类推，通过表 4-2 的计算结果可以看出，6 位专业人员的分类过程可靠度均大于 0.8，说明本次分类过程具有一定的可靠性。

表 4-2　适应性绩效影响因素分类可靠性

| 分类过程 | N | $F_0$ | K | $I_r$ |
|---|---|---|---|---|
| 第一次对比 | 221 | 197 | 20 | 0.894 |
| 第二次对比 | 221 | 192 | 18 | 0.876 |
| 第三次对比 | 221 | 202 | 19 | 0.903 |
| 第四次对比 | 221 | 198 | 17 | 0.888 |
| 第五次对比 | 221 | 203 | 17 | 0.900 |

## 四、年长员工适应性绩效影响因素体系

在 6 名分析员得出分类结果后，找到 2 位相关领域的专家对分类结果进行审视，最终达成一致意见，完成了 221 件关键事件的分类工作。如表 4-3 所示，以年长员工适应性绩效影响因素的压力源为导向，按照个体因素和环境因素两个标准进行归类，年长员工适应性绩效影响因素可分为 5 个子类别，17 个影响因素。5 个子类别分别为生理影响因素、心理影响因素、工作资源影响因素、工作要求影响因素、年龄氛围影响因素。其中个体影响因素事件共有 97 件，占总关键事件数量的 43.89%，来自生理影响因素和心理影响因素的事件分别有 21 件和 76 件，占个体影响因素事件的 21.65% 和 78.35%；环境影响因素事件共有 124 件，占总关键事件数量的 56.11%，来自工作资源、工作要求和年龄氛围影响因素的事件分别有 61 件、43 件和 20 件，占环境影响因素事件的 49.19%、34.68% 和 16.13%。

表4-3　年长员工适应性绩效影响因素体系

| 类别 | 子类别 | 影响因素 | 典型事件总结 | 事件数（件） | 占个体/环境因素比例（%） | 占总体事件的比例（%） |
|---|---|---|---|---|---|---|
| 个体因素 | 生理影响 | 认知能力 | 记忆力和专注力，是否需要花费更多时间工作 | 11 | 11.34 | 4.98 |
| | | 体力和精力 | 工作时间长是否感到累，注意力分散 | 5 | 5.15 | 2.26 |
| | | 恢复能力 | 多长时间休息能恢复精力 | 5 | 5.15 | 2.26 |
| | 心理影响 | 使命感 | 对工作、下一代培养的责任感，实现人生价值的意愿 | 14 | 14.43 | 6.33 |
| | | 职业自信 | 解决一般工作问题和突发事件的自信 | 32 | 32.99 | 14.48 |
| | | 乐观性 | 看待问题是否积极正面 | 14 | 14.43 | 6.33 |
| | | 开放性 | 保持学习、交流、沟通上的开放性意愿 | 16 | 16.49 | 7.24 |
| 环境因素 | 工作资源 | 工作地位 | 工作中的权威性和话语权 | 23 | 18.55 | 10.41 |
| | | 工作自主性 | 有更多的时间和空间上的自由 | 11 | 8.87 | 4.98 |
| | | 同事支持 | 与同事沟通、合作是否顺畅 | 6 | 4.84 | 2.71 |
| | | 领导支持 | 与领导价值观相互匹配度 | 21 | 16.94 | 9.50 |
| | 工作要求 | 工作负荷 | 工作所带来的焦虑和不满 | 12 | 9.68 | 5.43 |
| | | 任务复杂度 | 涉及关系复杂或者任务内容复杂 | 9 | 7.26 | 4.07 |
| | | 工作创新性 | 工作相关的知识更新速度以及掌握新技术的难度 | 10 | 8.06 | 4.52 |
| | | 角色变动 | 职责内容和角色作用的改变 | 12 | 9.68 | 5.43 |
| | 年龄氛围 | 资源分配 | 感知的培训、参与等资源分配的公平性 | 11 | 8.87 | 4.98 |
| | | 晋升机会 | 感知的晋升机会、职业天花板等 | 9 | 7.26 | 4.07 |

可以看出年长员工适应性绩效的影响因素可以分为个体和环境两大类，其中个体因素包括生理和心理两个子类影响因素。生理影响因素中的认知能力、体力和精力以及恢复能力对年长员工的适应性行为和心理影响较大，尤其是认知能力的下降（占生理影响因素的11.34%），对年长员工来说在工作中体现得更为明显。心理影响因素中的使命感、职业自信、乐

观和开放性对处于动态环境中的年长员工影响较大，尤其是职业自信水平（32.99%）直接影响年长员工对任务和环境变化的难易程度的判断。环境因素包括工作资源、工作要求和年龄氛围三个子类影响因素。工作资源即那些能够为员工适应任务和环境变化提供支持的因素，包括工作地位、工作自主性、同事和领导支持，对于年长员工来说在自主性较高的工作环境（8.87%）中，具有发言权和工作地位（18.55%），并感知同事（4.84%）和领导（16.94%）的支持对其应对动态环境更加有利。工作要求体现了对来自环境的适应性要求的感知，包括工作负荷、任务复杂度、工作创新性和角色变动。任务和工作变化所带来的复杂度的提升和创新要求往往会加重年长员工对工作负荷（9.68%）的感知，尤其是角色调整和变动（9.68%）对年长员工适应性心理和行为影响较大。年龄氛围通常表现为组织中的管理者和同事对员工年龄的认知和规范（明显或潜在的），这通过组织在不同年龄群体中的资源分配（8.87%）、晋升机会（7.26%）的差异性体现，往往会对年长员工应对动态环境带来影响。

需要注意的是，关键事件分类所得的个体影响因素和环境影响因素比重相当，在子类别中有两点需要关注和解释。第一点，个体因素中，来自生理因素的影响事件比来自心理因素的影响事件比重小很多（21.65%和78.35%相比）。通过对文本资料的分析和与研究人员的讨论，可能有以下原因：首先，尽管已有研究和实际调查都表明随着年龄的增长，员工的认知能力、体力等会下降，但是通过调查可以发现，让员工产生压力的通常是这些生理变化所带来的时间、注意力和精力的耗费的感知和判断。随着技术和工具在工作中的应用，降低了工作对个体的生理机能的依赖性，即使是类似服务员和建筑工人的体力劳动者，新工具和技术的应用和协助也很普遍，正如一位被访者提到："现在的电脑和互联网都很方便，像我们的记账直接导入系统，系统会自动算，简单而又不会出现计算错误。"其次，在面临工作中的适应性事件时，个体的行为表现通常更多受到心理和情绪上的支配，在对关键影响事件的回忆中，大部分被访者倾向于描述心理活动或感受，生理所带来的限制和约束也多以个体感知和判断为媒介来影响员工的态度和行为。第二点，环境因素被分为了三个基本类型，除工作资源和工作要求外，经过讨论增加了一个新的"年龄氛围"维度。根据工作要求—资源模型，个体所处的工作环境可以分为工作资源和工作要求，工作要求消耗个体资源，而工作资源补充个体资源。但同时根据社会认同理论，个体受到环境影响进行自我群体分类，将影响其对待事物的观点以及行为方式。个体在组织环境潜移默化的影响下将自己归为年长群体，并形成年长群体的行为规范进行自我约束。这种年龄氛围虽然是员工对实际存在的组织制度或互动结果的主观感受，但又与组织对年长员工提出适应性要求或对年长员工提供资源支持都相关，因此将其归为环境因素的单独一类。

# 第三节　年长员工适应性绩效
# 影响因素关系模型

通过关键事件法的分析得到包含个体因素和环境因素两大类的年长员工适应性绩效影响体系。其中个体因素又包含生理影响因素和心理影响因素。环境因素包含工作资源影响因素、工作要求影响因素和年龄氛围影响因素。根据影响体系可知，年长员工对 17 个内外部影响因素的感知程度不同，这些影响因素与适应性绩效的远近关系很可能存在差异。本节基于工作要求—资源模型进一步讨论影响因素与年长员工适应性绩效间的交互关系，最终形成年长员工适应性绩效影响因素的理论模型，帮助更加明确年长员工适应性绩效影响因素体系的内部关系，同时为子研究三的形成机制构建提供理论基础。

## 一、生理影响因素

生理影响因素主要指随着年龄增长，与工作有关的身体机能对年长员工适应性心理或行为的影响。生理影响因素主要包含认知能力、体力和精力、恢复能力三个子类别。根据工作要求—资源模型，对年长员工来说生理机能水平作为个体资源的一部分，对员工适应性行为产生直接或间接影响，较高水平的生理机能能够为员工应对适应性需求提供更多资源支持。这三个子类别中认知能力下降的影响表现最为突出。员工在与情境互动中消耗最多的是认知能力，其中的记忆力、专注力或注意力的下降会影响员工的信息敏感度以及处理适应性事件的速度和效果。年长员工的工作经验以及关系网络能够弥补员工身体机能下降带来的工作效率问题，这主要针对的是日常工作。当适应性事件发生，如工作中的重大事故、组织结构变革、领导和同事的人事变动等，都可能消耗员工比日常工作更多的精力，这对年长员工来说构成了一定的挑战。但在调查中我们也发现，知识和技术的快速发展让生理因素从整体上对年长员工的约束力越来越小。年长员工往往会因为任务和工作变化导致工作量和工作复杂性或创新性的要求上升而在短期内感到生理因素的突出影响，或者因为来自工作或组织的资源支持不能够帮助其快速节省和恢复体力和精力，而选择回避、忽略适应性需求的响应，表现出较低的适应性。

同时也应注意到，生理因素在年长员工适应性事件处理过程中的作用往往与员工心理有关。从某种角度来说，无论是认知能力下降而出现的记忆力、专注力的下降，还是体力精力存量不足带来的身体劳累，对年长员工来说都与时间有关。只要愿意花费更多的时间恢复，就能够很好地缓解生理上的因素对适应性的影响。例如，年长员工通常只在乎是否花费更多的时间去背知识点或记笔记，而不会在乎能否记住。对他们来说，只要花费足够的时间就能弥补记忆力缺陷，只是个人是否愿意去花费时间的问题。从社会情感选择理论来看，个体会随着年龄的增长产生更强的时间限制认知，他们会有选择地将有限的时间资源安排在重点领域。年长员工在较高时间限制认知水平下往往更加珍惜时间,所以在面对那些消耗更多认知和精力的变化时表现焦虑,甚至会选择回避或忽略对这些变化的响应,表现出较低的适应变化的意愿,进而有较低的适应性绩效水平。但调查中发现,对那些乐观、自信、使命感较强的年长员工来说,生理机能的消耗对其适应过程整体影响较小。他们对工作要求所产生的生理机能消耗水平有较低感知,并放大资源支持对生理机能的补充,进而对变化所引起的时间消耗的焦虑感水平较低。同时,这些年长员工在面对认知能力、体力和精力等要求较高的变化时往往更加积极和乐观,甚至认为生理要求促使其进行某些方面的锻炼,这反而会增强某些身体机能,提高应对变化的能力。如一位被访者举例:由于人事变动使他看到了晋升的机会,为了晋升他准备职业等级证书,在三四个月的集中复习中,他发现自己记东西越来越快。因此,根据工作要求—资源模型,工作中的适应性要求和来自环境的资源支持会影响员工的认知、体力和精力的消耗水平,进而影响员工的适应性绩效,在此过程中,员工的心理因素水平会调节工作要求和工作资源对生理因素的影响水平以及心理因素对适应性绩效的影响过程。因此提出第一个关系模型,如图4-2所示。

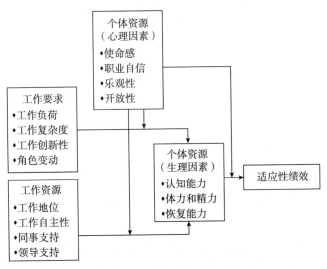

图4-2 年长员工适应性绩效影响因素关系模型1

## 二、心理影响因素

心理影响因素主要指年长员工在处理适应性事件时，那些与发现问题、解决问题等直接相关的态度、观点，以及这些态度、观点所体现出的员工心理特点。根据工作要求——资源模型，心理因素作为重要的个体资源和个人要求，对员工适应性行为产生直接或间接影响，较高水平的心理感知能够为员工应对适应性需求提供更多资源支持，较高水平的个人要求很有可能造成员工应对适应性需求过程中更多的资源损耗。心理影响因素主要包括职业自信、使命感、乐观性和开放性四个子类别，其中职业自信因素的表现尤为突出。正如前文所述，丰富的工作经验和阅历使年长员工有足够的能力应对一般性的工作问题或突发事件，即使是较少出现的问题或事件，凭借充足的知识库和策略库以及年长员工出色的总结和归纳能力，也能够快速整理事件关系和发展规律，发现解决问题的关键点。所以，对于年长员工，尤其在相关行业从业年限长的员工来说，正是因为对职责范围内的工作具有足够的自信，才能够在适应性事件处理过程中表现得更加冷静、沉着，这又反过来提高了其对环境变化的适应能力。正如一位管理咨询公司的被访者回忆的事件："在开发了一个新的管理培训项目后发现课程重点、方向和整体框架都不符合目标市场需求。临近开课，紧急情况下我凭借多年课程开发设计的经验，通过结构图的方式最终在规定时间完成了新课程上架。这个过程中他们都急得不行，但是我觉得有问题就要解决问题，大问题可以拆成小问题，小问题可以具体到时间和人去快速处理，由我来整合，就能更好地解决。"这反映了年龄与职业自信的直接关系，同时也反映因为职业自信所表现出的冷静沉稳的形象，使年长员工在组织中更有地位和话语权，得到同事和领导更多的尊重和支持，这形成一个良性循环，所以职业自信高低与年长员工处理适应性事件的效果存在正向关系。

第二个子类别是使命感，主要体现为年长员工较高的个人要求，如职业使命感和实现人生价值的追求。随着年龄增长，年长员工很可能已经处于管理岗位，或者被组织要求承担更多的指导、监督工作，以师徒方式培养年轻员工。这导致年长员工承担更多的职责，一方面职责范围扩大，职责风险提高，年长员工需要对工作中的过程和细节更加注意；另一方面需要维护自己的自尊和导师形象。总体来说，为了满足自身的使命感，实现职业使命和人生价值，年长员工可能需要耗费更多的资源以达到个人要求，这反映了工作要求—资源模型中对资源损耗过程的描述。第三和第四个子类别是乐观性和开放性，这两个子类别是个体性格特质的体现。调查发现，年长员工对适应性事件处理过程中的表现也具有个人差异，这种差异直接体现在不同个体的性格上，其中乐观和开放性格尤为明显，相较而言，看待问题更加积极正面，并且与他人交流意愿更高的年长员工在面对适应性事件时整体表现更好。突出的事例来自两位从事会计工作的被访者，两位被访会计都属于制造业会计，并且年龄和学历相当。一位被访者举例："前段时间领导找了一个年轻人在我手底下工作，他属于裙带关系，什么都不会，我每天都感觉很累，因为他做出来的报表经常出现错误，有时候为了发现错误我甚至要花费好长的时间，所以我现在不想干了，准备跳槽"；另一位被访者举例："我的直接领导是公司大领导的亲戚，他来上班的时间很少。工作上有些手续和权限问题让我很困扰，但我会适当地选择越级办理。我觉得没必要对他有什么不满，他来不来并不影响我干好我自己的工作"。

综上所述可以看出，心理因素又可分为个体心理资源和个体心理要求两个方面，个体心理资源，如职业自信、乐观和开放往往能够更加有利于年长员工在变化环境中表现出更高的适应性。但职业自信、乐观和开放往往建立在情景基础上，只有工作要求在年长员工能力范围内，并且员工能够感受到来自环境的理解、尊重与支持时，年长员工才有可能表现出更高水平的职业自信、乐观性和开放性，在年龄歧视或年龄负面刻板印象的环境中，年长员工职业自信、乐观性和开放性也会受到负面影响。个体心理要求也属于个体因素的一种，职业使命感体现了员工在岗位职责、职业发展等方面的自我要求，使命感较高的年长员工往往会为了精益求精，在工作中放大工作要求并耗费更多的资源。所以，年长员工心理因素对适应性绩效十分重要，在组织中来自环境的支持，即工作资源能够提升心理因素水平，来自环境的要求，即工作要求则消耗了心理因素水平，同时，不同的心理因素对个体资源受到工作要求和工作资源的影响还具有影响作用，如有高度使命感和高度职业使命感的个体，很可能会因为自我要求高而放大或缩小工作要求和资源对个体资源的影响力度，我们将这类因素归为个体要求，因此提出第二个年长员工适应性绩效影响因素关系模型，如图4-3所示。

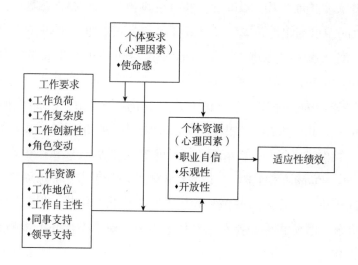

**图4-3　年长员工适应性绩效影响因素关系模型2**

## 三、工作资源影响因素

工作资源属于影响个体适应性绩效的环境因素，主要指那些在员工处理适应性事件过程中能够为其提供资源补充或支持的因素。根据工作要求—资源模型，工作资源作为资源支持过程，对员工适应性过程很可能带来积极影响，并会通过与其他影响因素的交互关系进一步影响员工适应性行为。工作资源影响因素包含四个子类别，第一个子类别是工作地位，即年长员工在组织和工作中的话语权。如前文所述年长员工由于充分的职业自信和冷静沉着的表现能够在工作中树立权威形象。但这里的权威和话语权主要指工作参与和工作职权问题，如果组织能够给年长员工更多的权限参与到更大范围的相关工作中，如决策、管理等，那么员工在处理适应性问题中会拥有更大的主动权，能够及时调用资源和关系来解决问题。第二个子类别是工作自主性，体现在年长员工对于自己工作相关的时间和空间自主安排上。相对于年轻员工来说，年长员工往往更喜欢安静、清爽的工作环境，并且年长员工在一项工作中需要更多的间断时间去恢复精力，才能保证更好的工作质量。因此，组织对工作时间和空间约束过多，并不利于年长员工集中精力解决和应对适应性事件。一位来自制造业的财会人员举例："我喜欢目前的工作状态，我自己可以根据市场情况选择到市场中去巡查和指导，我现在正在苏州分店里，因为我最近发现这里的账可能存在问题，公司不会限制我的去向和时间，这也让我避免了很多重大损失的出现。"第三和第四个子类别是同事支持和领导支持。年长员工通常会被认为是更加亲和、宽容、善解人意的，这是因为其更倾向于维持与周边的亲和关系。来自同事的配合、领导的理解和支持让年长员工在面对适应性事件时更有自信和底气。一位来自制造业被访人员的两个事例形成了鲜明对比："我之前跳过一次槽，跳槽的原因是我的同事从我这里预支费用但到期没来报账。我去催她的时候反而吵了起来，因为她是关系户所以认为自己理所当然不用走账，但我作为一名会计人员不可能容忍这样的事情……现在这个公司我也待了好几年，我不打算走，待着挺舒服的，你看我们办公室的小刘，我俩每天有说有笑的，平常重点的活她都抢着干了，领导也尊重我，有什么专业上的问题都会征询我的意见。"在工作中年长员工体现出一种矛盾感，既对不满的环境具有一定的容忍力和忠诚度，又对来自环境的支持尤其是精神上的支持具有高度敏感性。这是因为年龄不断增加提高了员工换工作的难度，因此年长员工对不满环境一般表现出更高的容忍性。而来自领导和同事的支持与尊重则能够降低不满，并作为一种明显的精神激励为年长员工提供更高的工作安全感和职业幸福感。

综合来看，工作资源可以体现为物质上的也可以体现为精神上的，但调查发现影响年长员工的工作资源因素主要是精神层面的，究其原因可能是组织提供的物质支持对所有员工的无差别化，或者对年长员工来说尽管物质激励仍然扮演重要角色，但在有限时间内物质激励的增长上限是可以被预期的，精神激励则会带来更大的效能，而且物质激励往往会通过年长员工感知体现在精神层面上。从这些因素对年长员工适应性绩效产生影响的过程来看，除同样发现关系模型 1 和模型 2 所表现出的工作资源对个人资源的补充作用，还进一步肯定了工作资源中的工作地位、工作自主性、同事支持和领导支持对年长员工适应性绩效的直接影响。同时，在调查中发现来自环境的认可和支持能够提升员工的职业自信和责任感，并使其面对适应性需求时更加乐观、开放，但当任务和工作变化导致工作负荷、复杂度、创新性和角色变动要求较高时，会导致员工需要消耗更多的个人资源，降低了年长员工对工作资源补充效果的感知，即工作要求降低了工作资源对个人资源的正向影响效应。因此提出第三个年长员工适应性绩效影响因素关系模型，如图 4-4 所示。

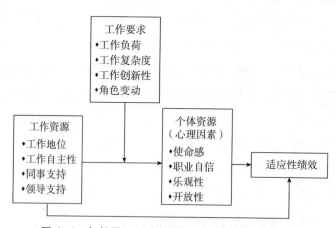

图 4-4　年长员工适应性绩效影响因素关系模型 3

## 四、工作要求影响因素

工作要求影响因素属于环境因素的一种，共有 43 个关键事件，根据工作要求—资源模型，工作要求主要指那些对员工提出适应性要求，或者在员工应对适应性事件过程中会消耗员工生理、心理资源的压力源。根据文献分析可知，随着年龄的增长，处于不同职业生涯发展阶段的员工对工作的关注点不同。这意味着年长员工在工作中对不同类型压力源的感知程度很可能不同，通过调查也印证了这一点。年长员工适应性绩效的工作要求影响因素主要包括工作负荷、工作复杂度、工作创新性和角色变动四个方面。影响力最突出的是工作负荷和角色变动两个子分类。工作负荷给年长员工带来的压力通常与时间的消耗有关，基于社会情感选择理论，年长员工很可能因为时间有限性认知的提高，而调整工作重点和资源投入方向。对年长员工来说，时间更像是一种资源，当面临的适应性事件需要过多地耗费有限的时间资源时，会增加年长员工的焦虑和担忧情绪，进而引发不满和抱怨。角色变动指由于组织中的资源在不同年龄群体中的分配变动，而导致的年长员工职责范围、组织地位、职权关系等的改变。一位来自教育系统的管理者举例："我们系最近升了一个新的领导，这个领导以前是我的手下，他年龄比我小很多。像我们这样的老员工，有时候需要给他汇报个事情，或者他布置任务的时候不注意自己的语气和神态，这让我感受不到尊重。我像一个小年轻那样站在那里听训，很不是滋味。"角色变化是环境对年长员工提出的一种具有预示性的要求，年长员工往往会因为没有做好角色调整而在适应性事件处理中处于被动或消极状况。需要年长员工能够及早意识到角色变动的必要性，对工作方式方法、心理情绪做好调整。

第三和第四个子类别为工作复杂度和工作创新性，二者都与员工的知识库和策略库有关。但从任务多样性和技能多样性角度来看，工作复杂度一般指技能多样性，即一项任务中需要运用多种知识和技术来解决问题。而工作创新性则追求的是任务多样性，更多不同的、新的、独特的任务需要新的知识、技术以及新的流程和互动关系。本质上来讲，工作复杂度主要涉及已有知识技术及其不同的组合方式，工作创新性会出现新的知识和技术，或对已有知识体系的重构。从两个事例中可以明显看出，一个是一位程序员的举例："上次一个同事有个漏洞检查不出来导致产品事故，我花了半天时间就解决了，我对这些编程工作已经很熟悉了，一般哪些地方可能出问题，哪些地方容易被忽略我比较清楚，就算是我没见过的，也都是万变不离其宗"；另一位来自制造行业的管理者说："新的经济形势下出现了更多未知的风险……比如这两年很火的物联网、比特币的出现对中国经济、对行业、对组织有什么影响我都需要判断，那我首先要对这些新的事物掌握和了解……我承担了很大的风险也耗费了很大的精力。"对年长员工来说，当适应性事件主要提出了工作复杂性要求时应该更加有利，工作复杂性消耗员工一定的心理和生理资源，如耐心和精力，这些资源往往通过内部途径就能够得到补充，与个体本身的特质和生理情况有关。工作创新性则需要在有限的时间内学习和掌握新的知识和技术，需要外部途径的支持，如组织是否支持工作时间学习和培训、资金的来源等。同时，调查也发现，对多数具有职业自信的员工来说，工作创新性似乎并不经常出现，年龄增长并不意味着员工知识和技术能力进入停滞更新状态。与年轻员工相比，年长员工为了稳固自身的专业形象和组织地位，学习新的知识和技术的意愿并不会降低。年轻员工学习效率高，但也因为自身高流动率而无法专注于某一单一领域的学习和研究。

综合来看，在工作要求对年长员工适应性绩效产生影响的过程中，除进一步验证了工作要求对个人资源和工作资源消耗作用外，当工作要求超出年长员工现有资源能够应对的范围，会造成年长员工在动态环境中生理负担的加重，消耗其在工作中的个人资源，影响适应性绩效水平。同时应该注意到，工作资源对工作要求的消耗过程具有明显的补充作用，当年长员工感知的工作自主性、工作地位、同事和领导支持水平较高时，往往会降低工作负荷、复杂度、创新性及角色变动带来的压力感知，并且由于更容易获得资源补充而减少工作要求对认知、体力和精力的消耗。因此工作资源对工作要求对个人资源的影响过程具有明显的调节作用。基于此提出年长员工适应性绩效影响因素关系模型 4，如图 4-5 所示。

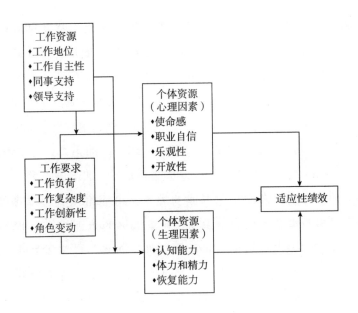

**图 4-5　年长员工适应性绩效影响因素关系模型 4**

## 五、年龄氛围影响因素

第五类影响因素命名为年龄氛围，有 20 件关键事件，主要指组织或工作中所体现出的对不同年龄群体员工的差别，及员工对这种差别的认知和评价。社会认同理论研究已经达成个体自我分类及根据类群的规范对自我行为和观念进行调整和约束的结论。社会和组织中个体对年龄的不同认知会形成不同的年龄氛围，如年龄正面或负面刻板印象。这些年龄氛围可能是通过政策制定、资源分配、工作安排等方面体现出来的，不仅影响年长员工的工作态度或行为，对领导或年轻员工也有影响。在年长员工适应性事件处理过程中，资源分配和晋升机会对其适应性表现影响较大。资源分配指组织对一些物质、工作支持性、成长发展性资源的分配，如学习培训、重要项目的参与度、奖励福利的分配等；晋升机会指组织中员工晋升的机会、渠道、竞争压力等。虽然目前年长劳动力在不断增多，但对员工职业生涯周期的认知却没有一次性转变。一些组织在招聘、培养、任命员工时仍然倾向于年轻员工，正如当被问到对员工年龄的界定问题时，一位金融行业的 CEO 表述："在招聘时我不会选择 35 岁及以上的员工，我要保持我的员工队伍的年轻化和活力，年长员工比较难以管理，即使是他有丰富的工作经验，只要年轻员工满足胜任条件，我都会选择年轻员工。"另一位营销代理公司的总经理表述："年长员工一般家庭责任太重，工作不灵活，自尊心太强，一般我们不会考虑 40 岁以上的员工，营销岗位不会超过 30 岁。公司里已有的年长员工会安排他们到一些清闲点的工作上。"

这是一种长久的、潜移默化形成的规则，可能组织并没有明文规定，甚至年长员工自身也并不认为组织存在年龄群体的差别对待。但从个体行为和态度中能够体现出年龄氛围的影响，如一位来自航空公司的被访者举例："我在审计监察部门，我们部门都是老同志，我并没有觉得公司有什么差别对待……平时公司不会安排我们这样的老家伙出去学习培训，机会要留给年轻人啊，像我，前段时间竞聘我都主动放弃了，再怎么努力也顶多是个副处，没有争的欲望，公司还是重视年轻人的培养，像我们这些老家伙就应该退居二线了。"这与之前一些因素（职业自信、组织地位等）分析形成了矛盾，一方面，年长员工认为自己工作经验丰富，工作能力强，应该在岗位上发挥更重要的作用，并期望得到领导和同事的肯定和支持；另一方面，组织、管理者甚至年长员工自身都认为年长员工成长的可能性更低，资源分配和晋升机会的不公平存在一定的合理性。这种矛盾可以从社会情感选择理论的角度来理解，社会情感选择理论认为个体会随着时间有限性认知的提高，限制自身资源输出和避免资源损耗，将时间和精力投入到重点工作中，并回避一些高风险高资源消耗的工作或机会。无论是工作资源配置的倾斜还是晋升机会的不公平，都包含着年长员工的自主选择。这种基于年龄的身份认同和自主选择在一定程度上影响了年长员工职业生涯的延长，使年长员工在工作中缺少本该拥有的资源和机会，对年长员工在适应性事件处理过程中的表现有负面影响。

综合来看，组织年龄氛围虽然是员工对实际存在的组织制度或互动结果的主观感受，但又与组织对年长员工提出适应性要求或对年长员工提供资源支持都相关。对年长员工来说，年龄氛围对其产生的影响是复杂的。对动态环境下资源配置的倾斜和晋升公平性的感知会使员工在面对变化时更加自信、乐观，但同时会因为机会的增加（培训、晋升等）而消耗更多生理机能，有可能给年长员工带来一些生理压力。年龄氛围还会影响年长员工对利用现有资源解决问题的难度以及获取资源可能性的判断，对年龄氛围有积极评价的年长员工，通常更容易感知工作资源的支持，并降低对工作要求难度的判断。同时，在积极的年龄氛围中，年长员工也更容易受到物质激励和精神激励，在变化的任务和工作中表现出更高水平的适应能力。因此，提出年长员工适应性绩效影响因素关系模型5，如图4-6所示。

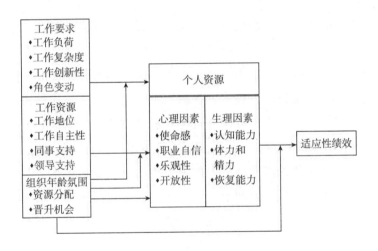

图4-6　年长员工适应性绩效影响因素关系模型5

综上所述，年长员工适应性绩效影响因素关系模型体现出以下特点：工作资源与工作要求相互影响，工作资源补充了工作要求，而工作要求消耗工作资源；工作要求通过对心理因素和生理因素的消耗进一步影响适应性绩效；工作资源通过对心理因素和生理因素的补充进一步影响适应性绩效；在不同水平的心理因素下，员工生理因素对适应性绩效的影响程度会不同；工作资源水平的高低，影响工作要求对个体因素的作用程度；对组织年龄氛围的感知会影响员工生理和心理因素；组织年龄氛围感知影响工作要求对个体因素的作用程度；组织年龄氛围感知影响工作资源对生理因素和心理因素的作用程度；组织年龄氛围感知影响个体因素对适应性绩效的作用程度。

# 本章小结

　　本章对年长员工适应性绩效的影响因素进行了研究，具体内容包括两大部分：一是采用关键事件技术对年长员工适应性绩效影响因素进行分析，构建影响因素体系。首先，基于深度访谈和媒体资料收集所获得的 70 份文本材料，采用关键事件技术，提取 221 个年长员工适应性事件影响突出的事件。其次，基于工作要求—资源模型，按照个体因素和环境因素分类标准，6 位分析人员对 221 个关键影响因素事件进行反复的分类和讨论，最终建立了包含个体因素和环境因素两大类的影响因素体系。其中个体因素包括生理因素和心理因素两个子类，环境因素包括工作要求、工作资源和年龄氛围三个子类。五个子类又包括认知能力、责任感、职业自信、工作地位、同事支持等在内的 17 个影响因素。分析这些影响因素在其关键事件中出现的频率，明确其优先级。最后，基于关键事件分析过程，对 5 个子类别 17 个影响因素的含义和关系进行了具体阐述。二是在工作要求—资源模型的基础上，对年长员工适应性绩效影响因素体系内容和这些因素对适应性绩效产生影响的过程进行讨论，进一步明确了影响因素及其与适应性行为之间的交互关系，构建了 5 个年长员工适应性绩效影响因素关系模型。为子研究三的年长员工适应性绩效形成机制模型构建提供重要参考。

# 第五章

# 年长员工适应性绩效形成机制的实证研究

　　适应性绩效本质上是对个体与环境互动的结果，员工适应性绩效很可能受到多方面因素的影响，如组织制度、工作复杂性、同事领导支持等。第三章通过对访谈和媒体资料的整理，主要解决了一个问题，即什么样的内外部因素对年长员工适应性绩效会产生关键影响。通过对年长员工适应性绩效的关键影响因素事件进行分析，形成影响因素体系，并在此基础上构建了适应性绩效影响因素关系模型。本章的研究立足于年长员工适应性绩效影响因素模型，选择5个影响因素形成年长员工适应性绩效形成机制模型，在探讨为什么选择社会支持、角色压力、职业使命感、心理资本和高绩效工作系统形成适应性绩效形成路径的前提下，运用工作要求—资源模型、工作调整理论和社会认同理论对这5个变量与适应性绩效的交互关系进行讨论并提出7个研究假设，通过大规模数据调查和分析对该形成路径进行验证。本章主要是对子研究一的适应性绩效量表和子研究二的影响因素关系模型的理论验证。

# 第一节　研究假设

## 一、角色压力、社会支持与适应性绩效的关系

（一）角色压力与年长员工适应性绩效

根据 JD-R 模型，个体在情境互动中所面临的环境可以概括为工作资源和工作要求两个方面，对于动态、变化的环境同样如此。工作要求与消耗和成本有关，对员工生理和心理产生损耗消极作用，但当面对较低的工作要求时员工可以通过资源的及时补充来缓解心理和生理资源消耗。任务和工作的变化或持续变化对员工提出了不同的工作要求，根据工作调整理论，当环境要求与个人能力不一致时，会激发员工的工作调整行为，而员工在长期工作中会逐渐形成固有的调整行为倾向，即适应性绩效。从第三章年长员工适应性绩效影响因素关系模型 4 可以看出，由环境产生的适应性需求对个体心理、生理资源带来消耗，如果这种消耗无法得到补充和恢复，会给个体适应性带来消极的影响，即工作要求负向影响了员工的适应性绩效。

根据第二章对年长员工适应性绩效及其特点相关文献的分析可以看出，随着年龄的增长，年长员工在生理、心理、情绪、价值观、技术、经验等方面均具有其特点（Hedge，2008），动态环境中年长员工对影响其适应性因素的识别和判断，以及要采取的应对策略与其他群体存在差异（Strate，2004）。根据第三章年长员工适应性绩效影响因素可以看出，年长员工适应性绩效的工作要求影响因素主要包括工作负荷、工作复杂度、工作创新性和角色变动四个方面，最具影响力的是工作负荷和角色变动。由于年长员工更倾向将有限的时间投入到工作重点领域内，当适应性要求

对时间资源有过多的消耗时，会增加年长员工的不满和担忧。角色变动主要体现在环境对年长员工提出的工作角色调整的直接或暗示性的要求上，现实情况中年长员工更有可能承担的职责范围更大，成为管理者、重要的监督者、指导者，或者年长员工出现职业发展"天花板"，逐渐开始感受到在组织中的地位、话语权和影响力的减弱，这增加了年长员工在组织中的角色身份或角色内容，需要年长员工及时做出对角色变动的准备。因此在工作要求影响因素中，本书选择角色压力（包括角色模糊、角色冲突和角色负荷）因素进入年长员工适应性绩效形成机制。

角色压力通常与个体在社会工作生活中所要扮演的角色及承担的责任有关，工作中的角色压力往往与组织或个体对职业或岗位的行为期望结构有关（Wu 等，2019）。工作中个体往往会感受到来自各方对个人行为的期望所形成的压力，当个体与期望之间无法达到平衡时会出现三种情况（Pratiwi 等，2019）：①角色冲突，通常是由于对同一角色产生的不相容的期望导致的心理和行为矛盾；②角色模糊，指个体对工作职责对工作绩效的期望缺乏了解，不确定应该采取哪些行为来满足期望；③角色负荷，指个体在工作中扮演多个角色并缺乏应有的时间和资源，而无法满足期望或履行义务。众多研究已经表明，角色压力作为员工工作中的主要压力源，对员工的工作倦怠、离职意愿、工作绩效等产生消极影响（Demerouti 等，2001；Bakker 和 Demerouti，2017）。例如，Wu 等（2019）基于 JD-R 模型对项目经理工作绩效研究发现，角色模糊对工作倦怠和工作绩效均具有明显的负面影响，职业使命感增加了角色模糊对工作倦怠的影响并减轻了角色冲突对工作绩效的影响。对年长员工来说，由于组织和管理者对年长员工群体的定位和引导以及个体职业发展的重点转移，在工作中往往需要经历角色调整和转变，尤其是在任务和工作发生变化时更是如此（Veth 等，2019）。来自角色的压力需要消耗年长员工更多的资源，这时就对其适应性绩效产生负面影响。Matthews 等（2010）在不同年龄组中检验了社会支持，工作角色压力源和工作—家庭冲突模型的表现，发现工作角色冲突与工作—家庭冲突的关系在年龄上有显著差异，对年长员工来说（45 岁及以上）工作角色的冲突可能导致可用资源的减少，如时间或精力，这些资源本可以用于家庭事务，从而导致了工作对家庭的冲突。由此，本书提出如下假设：

假设1：角色压力负向影响年长员工适应性绩效。

（二）社会支持与年长员工适应性绩效

工作资源和工作要求共同构成了员工所处的工作环境特征，相较于工作要求来说，工作资源与成长和支持有关，是指那些能够满足员工的生理或心理需求，对员工产生动机激励作用的因素。根据资源保存理论，当个体在情境互动中发生资源消耗，而个体预见或感知资源损失和不平衡时，会做出限制资源输出的行为，此时员工很可能表现出更低的工作积极性和满意度。从第三章年长员工适应性绩效影响因素关系模型3可以看出，工作资源作为一种重要的年长员工在动态环境中的补充，能够减少和补充员工的资源损失，尤其是在适应性事件带来快速资源消耗的情况下更是如此。在动态环境中，当环境的激励或支持能够促使个体满意时，个体将更有可能做出相应调整和改变来达到环境适应需求，即工作资源正向影响了员工的适应性绩效。

从年长员工的实际出发，具有丰富工作经验和稳固社会关系资源的年长员工，通常在面对一般性的工作问题时能够运用其丰富的知识库和策略库来解决。这也是为什么在调查中工作复杂性和创新性要求对年长员工适应性的影响并不突出的原因之一。根据工作调整理论，员工被环境满足的程度影响员工满足环境要求的程度。工作资源支持能够满足个体的需求和价值观是激发个体根据工作需求进行工作调整的基础之一。从子研究二的分析来看，无论是在工作中还是在突发问题或不确定性风险的应对中，来自精神和心理上的资源支持对年长员工来说更加有效。在适应性事件处理过程中工作地位、工作自主性、同事支持和领导支持令年长员工记忆深刻，并对其解决问题和应对困难具有明显的支持作用。由于工作地位和工作自主性在某种程度上与来自同事的支持和领导的尊重有关，因此在工作资源影响因素中，本书选择社会支持（包括同事支持和领导支持）因素进入年长员工适应性绩效形成机制。

　　社会支持通常指从他人或群体中获得或接受的物质或精神支持，其中精神支持包括信任、关注、鼓励和尊重等（Sun 等，2020）。社会支持能够增强个体与他人的联系，且对提高社会认同感和归属感具有积极作用。社会支持的来源可以是多方面的，从工作场所角度来说，同事支持和领导支持是社会支持的主要部分。同事支持和领导支持指员工从与领导、同事的互动中获得的满足感，已有研究发现了社会支持对员工适应性及年长员工的影响（Zacher 等，2018）。例如，Nilsson（2011）认为年长员工对领导者的态度具有较高的敏感性，领导者在工作中的重视和权利赋予对年长员工的激励效果可能高于年轻员工，并且对其工作寿命的延长具有积极作用。Knies 等（2015）研究了直线经理对年长员工的影响程度，他们认为由于直线经理在人力资源政策中的重要作用，其可以根据个人喜好调整政策，直线经理是否愿意提供支持，对年长员工的工作动力和生产效率、工作积极性均有明显的积极影响。由此，本书提出如下假设：

　　假设 2：社会支持正向影响年长员工适应性绩效。

## 二、心理资本的中介作用

　　由工作要求—资源模型可知，个体与环境之间存在复杂的相互作用，个体对工作要求和工作资源的认知或感知差别很可能会影响潜在的压力和动机结果（Bakker 和 Demerouti，2017）。不同的个体对相同工作要求所产生的压力感知具有差异性，对不同的工作资源诉求也不同。在研究年长员工适应性绩效时应充分考虑年龄带来的个体差异及在个体与环境互动中扮演的角色。通过第三章的研究可知，在适应性事件处理过程中，对年长员工产生影响的个体因素可以进一步分为生理因素和心理因素两大类，相较心理因素，生理上的变化和限制对年长员工工作中的适应性表现并没有太大的影响。这是因为，一方面，现代信息技术的发展为年长员工提供了较多工作支持；另一方面，生理因素的作用受到心理因素的约束，生理上的反应在很多时候被转换为心理上的感知，二者对个体的影响是连续且关联的。所以本书在讨论个体因素与年长员工适应性绩效的关系时，主要关注心理因素。从第三章年长员工适应性绩效影响因素关系模型 2 可以看出，在动态环境中，工作要求和工作资源会对个体带来不同影响，工作要求会扩大个体对资源消耗程度的判断，对个体资源带来消极影响，而工作资源则能够补充资源消耗，对个人资源带来积极影响。

第三章关于年长员工适应性绩效影响因素的研究表明，心理因素可分为个体心理资源和个体心理要求两个方面，个体心理资源主要包含职业自信、乐观性和开放性，个人心理要求中表现较突出的是职业使命感。从年长员工人力资源优势来说，工作经验及知识技术的积累使员工在工作中具有较高的职业自信、乐观和开放性。当职业自信、乐观和开放性水平较高时，年长员工通常能够更快地获得信息、分析问题、得出应对策略，因此表现出更高的适应性。由于心理资本通常用于描述个体的自信、乐观、希望和韧性，因此本书选择心理资本因素作为个人资源进入年长员工适应性绩效形成机制。

心理资本（Psychological Capital）是 Luthans 等（2004）提出并延伸到人力资源管理领域的概念。心理资本指个体在成长和发展过程中表现出来的一种积极心理状态，是超越人力资本和社会资本的核心心理要素，是促进个人成长和绩效提升的心理资源（Cai 等，2019）。心理资本包含自信、乐观、希望和韧性四个维度。实际上，很多研究已经验证了个人资源、工作资源、工作要求与员工工作态度和行为之间的关系，并认为个人资源在 JD-R 模型中起到更多样的作用。例如，Riolli 和 Savicki（2003）研究证明，工作资源能够调节个人资源与压力之间的关系，即当工作资源不足时，个人资源对压力的影响更加显著；Xanthopoulou 等（2009）进一步验证工作资源、个人资源和工作投入之间的交互作用，验证了工作和个人资源对工作参与度的正向影响，以及工作资源和个人资源之间相互正向影响关系。心理资本作为重要的个人资源，已被部分研究验证了其对年长员工和员工绩效的影响，以及在工作特征与员工行为之间的中介作用。例如，赵简等（2013）将心理资本作为中介变量，验证了工作要求和工作资源对工作家庭双向冲突的影响，以及心理资本在激励过程中的中介作用。研究表明，来自领导的支持和一些积极的工作特征（工作自主性、反馈、技能多样性）能够提高员工的心理资本对员工创造力的积极作用。本书认为年长员工心理资本是建立在情境基础上的，当任务和工作变化导致年长员工角色压力感知水平较高时，会消耗更多的个体资源，使员工表现出较低的职业自信、乐观及开放性，并进一步对适应性绩效产生消极影响。当员工能够感受到来自同事和领导的理解、尊重与支持时，往往会增强员工的职业自信、乐观及开放性，并进一步对适应性绩效产生积极影响。由此，本书提出如下假设：

假设3：心理资本在角色压力和年长员工适应性绩效的关系中起中介作用。

假设4：心理资本在社会支持和年长员工适应性绩效的关系中起中介作用。

## 三、职业使命感的调节作用

有关JD-R模型的应用研究多关注于工作要求、工作资源和工作投入或员工行为的交互关系上，并试图将更多的个人、组织、工作等层面的因素引入模型中。近年来，有研究者开始进一步探索除工作资源、工作要求、个人资源外的其他因素在模型中的角色和作用。例如，与个人资源相对的个人要求，以及与家庭有关的家庭资源和家庭要求（Bakker和Demerouti，2017）。个人要求是相对于个人资源而言的，通常情况下工作要求和工作资源被视为构成了员工工作环境，属于外部压力源，而个人资源和个人要求则被视为构成了员工个体能力，属于内部压力源。根据第三章年长员工适应性绩效影响因素关系模型2可以看出，个人资源在工作中扮演着与工作资源相同的角色，即为员工提供支持或帮助员工发展的那些因素。个人要求则相对于工作要求来说，通常与那些消耗和成本投入有关。根据工作调整理论可知，个人调整的激发是由环境满足个人要求及个人满足环境要求两个前提构成的，如果说适应性是个体与环境互动中寻求匹配的过程和结果，那么工作要求与个人资源之间的互动就是为了达到个人对环境的匹配，个人要求与工作要求之间的互动是为了达到环境对人的匹配。因此，本书认为基于 JD-R 模型探讨适应性绩效时应该将个人要求考虑在内，来满足个人基于要求做出调整的动机条件。

第三章关于年长员工适应性绩效影响因素的研究发现，个体因素中的心理因素除包含个人资源因素外还包括个人要求因素，而对年长员工来说动态环境下的职业使命感对其适应性过程影响较为突出。职业使命感与个体的工作价值观有关，对职业使命感概念的理解也可以从损耗和成长两个角度出发，一方面职业使命感体现了个体对寻找真实自我的愿望，能够促进个体的自我发展与实现（黄丽等，2019）；另一方面职业使命感作为一种自我高标准要求，在实现过程中必然需要做出一些牺牲或资源的消耗。可以看出职业使命感是个体在长期的环境互动中形成的自我要求及其标准，研究者就职业使命感对工作投入或压力的影响具有不同观点，一些研究者认为职业使命感能够带来积极影响，如黄丽等（2019）的研究表明，职业使命感对工作投入有积极影响，而组织支持能够提高员工的职业使命感，进而影响员工的工作投入。但一些研究则认为职业使命感会给个体带来更多负担，如 Hirschi 等（2019）以年长员工为研究对象，关注到职业使命感的潜在负面影响，他们认为职业使命感能够增加和消耗工作中的个人资源，从而导致年长员工与工作和非工作环境的冲突。

虽然众多研究表明了职业使命感对个体和组织的积极影响，但较少研究注意到这种影响的年龄差异。从年龄的角度来看，高使命感个体很可能在工作和任务处理中表现出更高的责任感和奉献精神，该驱动下的年长员工通常愿意花费更多的时间和精力在工作中以保证完美的工作质量和效率，会导致他们对工作要求的放大和对工作资源、个人资源的快速损耗。这对倾向于资源限制输出的年长员工来说是一种挑战，因为即使是工作经验和知识库足够丰富，年长员工也希望将有限的时间投入到某些重要的领域中。因此本书认为对动态环境下的年长员工来说，职业使命感高的个体，倾向于放大工作要求，加速对个人资源的损耗，同时减弱同等程度工作资源对个人资源的补充力度。由此，本书提出如下假设：

假设 5：职业使命感对角色压力和心理资本间的关系有正向调节作用。

假设 6：职业使命感对社会支持和心理资本间的关系有负向调节作用。

## 四、高绩效工作系统的调节作用

在影响年长员工适应性绩效的关键因素中，还有年龄氛围这一子分类。通过调查发现，尽管年龄氛围与工作环境息息相关，但员工对年龄氛围的感知的形成实际上是来自多方面的。根据社会认同理论，社会范畴先于个人而存在，当个人进入社会，人们的身份或自我意识在很大程度上来自他们所属的社会类别。当人们完成自我分类后，会将符合内群体的特征赋予自我，个体会把内群体和外群体的区别最大化，增强自我和组内成员之间感知的相似性，并且倾向于将这一团体与其他团体进行比较，这样就产生了不对称的群体评价和行为，形成了群体内认同和群体外偏见。年龄作为一个常见的群体分类标准，在社会和组织中深刻影响着个体。有关年龄歧视、年龄刻板印象、年龄定型观念的研究指出，组织中的年龄群体划分和群体间的偏见是一个客观存在的现实，它不仅影响着组织和管理者对不同年龄群体的态度和管理策略，也影响着年长员工自身的工作态度和行为（Hess 等，2017）。与组织文化不同的是，年龄氛围是一种暗示性的存在，往往通过其他年龄群体的态度、组织政策的倾斜、内部资源和机会分配机制等方面体现，并最终潜移默化地改变员工对年龄群体的认知和自我评价，导致员工在工作中的价值观、自我效能、处事方式等发生变化，进而影响了员工的工作行为和工作绩效。根据第三章年长员工适应性绩效影响因素关系模型 5 可以看出，组织年龄氛围是在环境和个体共同作用下产生的，并反过来影响员工对环境、个体心理和生理的感知，在适应性绩效中扮演重要角色。所以本书将组织年龄氛围因素引入年长员工适应性绩效形成机制当中。

在第三章的影响因素分析中发现，年长员工年龄氛围主要来自晋升和资源分配的公平性感知上，并且与组织的管理和政策制度密切相关。高绩效工作系统（High Performance Work System，HPWS）是组织实行的一整套人力资源管理实践，旨在提高员工素质、动机和参与度（Chiang 等，2015）。其内容主要包括针对员工设计和投资的就业保障、广泛的培训、信息共享等。良好的高绩效工作系统能够通过公平的资源配置及晋升考核为年长员工提供延长职业寿命、促进自我成长的必要支持（Miao 和 Cao，2019），并使其在面对变化时表现更好。因此，本书选择高绩效工作系统作为组织年龄氛围因素，考察其与工作资源、工作要求、个人资源和适应性绩效之间的关系。

研究表明，不同的高绩效工作系统会营造不同的组织行为规范和年龄氛围，进而影响员工的工作态度和行为，并在员工绩效上有所体现。例如，周菲和张传庆（2012）的研究表明，HRWS 能够提高员工的心理资本，进而对员工的工作行为（角色内行为、组织公民行为）具有积极影响；Chiang 等（2015）认为 HPWS 能够通过促进员工与同事的信息交换水平进而增强员工心理能力来激发创造力；Stirpe 等（2018）探讨了高绩效工作系统与灵活工作程序对年长员工保留的作用，发现随着年龄增长，高绩效工作系统对员工的保留效果更好；Cooke 等（2019）以中国员工为样本调查个体灵活性与高绩效工作系统之间的关系，结果发现 HPWS 与员工灵活性、敬业度之间存在正相关关系，并且作为个人资源的员工灵活性是 HPWS 与敬业度的中介变量。因此，基于影响因素关系模型 5，本书认为当员工感知 HPWS 水平较低时，会导致员工的不满和抱怨，进而可能带来消极的工作态度和行为，这些需要消耗更多员工的个人资源进行心理和情绪的调整，影响员工将有限的个人资源集中于解决适应性事件上，产生较低的适应性绩效。而当员工感知 HPWS 水平较高时，会一定程度上消除基于年龄的消极自我评价和认知，在此情况下，年长员工不需要消耗更多的个人认知资源、情绪资源等来进行身份调整和情绪管理，能够更加集中精力完成工作要求或解决突发问题，提高其适应性绩效。由此，本书提出如下假设：

假设 7：高绩效工作系统对心理资本与适应性绩效的关系有正向调节

作用。

　　基于以上研究假设，构建年长员工适应性绩效形成机制模型，如图 5-1 所示。

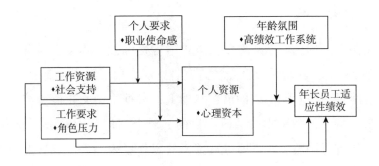

图 5-1　年长员工适应性绩效形成机制模型

# 第二节　研究设计

## 一、研究目的

　　基于第三章所得的年长员工适应性绩效的影响因素体系和影响因素关系模型，本章根据工作要求—资源模型、工作调整理论和社会认同理论构建了年长员工适应性绩效的形成机制模型，共包含 7 个假设，涉及工作资源（社会支持）、工作要求（角色压力）、个人资源（心理资本）、个人要求（职业使命感）、年龄氛围（高绩效工作系统）及适应性绩效 6 个变量。最终通过数据调查和分析，验证社会支持、角色压力对适应性绩效的影响关系；心理资本在社会支持、角色压力与适应性绩效间的中介作用；职业使命感对社会支持、角色压力与心理资本关系的调节作用；高绩效工作系统对心理资本与适应性绩效关系的调节作用。本书展开正式问卷调查的步骤为：①确定研究对象，进行问卷调查和数据收集工作；②对所收集的数据进行信度、效度、相关性等分析；③通过回归分析等对模型进行检验。

## 二、研究工具

在测量工具的选取上，除年长员工适应性绩效是本书自行开发，其余5个研究变量的工具均采取已经被研究者广泛应用、得到验证的成熟量表。同时，在尽量保证对原量表的借鉴基础上，根据中国文化语境特点和年长员工的群体特点，围绕本书的研究目的，对个别量表中的语言表述方式、题项顺序等进行调整。对需要进行翻译的国外量表，为了保证翻译质量和语义还原度，将其翻译成中文的量表交由3名相关专业的同学和3名年长员工审阅，通过其对量表的理解，对翻译的量表进行修改优化，以保证对原量表的真实呈现。

（一）社会支持测量工具

社会支持采用由 Grandey 和 Cropanzano（1999）开发的社会支持量表，包括领导支持和同事支持两个维度，共有10个项目。其中 SS1-SS5 为领导支持，SS6-SS10 为同事支持，内容如表5-1所示。

表5-1　社会支持量表

| 编号 | 题项 |
|---|---|
| SS1 | 当出现困难时，我可以向我的领导寻求帮助 |
| SS2 | 和我的领导进行交谈是件很容易的事 |
| SS3 | 解决某项困难之后，我可以和我的领导就此事进行讨论 |
| SS4 | 需要解决某项困难时，我的领导会向我提供帮助 |
| SS5 | 当我需要休息时，领导会尽量接手我的工作 |
| SS6 | 当出现困难时，我可以向我的同事寻求帮助 |
| SS7 | 和我的同事进行交谈是件很容易的事 |
| SS8 | 解决某项困难之后，我可以和同事就此事进行讨论 |
| SS9 | 需要解决某项困难时，我的同事会向我提供帮助 |
| SS10 | 当我需要休息时，同事会尽量接手我的工作 |

（二）角色压力测量工具

角色压力采用李超平和张翼（2009）开发的角色压力量表，共包含角色冲突（JS1-JS3）、角色模糊（JS4-JS8）、角色负荷（JS9-JS13）三个维度共 13 个题项，内容如表 5-2 所示。

表 5-2　角色压力量表

| 编号 | 题项 |
|------|------|
| JS1 | 我经常要面对一些工作要求之间彼此冲突的情形 |
| JS2 | 我从两个或者更多的人那里接收到互相矛盾的要求 |
| JS3 | 我不得不去面临一些不同的情形，并以不同的方式来做这些事情 |
| JS4 | 我的工作有明确的、计划好的目标与目的 |
| JS5 | 我确切地了解单位对我的期望是什么 |
| JS6 | 我知道我的职责是什么 |
| JS7 | 我非常明确我承担多大的责任 |
| JS8 | 我的职责有明确的界定 |
| JS9 | 很需要减轻我的部分工作 |
| JS10 | 在工作中，我感觉负担过多 |
| JS11 | 我承担了太多的职责 |
| JS12 | 我的工作负担太重 |
| JS13 | 我所承担的工作量太大，以至于我不能保证工作的质量 |

（三）职业使命感测量工具

职业使命感量表采用 Dobrow 和 Tosti-Kharas（2011）开发的包括 12 个题项的量表，如表 5-3 所示，该量表是基于对来自 4 个不同行业的 1500 个样本的调查所得。

表 5-3　职业使命感量表

| 编号 | 题项 |
|------|------|
| PM1 | 我热爱从事目前的工作 |
| PM2 | 与其他事相比，我更喜欢我的工作 |
| PM3 | 现在的工作给了我巨大的个人满足感 |

续表

| 编号 | 题项 |
|------|------|
| PM4 | 我愿意为了我的工作做出牺牲 |
| PM5 | 我经常用工作身份向别人介绍我自己 |
| PM6 | 即使受到巨大阻碍，我也会继续从事现在的工作 |
| PM7 | 工作已经成为我生命中的重要部分 |
| PM8 | 我觉得自己就是为了从事目前的工作而生的 |
| PM9 | 工作总是以某种形式存在于我的脑海中 |
| PM10 | 我会经常思考有关工作的事情，即使是在非工作时间 |
| PM11 | 如果不做现在的工作的话，我的存在将不会那么有意义 |
| PM12 | 从事目前的工作，将成为令我满意和感动的经历 |

（四）心理资本测量工具

心理资本量表采用 Luthans 等（2006）设计的，由李超平和张翼（2009）翻译后形成了包含 4 个维度 24 个题项的量表。4 个维度分别是自信（PC1-PC6）、希望（PC7-PC12）、乐观（PC13-PC18）与坚韧（PC19-PC24），内容如表5-4所示。

表5-4　心理资本量表

| 编号 | 题项 |
|------|------|
| PC1 | 在我的工作范围内，我相信自己能够设定恰当的目标 |
| PC2 | 我相信自己能分析长远的问题，并找到解决方案 |
| PC3 | 我相信自己能在对公司经营与发展的战略商讨中有贡献 |
| PC4 | 我相信自己能够和公司外部的人保持良好联系，并讨论问题 |
| PC5 | 与领导开会时，我相信自己能够陈述自己工作范围之内的事情 |
| PC6 | 我相信自己能够较好地向同事陈述事实与信息 |
| PC7 | 目前，我正在实现为自己所设定的工作目标 |
| PC8 | 目前，我正在精力充沛地完成自己的工作目标 |
| PC9 | 目前，我认为自己在工作上表现得相当成功 |
| PC10 | 我认为任何问题都有很多解决方法 |

续表

| 编号 | 题项 |
|------|------|
| PC11 | 如果我的工作陷入困境，我能想出来很多办法解决 |
| PC12 | 我能想出很多办法来实现目前的工作目标 |
| PC13 | 在工作中，当遇到不确定的事情时，我通常期望最好的结果 |
| PC14 | 如果某件事情会出错，可以通过努力纠正 |
| PC15 | 对自己的工作，我总是看到事情光明的一面 |
| PC16 | 对我的工作未来会发生什么，我是乐观的 |
| PC17 | 在我目前的工作中，事情总是像我希望的那样发展 |
| PC18 | 工作时，我总相信"黑暗的背后就是光明，不用悲观" |
| PC19 | 在工作中遇到挫折时，我很快从中恢复过来，并继续前进 |
| PC20 | 在工作中，我无论如何都会去解决所遇到的难题 |
| PC21 | 在工作中，面对不得不去做的事情，我也能独立应战 |
| PC22 | 我通常能够对工作中的压力泰然处之 |
| PC23 | 因为以前经历过很多磨难，所以我现在能挺过工作上的困难时期 |
| PC24 | 在目前的工作中，我觉得自己能够同时处理很多事情 |

（五）高绩效工作系统测量工具

高绩效工作系统的测量借鉴 Xiao 和 Björkman（2006）的研究，基于对中国员工的调查和检验形成了包含 15 个题项的单维结构量表，内容如表 5-5 所示。

表 5-5　高绩效工作系统量表

| 编号 | 题项 |
|------|------|
| HPWS1 | 我所在的组织会优先选择内部晋升 |
| HPWS2 | 我所在的组织招聘流程全面 |
| HPWS3 | 我所在的组织会对员工进行广泛的培训和社会拓展 |
| HPWS4 | 我所在的组织不会轻易解雇员工 |
| HPWS5 | 我所在的组织采取轮岗制扩大员工工作范围 |
| HPWS6 | 我所在的组织相对于个人表现，更关注团队绩效 |

| 编号 | 题项 |
|---|---|
| HPWS7 | 我所在的组织绩效评估以工作态度和行为为导向，而不是以结果为导向 |
| HPWS8 | 我所在的组织会向员工提供反馈以促进个人的发展 |
| HPWS9 | 我所在的组织具有较高的薪酬和福利水平 |
| HPWS10 | 我所在的组织采用股权、期权或利润分配来激励员工 |
| HPWS11 | 我所在的组织努力促进员工在收入、地位和文化上的平等性 |
| HPWS12 | 我所在的组织通过多种形式倾听员工的声音（如谏言、申诉系统、士气调查） |
| HPWS13 | 我所在的组织促进开放式交流和广泛的信息共享 |
| HPWS14 | 我所在的组织与员工建立共同目标 |
| HPWS15 | 我所在的组织更看重团队的成功，而非个人成功 |

# 第三节　正式问卷调研的实施

## 一、问卷的发放与数据搜集工作

本次调研数据的方式包括三种：一是通过网络平台的问卷链接向周边的人发放；二是通过到个别组织和街头走访获得问卷；三是通过网络收费平台批量获取相关样本数据。第一，网络平台的问卷调研是本次调查的重要数据来源，将问卷题项导入问卷调查平台问卷星后，通过笔者的社会关系，积极发动亲朋好友填写并转发。为了保证样本可靠性，在电子问卷中设立两个限制选项：一是对于选择"小于45岁"的被调查者直接结束问卷填写；二是同一电脑、手机 IP 只能填写 1 份问卷。为了提高被调查者填写问卷的积极性，通过问卷星平台设立问卷红包，每位填写者在完成问卷填写后，都能够获得一份 1~5 元不等的红包。该方法收集数据较慢，共收回问卷178份。第二，现场问卷调查是与网络平台问卷调查同时期展开的，为了进一步扩大调查面获得更多的样本量，研究者首先利用到郑州、昆明的机会，通过同学朋友的介绍，到一些组织中现场调查。还会利用外出机会展开街头调查，购买笔记本和T恤作为小礼物回馈配合的被调查者。现场调查的效率较低，耗费的时间和精力较大，但有效回收率较高，共获得86份问卷。第三，由于前期调查问卷回收量不能满足需求，通过网络平台的收费渠道补充问卷500份，网络收费平台的优点在于效率高，回收率高，但回收的无效问卷数量较多，去掉无效问卷132份，有效回收率为73.6%。在2020年3月再次通过网络平台渠道补充问卷获取400份问卷，去掉110份无效问卷，获得有效问卷290份，有效回收率为72.5%。通过两阶段调研，共回收1164份问卷。对问卷数据进行初步清理，去除有大量空白、答案完全一样、关键信息缺失（年龄没有填写）等无效问卷共292份，有效问卷共872份，总体有效回收率为74.9%。其中网络平台转发途径获得178份问卷，去掉无效问卷40份，现场调查获得的86份问卷，去掉无效问卷10份，第一次网络平台获得的500份问卷，去掉无效问卷132份，第二次网络平台获得的400份问卷，去掉无效问卷110份。

## 二、样本描述性统计分析

对样本的性别、年龄、工作年限（目前所处组织）、学历、组织性质、所处行业和岗位级别信息进行统计，基本情况如表5-6所示。

表5-6　样本描述性统计

| 变量 | 属性 | 样本量（个） | 比例（%） |
|------|------|------|------|
| 性别 | 男 | 308 | 35.32 |
| | 女 | 564 | 64.68 |
| 年龄（岁） | 45~50 | 360 | 41.28 |
| | 51~55 | 343 | 39.33 |
| | 56及以上 | 169 | 19.38 |

续表

| 变量 | 属性 | 样本量（个） | 比例（%） |
|------|------|------|------|
| 工作年限（年） | 5 及以下 | 75 | 8.60 |
| | 6~10 | 179 | 20.53 |
| | 11~20 | 304 | 34.86 |
| | 21~30 | 216 | 24.77 |
| | 31 及以上 | 98 | 11.24 |
| 学历 | 高中及以下 | 198 | 22.71 |
| | 中专或大专 | 149 | 17.09 |
| | 本科 | 366 | 41.97 |
| | 硕士及以上 | 159 | 18.23 |
| 组织性质 | 国有企业 | 181 | 20.76 |
| | 民营企业 | 247 | 28.33 |
| | 政府机关 | 106 | 12.16 |
| | 事业单位 | 174 | 19.95 |
| | 其他 | 164 | 18.81 |
| 所处行业 | 农、林、牧、渔、采矿 | 57 | 6.54 |
| | 生产、制造业 | 127 | 14.56 |
| | 建筑、租赁、房地产业 | 73 | 8.37 |
| | 批发零售、交通物流 | 50 | 5.73 |
| | 金融、保险业 | 115 | 13.19 |
| | 信息、咨询、教育业 | 218 | 25.00 |
| | 餐饮、卫生、娱乐、公共服务业 | 232 | 26.61 |
| 岗位级别 | 基层员工 | 428 | 49.08 |
| | 基层领导 | 178 | 20.41 |
| | 中层干部 | 184 | 21.10 |
| | 高层管理者 | 82 | 9.40 |

从表5-6可以看出，在此次调查中，性别上，男性占比35.32%，女性占比64.68%；45~50岁样本最多，占41.28%，其次是51~55岁，占39.33%，50岁左右的样本量增多可能与本次调查以网络调查法为主有关；

工作年限的情况以 6~30 年为主，这符合员工正常的职业生涯规划周期；学历调查中，本科占比最高，为 41.97%，其次为高中及以下，为 22.71%，这是因为调查中发动笔者的同学和朋友，这些人的学历大多为本科以上；组织性质中，以民营企业、国有企业及事业单位为主，分别占比 28.33%、20.76% 和 19.95%；所处行业以服务业、信息教育和制造业等为主，占总体的 60% 以上；岗位级别上以基层员工为主体，占总体的 49.08%，其次为基层管理者和中层管理者，分别占总体的 20.41% 和 21.10%。综合来看，本次调查样本人口特征分布较为合理，具有一定的代表性。

# 第四节　问卷信效度分析

## 一、信度分析

信度主要反映量表所测数据的一致性和可靠性，采用 Cronbach'α 系数进行衡量，信度越大，说明量表可靠程度就越高。当 α 系数大于 0.7 时就说明其信度较好，大于 0.8 则表示量表信度较高。采用 SPSS 25.0 得出的分析结果如表 5-7 所示。

表 5-7　正式问卷各量表的信度分析

| 量表/变量 | 题项数 | 编号 | α 系数 |
|---|---|---|---|
| **社会支持** | 10 | | **0.826** |
| 领导支持 | 5 | SS1~SS10 | 0.884 |
| 同事支持 | 5 | | 0.883 |

续表

| 量表/变量 | 题项数 | 编号 | α 系数 |
|---|---|---|---|
| **角色压力** | 13 | | **0.810** |
| 角色冲突 | 3 | JS1-JS13 | 0.835 |
| 角色模糊 | 5 | | 0.882 |
| 角色负荷 | 5 | | 0.882 |
| **职业使命感** | 12 | PM1-PM12 | **0.940** |
| **心理资本** | 24 | | **0.859** |
| 自信 | 6 | | 0.896 |
| 希望 | 6 | PC1-PC24 | 0.894 |
| 乐观 | 6 | | 0.899 |
| 坚韧 | 6 | | 0.895 |
| **高绩效工作系统** | 15 | HPWA1-HPWA15 | **0.950** |
| **适应性绩效** | 16 | | **0.790** |
| 年龄角色融合 | 4 | | 0.864 |
| 工作应变与改进 | 4 | AP1-AP16 | 0.857 |
| 学习意愿与能力 | 4 | | 0.873 |
| 人际与文化促进 | 4 | | 0.868 |

由表5-7可见，年长员工适应性绩效的形成机制模型共涉及6个变量。从信度分析结果来看，各量表及其变量的 α 系数均大于0.7，说明各量表的信度较好，内部一致性较高，符合信度检验要求。

## 二、验证性因子分析（CFA）

验证性因子分析用于检验探索性因子分析中所得到的因子结构模型是否与实际数据相适配，指标变量是否可以有效地作为因素构念的测量指标。因此，验证性因子分析反映的是观察变量和潜变量之间的内在关系。模型整体适配度或拟合优度的判断指标及其标准为卡方自由度比，也称规范卡方（Normed Chi-square，NC），NC 数值越小，表示假设模型与观察数据越适配，当 1<NC<3，模型有简约适配程度；NC>5，模型需要修正。适配度指数（Goodness-of-Fit Index，GFI），一般要求 GFI>0.8。比较拟合指数（Comparative Fit Index，CFI），一般要求 CFI＞0.9；规范拟合指数（Normed Fit Index，NFI），一般要求 CFI>0.9；非规准拟合指数（Tacker-Lewis Index，TLI），一般要求 TLI＞0.9。近似误差的均方根（Root Mean Square Error of Approximation，RMSEA），一般要求 RMSEA<0.08。接下来对适应性绩效影响模型中的 6 个变量进行 CFA 分析。

（一）社会支持量表的 CFA 模型

社会支持包括领导支持和同事支持两个潜变量，其中领导支持包括 SS1-SS5 5 个观察变量，同事支持包括 SS6-SS10 5 个观察变量。社会支持量表的验证性因子分析概念图和分析结果如图 5-2 和表 5-8 所示。

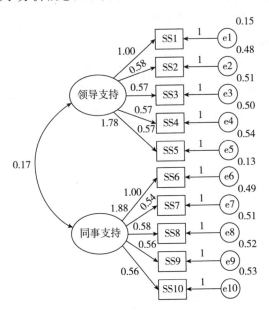

图 5-2　社会支持量表验证性因子分析模型

表 5-8　社会支持整体拟合系数

| 维度 | AVE | CR | $\chi^2$/df | RMSEA | GFI | CFI | NFI | TLI |
|---|---|---|---|---|---|---|---|---|
| 领导支持 | 0.6807 | 0.9139 | 2.679 | 0.044 | 0.980 | 0.988 | 0.982 | 0.985 |
| 同事支持 | 0.6805 | 0.9138 | | | | | | |

社会支持量表的 Cronbach'α 系数为 0.826（>0.7），信度较好。对社会支持量表的探索性因子分析结果 KMO 为 0.843，Bartlett 球形检验为 4922.977（p<0.001），采用主成分分析法抽取 2 个特征值大于 1 的因子，解释总方差的 68.6%，各题项的共同度在 0.628~0.874，大于 0.5，因子载荷在 0.789~0.935。社会支持的一阶验证性因子分析结果表明 $\chi^2/df$ = 2.679（<3），适配理想；GFI = 0.980，CFI = 0.988，NFI = 0.982，TLI = 0.985，RMSEA = 0.044（<0.05）。其中领导支持的组合信度（CR）为 0.9139（>0.6），平均变异抽取量（AVE）为 0.6807（>0.5）；同事支持的组合信度（CR）为 0.9138（>0.6），平均变异抽取量（AVE）为 0.6805（>0.5）。综上认为，社会支持量表具有较好的聚敛效度，结构较为合理。

（二）角色压力量表的 CFA 模型

角色压力量表共包含三个潜变量，分别为角色冲突、角色模糊、角色负荷，其中角色冲突包括 JS1—JS3 3 个观察变量，角色模糊包括 JS5—JS8 5 个观察变量，角色负荷包括 JS9—JS13 5 个观察变量。角色压力量表的验证性因素分析概念图和分析结果如表 5-9 和图 5-3 所示。

表 5-9　角色压力整体拟合系数

| 维度 | AVE | CR | $\chi^2/df$ | RMSEA | GFI | CFI | NFI | TLI |
|------|------|------|------|------|------|------|------|------|
| 角色冲突 | 0.7498 | 0.8997 | | | | | | |
| 角色模糊 | 0.6733 | 0.9112 | 2.608 | 0.043 | 0.972 | 0.984 | 0.974 | 0.979 |
| 角色负荷 | 0.6752 | 0.9118 | | | | | | |

角色压力量表的 Cronbach'α 系数为 0.810（>0.7），信度较好。对角色压力量表的探索性因子分析结果 KMO 为 0.808，Bartlett 球形检验为 6154.097（p<0.001），采用主成分分析法抽取 3 个特征值大于 1 的因子，解释总方差的 70.1%，各题项的共同度在 0.613~0.870，大于 0.5，因子载荷在 0.771~0.935。角色压力的一阶验证性因子分析结果表明 $\chi^2/df$ = 2.608（<3），适配理想；GFI = 0.972，CFI = 0.984，NFI = 0.974，TLI =

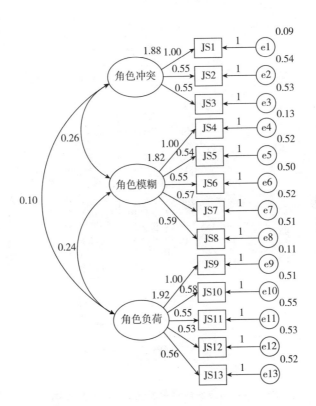

**图 5-3　角色压力量表验证性因子分析模型**

0.979，RMSEA = 0.043（<0.05）。其中角色冲突的组合信度（CR）为
0.8997（>0.6），平均变异抽取量（AVE）为 0.7498（>0.5）；角色模糊
的组合信度（CR）为 0.9112（>0.6），平均变异抽取量（AVE）为
0.6733（>0.5）；角色负荷的组合信度（CR）为 0.9118（>0.6），平均
变异抽取量（AVE）为 0.6752（>0.5）。综上所述，认为角色压力量表具
有较好的聚敛效度，结构较为合理。

（三）职业使命感

职业使命感量表作为一个潜变量，包含 PM1-PM12 12 个观察变量。
职业使命感量表的验证性因子分析概念图和分析结果如图 5-4 和表 5-10
所示。

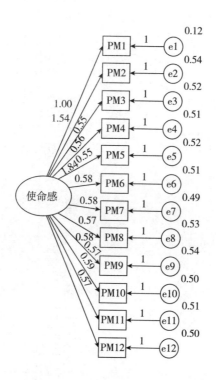

**图 5-4　职业使命感量表验证性因子分析模型**

**表 5-10　职业使命感整体拟合系数**

| 维度 | AVE | CR | $\chi^2/df$ | RMSEA | GFI | CFI | NFI | TLI |
|---|---|---|---|---|---|---|---|---|
| 职业使命感 | 0.6036 | 0.9479 | 0.971 | 0.0001 | 0.990 | 1.000 | 0.992 | 1.000 |

职业使命感量表的 Cronbach'α 系数为 0.940（>0.7），信度较好。对职业使命感量表的探索性因子分析结果 KMO 为 0.969，Bartlett 球形检验为 6871.527（p<0.001），采用主成分分析法抽取 1 个特征值大于 1 的因子，解释总方差的 60.36%，各题项的共同度在 0.539~0.900，大于 0.5，因子载荷在 0.734~0.949。职业使命感的一阶验证性因子分析结果表明 $\chi^2/df=$ 0.0971（<3），适配理想；GFI=0.990，CFI=1.000，NFI=0.992，TLI= 1.000，RMSEA=0.0001（<0.05）。职业使命感的组合信度（CR）为

0.9479（>0.6），平均变异抽取量（AVE）为 0.6036（>0.5）。综上所述，认为职业使命感量表具有较好的聚敛效度，结构较为合理。

（四）心理资本

心理资本量表共包含 4 个潜变量，分别为自信、希望、乐观、坚韧，其中自信包括 PC1-PC6 6 个观察变量，希望包括 PC7-PC12 6 个观察变量，乐观包括 PC13-PC18 6 个观察变量，坚韧包括 PC19-PC24 6 个观察变量。心理资本量表的验证性因子分析概念图和分析结果如图 5-5 和表 5-11 所示。

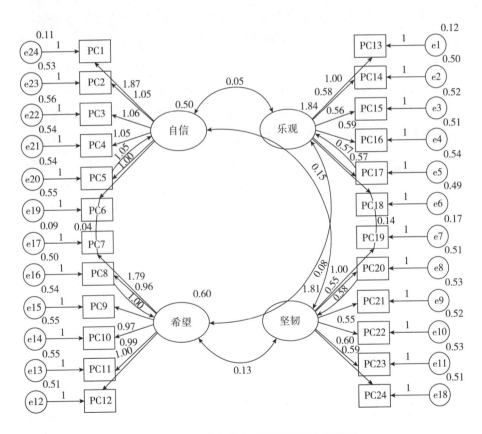

图 5-5　心理资本量表验证性因子分析模型

表 5-11　心理资本整体拟合系数

| 维度 | AVE | CR | $\chi^2/df$ | RMSEA | GFI | CFI | NFI | TLI |
|---|---|---|---|---|---|---|---|---|
| 自信 | 0.6508 | 0.9175 | | | | | | |
| 希望 | 0.6436 | 0.915 | 2.142 | 0.036 | 0.950 | 0.977 | 0.959 | 0.975 |
| 乐观 | 0.6596 | 0.9204 | | | | | | |
| 坚韧 | 0.642 | 0.9145 | | | | | | |

　　心理资本量表的 Cronbach'α 系数为 0.859（>0.7），信度较好。对心理资本量表的探索性因子分析结果 KMO 为 0.871，Bartlett 球形检验为 12583.631（p<0.001），采用主成分分析法抽取 4 个特征值大于 1 的因子，解释总方差的 66.16%，各题项的共同度在 0.593~0.887，大于 0.5，因子载荷在 0.758~0.943。心理资本的一阶验证性因子分析结果表明 $\chi^2/df$ = 2.142（<3），适配理想；GFI = 0.950，CFI = 0.977，NFI = 0.959，TLI = 0.975，RMSEA = 0.036（<0.05）。其中自信的组合信度（CR）为 0.9175（>0.6），平均变异抽取量（AVE）为 0.6508（>0.5）；希望的组合信度（CR）为 0.915（>0.6），平均变异抽取量（AVE）为 0.6436（>0.5）；乐观的组合信度（CR）为 0.9204（>0.6），平均变异抽取量（AVE）为 0.6596（>0.5）；坚韧的组合信度（CR）为 0.9145（>0.6），平均变异抽取量（AVE）为 0.642（>0.5）。综上认为，心理资本量表具有较好的聚敛效度，结构较为合理。

　　（五）高绩效工作系统

　　高绩效工作系统作为一个单独的潜变量，共包含 HPWA1-HPWA15 15 个观察变量，高绩效工作系统的验证性因子分析结果和分析概念图如表 5-12 和图 5-6 所示。

表 5-12　高绩效工作系统整体拟合系数

| 维度 | AVE | CR | $\chi^2/df$ | RMSEA | GFI | CFI | NFI | TLI |
|---|---|---|---|---|---|---|---|---|
| 高绩效工作系统 | 0.5863 | 0.9549 | 0.983 | 0.0001 | 0.987 | 1.000 | 0.990 | 1.000 |

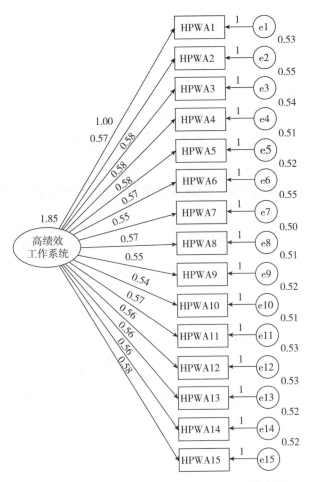

图 5-6　高绩效工作系统量表验证性因子分析模型

　　高绩效工作系统量表的 Cronbach'α 系数为 0.950（>0.7），信度较好。对高绩效工作系统量表的探索性因子分析结果 KMO 为 0.979，Bartlett 球形检验为 8680.150（p<0.001），采用主成分分析法抽取 1 个特征值大于 1 的因子，解释总方差的 58.64%，各题项的共同度在 0.544~0.907，大于 0.5，因子载荷在 0.734~0.952。高绩效工作系统的一阶验证性因子分析结果表明 $\chi^2/df=0.983$（<3），适配理想；GFI=0.987，CFI=1.000，NFI=0.990，TLI=1.000，RMSEA=0.0001（<0.05）。经过计算，组合信度（CR）为 0.9549，大于 0.6；平均变异抽取量（AVE）为 0.5863，大

于 0.5 的标准。综上认为，高绩效工作系统量表具有较好的聚敛效度，结构较为合理。

（六）适应性绩效

适应性绩效量表共包含 4 个潜变量，分别为年龄角色融合、工作应变与改进、学习意愿与能力和人际与文化促进，其中年龄角色融合包括 AP1-PC4 4 个观察变量，工作应变与改进包括 AP5-PC8 4 个观察变量，学习意愿与能力包括 AP9-PC12 4 个观察变量，人际与文化促进包括 AP13-PC16 4 个观察变量。适应性绩效量表的验证性因子分析概念图和分析结果如图 5-7 和表 5-13 所示。

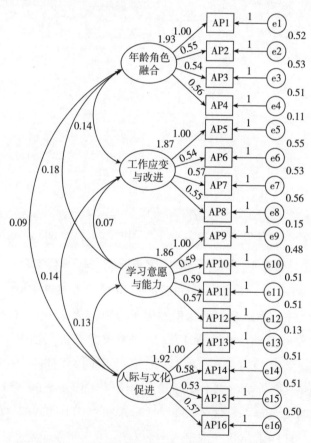

图 5-7　适应性绩效量表验证性因子分析模型

表 5-13　适应性绩效整体拟合系数

| 维度 | AVE | CR | $\chi^2/df$ | RMSEA | GFI | CFI | NFI | TLI |
|------|-----|----|----|------|-----|-----|-----|-----|
| 年龄角色融合 | 0.7077 | 0.9061 | | | | | | |
| 工作应变与改进 | 0.6954 | 0.9009 | 2.643 | 0.043 | 0.962 | 0.978 | 0.966 | 0.974 |
| 学习意愿与能力 | 0.7208 | 0.9114 | | | | | | |
| 人际与文化促进 | 0.7146 | 0.9089 | | | | | | |

适应性绩效量表的 Cronbach' α 系数为 0.790 （>0.7），信度较好。对适应性绩效量表的探索性因子分析结果 KMO 为 0.781，Bartlett 球形检验为 7552.028 （p<0.001），采用主成分分析法抽取 4 个特征值大于 1 的因子，解释总方差的 72.01%，各题项的共同度在 0.646~0.873，大于 0.5，因子载荷在 0.808~0.934。适应性绩效的一阶验证性因子分析结果表明 $\chi^2/df$ = 2.643 （<3），适配理想；GFI = 0.962，CFI = 0.978，NFI = 0.966，TLI = 0.974，RMSEA = 0.043 （<0.05）。其中年龄角色融合的组合信度（CR）为 0.9061 （>0.6），平均变异抽取量（AVE）为 0.7077 （>0.5）；工作应变与改进的组合信度（CR）为 0.9009 （>0.6），平均变异抽取量（AVE）为 0.6954 （>0.5）；学习意愿与能力的组合信度（CR）为 0.9114 （>0.6），平均变异抽取量（AVE）为 0.7208 （>0.5）；人际与文化促进的组合信度（CR）为 0.9089 （>0.6），平均变异抽取量（AVE）为 0.7146 （>0.5）。综上认为，适应性绩效量表具有较好的聚敛效度，结构较为合理。

## 三、同源方差检验

同源方差（Common Methods Bias）也称共同方法变异，产生自相同测量方法或来源所带来的系统性偏差，当调查使用相同的方法或来源时变量之间很可能存在虚假相关性，导致对变量关系的误判。本次调查是在某一些集中时段采取自我报告形式调查数据，有可能产生共变问题。由于本次调查采用匿名方式在一定程度上降低被调查者的社会期许，另外进一步运用 Harman 单因素检验法对数据进行同源方差检验。Harman 单因素检验法认为如果数据中存在来自共同方法和来源所带来的同源方差，那么因素分析结果会出现一个因子或某个公因子解释值特别高的现象，一般控制在40%以下（汤丹丹和温忠麟，2020）。将6个量表中的共90个题项采用未旋转主成分分析法进行分析，结果发现 KMO 为 0.897，共提取特征值大于1的因子15个，总方差解释为66.797%，其中占比最高的公因子解释总量为15.524%，占总方差解释的23.24%（见表5-14 和表5-15），说明本次调查数据的同源方差问题在可控范围之内。

表5-14  KMO 和巴特利特球形检验

| KMO 取样适切性量数 | | 0.897 |
|---|---|---|
| 巴特利特球形检验 | 近似卡方 | 50751.032 |
| | 自由度 | 4005 |
| | 显著性 | 0.000 |

表5-15  总方差解释

| 成分 | 初始特征值 | | | 提取载荷平方和 | | |
|---|---|---|---|---|---|---|
| | 总计 | 方差百分比（%） | 累计方差百分比（%） | 总计 | 方差百分比（%） | 累计方差百分比（%） |
| 1 | 13.971 | 15.524 | 15.524 | 13.971 | 15.524 | 15.524 |
| 2 | 6.666 | 7.407 | 22.931 | 6.666 | 7.407 | 22.931 |
| 3 | 5.211 | 5.790 | 28.721 | 5.211 | 5.790 | 28.721 |
| 4 | 3.753 | 4.170 | 32.891 | 3.753 | 4.170 | 32.891 |
| 5 | 3.648 | 4.054 | 36.944 | 3.648 | 4.054 | 36.944 |
| 6 | 3.345 | 3.717 | 40.661 | 3.345 | 3.717 | 40.661 |
| 7 | 3.103 | 3.448 | 44.109 | 3.103 | 3.448 | 44.109 |
| 8 | 3.013 | 3.347 | 47.456 | 3.013 | 3.347 | 47.456 |
| 9 | 2.849 | 3.166 | 50.622 | 2.849 | 3.166 | 50.622 |
| 10 | 2.774 | 3.083 | 53.704 | 2.774 | 3.083 | 53.704 |
| 11 | 2.577 | 2.864 | 56.568 | 2.577 | 2.864 | 56.568 |
| 12 | 2.465 | 2.739 | 59.307 | 2.465 | 2.739 | 59.307 |

| 成分 | 初始特征值 | | | 提取载荷平方和 | | |
|---|---|---|---|---|---|---|
| | 总计 | 方差百分比（%） | 累计方差百分比（%） | 总计 | 方差百分比（%） | 累计方差百分比（%） |
| 13 | 2.423 | 2.692 | 61.999 | 2.423 | 2.692 | 61.999 |
| 14 | 2.276 | 2.529 | 64.528 | 2.276 | 2.529 | 64.528 |
| 15 | 2.042 | 2.269 | 66.797 | 2.042 | 2.269 | 66.797 |

注：提取方法为主成分分析法。

# 第五节　假设检验

本书基于工作要求—资源模型、工作调整理论、社会认同理论构建了工作资源（社会支持）、工作要求（角色压力）、个人资源（心理资本）对年长员工适应性绩效的影响，并进一步讨论个人要求（职业使命感）和高绩效工作系统在该过程中的调节作用，最终构建了年长员工适应性绩效形成机制模型。在经过正式问卷调查后，获得 872 份有效数据，在此基础上使用 SPSS 25.0 的 PROCESS v3.0 过程分析，对研究假设进行检验。

## 一、相关性分析

在进行回归分析之前，先进行各变量间的相关性分析，为后期的回归分析和结构方程模型构建打下基础。具体来说要对社会支持、角色压力、心理资本、职业使命感、高绩效工作系统以及适应性绩效之间的相关程度进行分析，如表 5-16 所示，适应性绩效与角色压力、社会支持、心理资本、高绩效工作系统、职业使命感之间均存在显著的相关关系。心理资本与高绩效工作系统、适应性绩效之间存在显著相关关系。

表5-16 相关性、均值及标准差

| 变量 | 性别 | 年龄 | 工作年限 | 受教育程度 | 组织性质 | 所处行业 | 岗位级别 | 社会支持 | 角色压力 | 使命感 | 心理资本 | 高绩效工作系统 | 适应性绩效 |
|---|---|---|---|---|---|---|---|---|---|---|---|---|---|
| 性别 | 1 | | | | | | | | | | | | |
| 年龄 | -0.069* | 1 | | | | | | | | | | | |
| 工作年限 | 0.048 | -0.047 | 1 | | | | | | | | | | |
| 受教育程度 | 0.018 | -0.023 | 0.012 | 1 | | | | | | | | | |
| 组织性质 | -0.008 | -0.045 | -0.031 | 0.035 | 1 | | | | | | | | |
| 所处行业 | -0.042 | 0.040 | -0.018 | -0.006 | -0.028 | 1 | | | | | | | |
| 岗位级别 | 0.050 | -0.039 | -0.047 | 0.000 | -0.027 | -0.013 | 1 | | | | | | |
| 社会支持 | 0.053 | -0.006 | 0.007 | -0.012 | 0.017 | -0.038 | 0.006 | 1 | | | | | |
| 角色压力 | 0.037 | 0.033 | 0.017 | 0.036 | -0.002 | 0.016 | 0.004 | 0.316** | 1 | | | | |
| 使命感 | 0.033 | -0.024 | -0.014 | -0.033 | -0.006 | 0.042 | 0.016 | 0.170** | 0.260** | 1 | | | |
| 心理资本 | -0.021 | 0.017 | -0.030 | 0.057 | -0.037 | -0.013 | 0.039 | 0.355** | 0.351** | 0.252** | 1 | | |
| 高绩效工作系统 | 0.078* | -0.039 | -0.015 | 0.002 | 0.032 | -0.014 | 0.017 | 0.238** | 0.243** | 0.170** | 0.281** | 1 | |
| 适应性绩效 | 0.024 | 0.008 | -0.032 | 0.050 | 0.003 | 0.017 | -0.004 | 0.312** | 0.357** | 0.252** | 0.451** | 0.310** | 1 |
| M | 1.65 | 1.78 | 3.10 | 2.56 | 2.88 | 4.86 | 1.91 | 3.1922 | 3.1770 | 3.1605 | 3.2107 | 3.1700 | 3.1633 |
| SD | 0.478 | 0.748 | 1.113 | 1.033 | 1.433 | 2.012 | 1.035 | 0.70441 | 0.63193 | 0.84471 | 0.54658 | 0.82951 | 0.56947 |

注：* 表示 $p<0.05$，** 表示 $p<0.01$，*** 表示 $p<0.001$。

## 二、心理资本的中介效应分析

中介效应（Mediator Effect）检验有多种方法，如 Baron 和 Kenny 逐步法、AMOS 结构方程法、Mplus 等。为了更好地验证心理资本在角色压力、社会支持和适应性绩效中的中介作用，本书采用 Hayes（2012）编制的 PROCESS v3.0 程序，将性别、年龄、工作年限、学历、组织性质、所处行业、岗位级别 7 个变量作为控制变量，使用 SPSS 25.0 的 PROCESS v3.0 过程中的模型 4，选取 Bootstrap Samples 为 5000 和 95% 置信度对心理资本在社会支持、角色压力与适应性绩效之间的中介效应进行检验，结果如表 5-17 至表 5-20 所示。

表 5-17　心理资本在角色压力与适应性绩效之间的中介效应检验

| 结果变量 | 适应性绩效 | | | 适应性绩效 | | | 心理资本 | | |
|---|---|---|---|---|---|---|---|---|---|
| | 模型 1 | | | 模型 2 | | | 模型 3 | | |
| 预测变量 | coeff | SE | t | coeff | SE | t | coeff | SE | t |
| 性别 | 0.0311 | 0.0353 | 0.8789 | 0.015 | 0.038 | 0.3955 | −0.0412 | 0.0365 | −1.1293 |
| 年龄 | −0.0043 | 0.0226 | −0.19 | −0.0034 | 0.0243 | −0.138 | 0.0024 | 0.0233 | 0.1031 |
| 工作年限 | −0.0136 | 0.0152 | −0.8955 | −0.0201 | 0.0163 | −1.2317 | −0.0168 | 0.0156 | −1.072 |
| 受教育程度 | 0.011 | 0.0163 | 0.6771 | 0.0206 | 0.0175 | 1.1775 | 0.0247 | 0.0168 | 1.4699 |
| 组织性质 | 0.0061 | 0.0118 | 0.519 | 0.0004 | 0.0127 | 0.0321 | −0.0147 | 0.0121 | −1.2073 |
| 行业 | 0.0055 | 0.0084 | 0.6551 | 0.0032 | 0.009 | 0.3583 | −0.0058 | 0.0086 | −0.6706 |
| 职位 | −0.0119 | 0.0163 | −0.7278 | −0.0042 | 0.0175 | −0.2405 | 0.0197 | 0.0168 | 1.1685 |
| 心理资本 | 0.3887 | 0.0329 | 11.7985 | | | | | | |
| 角色压力 | 0.202 *** | 0.0284 | 7.1026 | 0.3202 *** | 0.0287 | 11.1691 | 0.3041 *** | 0.0275 | 11.0579 |
| $R^2$ | 0.5012 | | | 0.361 | | | 0.3623 | | |
| $\Delta R^2$ | 0.2512 | | | 0.1303 | | | 0.1312 | | |
| F | 32.1357 *** | | | 16.1636 *** | | | 16.2958 *** | | |

注：* 表示 $p<0.05$，** 表示 $p<0.01$，*** 表示 $p<0.001$。

在验证中介效应之前，需要对各个变量之间的直接效应进行检验，从表 5-17 的模型 2 可以看出，角色压力对适应性绩效的影响路径具有统计学意义，

$\Delta R^2 = 0.1303$，$F = 16.1636$（$p<0.001$），且角色压力对适应性绩效具有显著正向影响（$B = 0.3202$，$t = 11.1691$，$p<0.001$），假设 1 得到反向验证。根据温忠麟等（2004）介绍的中介效应检验可知，当自变量和因变量之间存在显著相关关系时，可以进一步对中介效应进行检验。从模型 3 可以看出，角色压力对心理资本的影响路径具有统计学意义，$\Delta R^2 = 0.1312$，$F = 16.2958$（$p<0.001$），角色压力对心理资本具有显著正向影响（$B = 0.3041$，$t = 11.0579$，$p<0.001$）。从模型 1 可以看出，在引入心理资本变量后，角色压力对适应性绩效的影响路径有统计学意义，$\Delta R^2 = 0.2512$，$F = 32.1357$（$p<0.001$）。

表 5-18　总效应、直接效应和中介效应检验（角色压力）

|  | Effect | BootSE | BootLLCI | BootULCI | 相对效应值（%） |
|---|---|---|---|---|---|
| 总效应 | 0.3202 | 0.0287 | 0.2640 | 0.3765 |  |
| 直接效应 | 0.2020 | 0.0284 | 0.1462 | 0.2578 | 63.09 |
| 中介效应 | 0.1182 | 0.0250 | 0.0723 | 0.1698 | 36.91 |

从表 5-18 可以看出，心理资本在角色压力和适应性绩效间的中介效应为 0.1182（$LLCI = 0.0723$，$ULCI = 0.1698$，Bootstrap 95% 置信区间的上下限不包含 0），且引入中介变量后，角色压力对适应性绩效的影响效应从 0.3202 下降为 0.202，说明角色压力能够通过心理资本的部分中介作用正向预测年长员工适应性绩效，假设 3 得到验证。同时，该中介路径中角色压力的直接效应（0.202）和心理资本的中介效应（0.1182）分别占总效应的 63.09% 和 36.91%。

表 5-19　心理资本在社会支持与适应性绩效之间的中介效应检验

| 结果变量 / 预测变量 | 适应性绩效 | | | 适应性绩效 | | | 心理资本 | | |
|---|---|---|---|---|---|---|---|---|---|
|  | 模型 1 | | | 模型 2 | | | 模型 3 | | |
|  | coeff | SE. | t | coeff | SE. | t | coeff | SE. | t |
| 性别 | 0.0311 | 0.0358 | 0.8682 | 0.0121 | 0.0387 | 0.3119 | −0.0468 | 0.0364 | −1.2867 |
| 年龄 | 0.0019 | 0.0228 | 0.0819 | 0.0067 | 0.0247 | 0.273 | 0.012 | 0.0233 | 0.5162 |

续表

| 结果变量 | 适应性绩效 | | | 适应性绩效 | | | 心理资本 | | |
|---|---|---|---|---|---|---|---|---|---|
| | 模型 1 | | | 模型 2 | | | 模型 3 | | |
| 预测变量 | coeff | SE. | t | coeff | SE. | t | coeff | SE. | t |
| 工作年限 | −0.0118 | 0.0153 | −0.7712 | −0.0178 | 0.0166 | −1.0732 | −0.0147 | 0.0156 | −0.9413 |
| 受教育程度 | 0.0163 | 0.0165 | 0.9884 | 0.0301 | 0.0178 | 1.6932 | 0.0341 | 0.0168 | 2.0336 |
| 组织性质 | 0.0051 | 0.0119 | 0.429 | −0.0018 | 0.0129 | −0.1425 | −0.0171 | 0.0121 | −1.4122 |
| 行业 | 0.0083 | 0.0085 | 0.985 | 0.008 | 0.0092 | 0.8758 | −0.0008 | 0.0086 | −0.0918 |
| 职位 | −0.012 | 0.0165 | −0.7308 | −0.004 | 0.0178 | −0.2268 | 0.0197 | 0.0168 | 1.1763 |
| 心理资本 | 0.4057*** | 0.0334 | 12.1398 | | | | | | |
| 社会支持 | 0.141*** | 0.0259 | 5.4486 | 0.2539*** | 0.0261 | 9.7192 | 0.2782*** | 0.0246 | 11.3076 |
| $R^2$ | 0.4835 | | | 0.3206 | | | 0.369 | | |
| $\Delta R^2$ | 0.2338 | | | 0.1028 | | | 0.1361 | | |
| F | 29.2256*** | | | 12.3604*** | | | 16.9999*** | | |

注：* 表示 p<0.05，** 表示 p<0.01，*** 表示 p<0.001。

从表 5-19 的模型 2 可以看出，社会支持对适应性绩效的影响路径具有统计学意义，$\Delta R^2 = 0.1028$，F = 12.3604（p<0.001），且社会支持对适应性绩效具有显著正向影响（B = 0.2539，t = 9.7192，p<0.001），假设 2 得到验证。进一步对中介效应进行检验，从模型 3 可以看出，社会支持对心理资本的影响路径具有统计学意义，$\Delta R^2 = 0.1361$，F = 16.9999（p<0.001），社会支持对心理资本具有显著正向影响（B = 0.2782，t = 11.3076，p<0.001）。从模型 1 可以看出，在引入心理资本变量后，社会支持对适应性绩效的影响路径有统计学意义，$\Delta R^2 = 0.2338$，F = 29.2256（p<0.001）。

表 5-20　总效应、直接效应和中介效应检验（社会支持）

| | Effect | BootSE | BootLLCI | BootULCI | 相对效应值（%） |
|---|---|---|---|---|---|
| 总效应 | 0.2539 | 0.0261 | 0.2026 | 0.3052 | |
| 直接效应 | 0.1410 | 0.0259 | 0.0902 | 0.1918 | 55.53 |
| 中介效应 | 0.1129 | 0.0237 | 0.0705 | 0.1648 | 44.47 |

从表5-20可以看出，心理资本的中介效应为0.1129（LLCI=0.0705，ULCI=0.1648，Bootstrap95%置信区间的上下限不包含0），且引入中介变量后，社会支持对适应性绩效的影响效应从0.2539下降为0.141，说明社会支持能够通过心理资本的部分中介作用正向预测年长员工适应性绩效，假设4得到验证。同时，中介路径中社会支持的直接效应（0.141）和心理资本的中介效应（0.1129）分别占总效应的55.53%和44.47%。

综上所述，心理资本在角色压力、社会支持与适应性绩效间的中介效应均具有统计学意义。具体来说，角色压力正向影响适应性绩效，且通过心理资本的部分中介作用正向影响适应性绩效；社会支持正向影响适应性绩效，且通过心理资本的部分中介作用正向影响适应性绩效。

### 三、调节效应检验

在统计分析中，当两个变量之间的关系强弱与第三个变量有关时，就出现了调节关系。从相关分析框架来理解，调节变量影响着自变量和因变量之间的零级相关，可以通过对因变量在自变量上的斜率值的变化来反映这种影响。调节变量既可以是定性的（非数字值，如社会经济阶级或性别），也可以是定量的（数字值，如体重、奖励水平或年龄）。本部分同样采用Hayes（2012）编制的PROCESS v3.0程序，将性别、年龄、工作年限、学历、组织性质、所处行业、岗位级别7个变量作为控制变量，使用SPSS 25.0的PROCESS v3.0过程中的模型1，选取Bootstrap Samples为5000、95%置信度和Conditional values为标准差方法（M±1SD）来检验职业使命感对社会支持、角色压力与心理资本关系的调节效应，以及高绩效工作系统对心理资本与适应性绩效关系的调节效应。虽然PROCESS v3.0过程对调节效应的分析结果能够更加直观地看出分层回归时调节项放入回归方程后的结果以及$R^2$变化量等信息，但缺少对调节项放入回归方程前的结果显示。因此采用分层回归与PROCESS v3.0分析过程相结合的方式整理调节效应结果。分层回归首先需要对自变量和调节变量进行去中心化处理，并得到交互项；其次分层引入控制变量、自变量和调节变量、交互项等到调节效应分层回归检验结果如表5-21至表5-25所示。

表5-21　职业使命感对角色压力与心理资本关系的调节效应检验

| 变量 | 心理资本 | | | | | |
|---|---|---|---|---|---|---|
| | 模型1 | | 模型2 | | 模型3 | |
| | B | t | B | t | B | t |
| 性别 | -0.026 | -0.663 | -0.046 | -1.282 | -0.048 | -1.346 |
| 年龄 | 0.012 | 0.479 | 0.007 | 0.298 | 0.002 | 0.081 |
| 工作年限 | -0.014 | -0.831 | -0.015 | -0.981 | -0.015 | -0.962 |
| 受教育程度 | 0.031 | 1.752 | 0.029 | 1.736 | 0.028 | 1.690 |
| 组织性质 | -0.015 | -1.136 | -0.014 | -1.203 | -0.017 | -1.402 |
| 行业 | -0.004 | -0.456 | -0.008 | -0.904 | -0.008 | -0.952 |
| 职位 | 0.020 | 1.138 | 0.019 | 1.119 | 0.019 | 1.147 |
| 使命感 | | | 0.114*** | 5.420 | 0.109*** | 5.211 |
| 角色压力 | | | 0.264*** | 9.430 | 0.255*** | 9.111 |
| 角色压力×使命感 | | | | | -0.085*** | -3.790 |
| $R^2$ | 0.008 | | 0.16 | | 0.174 | |
| $\Delta R^2$ | 0 | | 0.151 | | 0.164 | |
| F | 1.013 | | 77.836*** | | 14.362*** | |
| 解释度 | $R^2$-chng | F | df1 | df2 | p | |
| | 0.0138 | 14.3616*** | 1 | 861 | 0.0002 | |

注：＊表示 p<0.05，＊＊表示 p<0.01，＊＊＊表示 p<0.001。

（一）职业使命感的调节作用

1. 职业使命感对角色压力与心理资本关系的调节效应

从表5-21可以看出，模型3显示调节模型具有统计学意义，$\Delta R^2 =$ 0.164，F=14.362（p<0.001）。模型2显示角色压力、职业使命感对心理资本均具有显著正向预测，且模型3显示将角色压力、职业使命感及其交

互项共同放入回归方程后，角色压力对心理资本仍具有显著正向预测作用（B=0.255，t=9.111，p<0.001），职业使命感对心理资本具有显著正向预测作用（B=0.109，t=5.211，p<0.001），角色压力与职业使命感的交互项对心理资本具有显著的负向预测作用（B=-0.085，t=-3.790，p<0.001），说明职业使命感负向调节了角色压力与心理资本的关系，假设5得到反向验证，调节效应为-0.085，调节变量职业使命感每升高一个单位，角色压力对心理资本的影响作用会下降0.085个单位，根据解释度模型来看，调节效应对变异的贡献率为1.38%。

表5-22 调节效应斜率比较分析（角色压力与心理资本）

| 程度 | PM | Effect | se | t | LLCI | ULCI |
|---|---|---|---|---|---|---|
| 低使命感 | -0.8447（M-1SD） | 0.3267 *** | 0.0323 | 10.1091 | 0.2633 | 0.3901 |
| 中使命感 | 0（M） | 0.2546 *** | 0.0279 | 9.1112 | 0.1998 | 0.3095 |
| 高使命感 | 0.8447（M+1SD） | 0.1825 *** | 0.0352 | 5.182 | 0.1134 | 0.2517 |

注：* 表示 p<0.05，** 表示 p<0.01，*** 表示 p<0.001。

为了进一步验证职业使命感对角色压力和心理资本关系的调节效应模式是否与假设一致，对调节变量进行"均值±1个标准差"的高低分群求出调节变量不同水平下，自变量对因变量的影响大小。如表5-22所示，当个体的职业使命感较高时（M+1SD），角色压力对心理资本的影响较弱（$\rho_{高职业使命感}$=0.1825，Boot 95%CI不包含0）；当个体的职业使命感较低时（M-1SD），角色压力对心理资本的影响较强（$\rho_{低职业使命感}$=0.3267，Boot 95%CI不包含0）。绘出调节效应图如图5-8所示，与职业使命感水平较高的年长员工相比，角色压力对职业使命感较低的个体心理资本具有更显著的预测作用。即当年长员工职业使命感水平较低时，角色压力的增加能够给年长员工心理资本带来更加明显的促进作用。

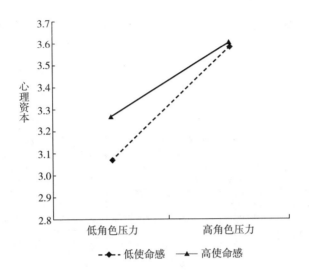

**图 5-8 调节效应（角色压力与心理资本）**

2. 职业使命感对社会支持与心理资本关系的调节效应

从表 5-23 可以看出，模型 3 显示调节模型具有统计学意义，$\Delta R^2 =$ 0.173，F = 0.428（p<0.01），模型 2 显示社会支持、职业使命感对心理资本均具有显著正向预测，且模型 3 显示将社会支持、职业使命感及其交互项共同放入回归方程后，社会支持力对心理资本仍具有显著正向预测作用（B = 0.245，t = 10.008，p<0.001），职业使命感对心理资本具有显著正向预测作用（B = 0.126，t = 6.171，p<0.001），社会支持力与职业使命感的交互项对心理资本具有显著的负向预测作用（B = -0.061，t = -2.863，p<0.001），说明职业使命感负向调节了社会支持与心理资本的关系，假设 6 得到验证，调节效应为 -0.061，调节变量职业使命感每升高一个单位，社会支持对心理资本的影响作用会下降 0.061 个单位，根据解释度模型来看，调节效应对变异的贡献率为 0.78%。

为了进一步验证职业使命感对社会支持和心理资本关系的调节效应模式是否与假设一致，对调节变量进行"均值±1 个标准差"的高低分群求出调节变量不同水平下，自变量对因变量的影响大小，如表 5-24 所示，当个体的职业使命感较高时（M+1SD），社会支持对心理资本的影响较弱

表 5-23　职业使命感对社会支持与心理资本关系的调节效应检验

| 变量 | 心理资本 | | | | | |
| --- | --- | --- | --- | --- | --- | --- |
| | 模型 1 | | 模型 2 | | 模型 3 | |
| | B | t | B | t | B | t |
| 性别 | −0.026 | −0.663 | −0.053 | −1.479 | −0.054 | −1.520 |
| 年龄 | 0.012 | 0.479 | 0.016 | 0.688 | 0.013 | 0.553 |
| 工作年限 | −0.014 | −0.831 | −0.013 | −0.861 | −0.014 | −0.901 |
| 受教育程度 | 0.031 | 1.752 | 0.037 | 2.283 | 0.036 | 2.198 |
| 组织性质 | −0.015 | −1.136 | −0.017 | −1.397 | −0.018 | −1.543 |
| 行业 | −0.004 | −0.456 | −0.004 | −0.416 | −0.003 | −0.372 |
| 职位 | 0.020 | 1.138 | 0.018 | 1.121 | 0.021 | 1.261 |
| 使命感 | | | 0.130*** | 6.374 | 0.126*** | 6.171 |
| 社会支持 | | | 0.252*** | 10.314 | 0.245*** | 10.008 |
| 社会支持×使命感 | | | | | −0.061*** | −2.863 |
| $R^2$ | 0.008 | | 0.175 | | 0.183 | |
| $\Delta R^2$ | 0.000 | | 0.166 | | 0.173 | |
| F | 0.090 | | 0.418*** | | 0.428** | |
| 解释度 | R2-chng | F | df1 | df2 | p | |
| | 0.0078 | 8.1957 | 1 | 861 | 0.0043 | |

注：*表示 p<0.05，**表示 p<0.01，***表示 p<0.001。

表 5-24　调节效应斜率比较分析（社会支持与心理资本）

| 程度 | 使命感 | Effect | se | t | LLCI | ULCI |
| --- | --- | --- | --- | --- | --- | --- |
| 低使命感 | −0.8447（M−1SD） | 0.2961*** | 0.0288 | 10.2739 | 0.2396 | 0.3527 |
| 中使命感 | 0（M） | 0.2446*** | 0.0244 | 10.0084 | 0.1967 | 0.2926 |
| 高使命感 | 0.8447（M+1SD） | 0.1931*** | 0.0318 | 6.0711 | 0.1307 | 0.2555 |

注：*表示 p<0.05，**表示 p<0.01，***表示 p<0.001。

（$\rho_{高职业使命感}$ = 0.1931，Boot 95%CI 不包含 0）；当个体的职业使命感较低时（M−1SD），社会支持对心理资本的影响较强（$\rho_{低职业使命感}$ = 0.2961，Boot 95%CI 不包含 0）。绘出调节效应图如图 5-9 所示，与职业使命感水平较高的个体相比，社会支持对职业使命感较低的个体心理资本具有更显著的预测作用。即当年长员工职业使命感水平较低时，社会支持感知水平的提升能够给年长员工心理资本带来更加明显的促进作用。

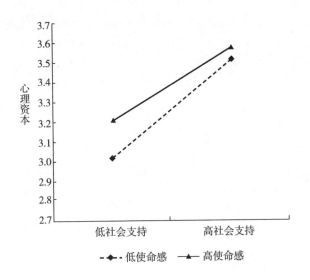

**图 5-9　调节效应（社会支持与心理资本）**

（二）高绩效工作系统的调节作用

从表 5-25 可以看出，模型 3 显示调节模型不具有统计学意义，$\Delta R^2$ = 0.237，F = 3.685（p = 0.055），模型 2 显示心理资本、高绩效工作系统对适应性绩效均具有显著正向预测，但模型 3 显示将心理资本、高绩效工作系统及其交互项共同放入回归方程后，虽然心理资本、高绩效工作系统对适应性绩效的预测作用依然显著，但交互项对适应性绩效的预测作用不显著（t = −1.920，p = 0.0552），假设 7 未得到验证。

表 5-25　高绩效工作系统对心理资本与适应性绩效关系的调节效应检验

| 变量 | 适应性绩效 | | | | | |
|---|---|---|---|---|---|---|
| | 模型 1 | | 模型 2 | | 模型 3 | |
| | B | t | B | t | B | t |
| 性别 | 0.031 | 0.769 | 0.024 | 0.675 | 0.022 | 0.630 |
| 年龄 | 0.007 | 0.257 | 0.007 | 0.290 | 0.006 | 0.268 |
| 工作年限 | −0.017 | −0.977 | −0.009 | −0.615 | −0.009 | −0.610 |
| 受教育程度 | 0.028 | 1.479 | 0.015 | 0.905 | 0.014 | 0.855 |
| 组织性质 | 0.000 | 0.025 | 0.004 | 0.340 | 0.003 | 0.277 |
| 行业 | 0.005 | 0.508 | 0.007 | 0.850 | 0.007 | 0.877 |
| 职位 | −0.003 | −0.181 | −0.013 | −0.801 | −0.012 | −0.746 |
| 高绩效工作系统 | | | 0.412*** | 12.742 | 0.133*** | 6.258 |
| 心理资本 | | | 0.136*** | 6.362 | 0.404*** | 12.389 |
| 心理资本×高绩效工作系统 | | | | | −0.046 | −1.920 |
| $R^2$ | 0.005 | | 0.243 | | 0.246 | |
| $\Delta R^2$ | −0.003 | | 0.235 | | 0.237 | |
| F | 0.570 | | 135.701*** | | 3.685 | |

注：* 表示 $p<0.05$，** 表示 $p<0.01$，*** 表示 $p<0.001$。

## 四、研究假设验证结果汇总

综合所提研究假设以及本节的检验结果，关于年长员工适应性绩效形成机制模型中的所有研究假设的验证结果汇总如表 5-26 所示。其中，对假设 1 的验证结果发现，角色压力不但不会负向影响心理资本，对心理资本还有一定的正向促进作用，假设 1 被反向验证。对假设 5 的验证结果发现，职业使命感负向调节了角色压力对心理资本正向关系，而非正向促进角色压力对心理资本的负向关系。本书认为职业使命感是一种高度的个体要求，且对工作要求和资源与心理资本的正向关系具有负向调节作用，而对其负向关系具有正向调节作用。由于假设 1 验证角色压力正向影响心理资本，所以虽然假设 5 结果与原假设看上去相反，但却实质上验证了原假设。

表5-26　研究假设验证情况汇总

| 序号 | 研究假设 | 检验结果 |
|---|---|---|
| 假设1 | 角色压力负向影响年长员工适应性绩效 | 反向验证 |
| 假设2 | 社会支持正向影响年长员工适应性绩效 | 验证 |
| 假设3 | 心理资本在角色压力和年长员工适应性绩效的关系中起中介作用 | 验证 |
| 假设4 | 心理资本在社会支持和年长员工适应性绩效的关系中起中介作用 | 验证 |
| 假设5 | 职业使命感对角色压力和心理资本间的关系有正向调节作用 | 反向验证 |
| 假设6 | 职业使命感对社会支持和心理资本间的关系有负向调节作用 | 验证 |
| 假设7 | 高绩效工作系统对心理资本与适应性绩效的关系有正向调节作用 | 未验证 |

# 本章小结

本章的核心内容是构建年长员工适应性绩效形成机制并进行实证研究，包括以下几方面内容：

第一，提出研究假设。基于工作要求—资源模型、工作调整理论、社会认同理论深入探讨了角色压力、社会支持、职业使命感、心理资本、高绩效工作系统和适应性绩效的交互关系，并构建适应性绩效形成机制模型。

第二，问卷的调研实施。基于年长员工适应性绩效问卷设计开发的结果，结合现有的成熟量表，针对年长员工展开问卷的发放和数据的收集。对872个样本的基本情况进行描述性统计分析。

第三，问卷信效度检验。通过信度分析、验证性因子分析方法对各个量表的信度和效度进行检验。研究结果表明各个量表均具有较好的信度和效度。

第四，假设检验。主要使用回归分析法、Boostrap重复抽样法对所提出的假设进行检验，得到如下结论：首先，角色压力和社会支持均对年长员工适应性绩效有显著正向影响；其次，角色压力和社会支持均通过心理资本的中介作用影响年长员工适应性绩效；再次，职业使命感负向调节了角色压力与心理资本之间的关系，职业使命感负向调节了社会支持与心理资本之间的关系；最后，高绩效工作系统对心理资本与适应性绩效的调节作用未得到验证。

# 第六章

# 研究总结、启示与展望

　　本书聚焦年长员工适应性绩效,主要探讨三个问题:中国文化背景下,工作场所中年长员工适应性绩效的概念及内容结构是什么,应该如何测量;年长员工适应性绩效受到哪些因素的影响,影响路径是怎样的;年长员工适应性绩效形成机制是怎样的。本书第一章梳理年长员工、适应性绩效相关文献,明确现有研究的发展阶段,为年长员工适应性绩效的研究打下基础。第二章展开扎根理论研究,对中国文化背景下的年长员工在工作场所中面临变化时的心理、生理、情境互动等的适应性表现进行归纳和概括,提出中国年长员工适应性绩效的概念结构。在此基础上开发组织年长员工适应性绩效的自陈量表。第三章采用关键事件法分析影响年长员工适应性绩效的因素,并形成包含环境和个体两大类的影响因素体系。结合质性材料分析各类影响因素与适应性绩效是如何产生关联的,构建年长员工适应性绩效影响因素关系模型。第四章基于年长员工适应性绩效影响因素及其关系模型的研究,选择优先级排序较高的影响因素,基于工作要求—资源模型、工作调整理论、社会认同理论构建年长员工适应性绩效的形成机制,验证工作资源、工作要求、个人资源与个人要求在年长员工适应性绩效形成过程中的相互作用。本章对研究结果进行总结,综合讨论本书的理论贡献和管理启示,并提出未来研究的方向。

# 第一节　研究总结与讨论

在知识、技术、信息快速变化的时代，了解什么是年长员工适应性绩效，并明确其工作场所中适应性绩效的关键影响因素和形成机制，有利于促进年长人力资源价值的进一步开发和利用。本书在中国文化背景下，以45岁及以上仍处于工作岗位或从事某一专业活动的组织员工为研究对象，主要做了以下工作：全面探讨适应性绩效的概念、内容和结构，开发年长员工适应性绩效测量量表；构建年长员工适应性绩效影响因素体系和影响因素关系模型；基于影响因素关系模型构建并验证年长员工适应性绩效形成机制模型。通过三个子研究的深入研究和分析，最终得到以下研究结论：

第一，中国组织情景下年长员工适应性绩效包含四个结构维度。近年来，我国研究者在国外研究的基础上不断增加对员工适应性绩效的探讨，但主要集中于对适应性绩效与传统工作绩效模型之间的关系讨论，或者开发针对某些职业群体（教师、教练、管理者等）的适应性绩效测量量表。基于年龄视角探讨年长员工适应性绩效的特点及其内涵的研究更少（Han和Williams，2008；Baard等，2014）。本书在第一章中分析了年长员工适应性绩效的特点，并结合第三章对年长员工适应性绩效结构进行质性分析，提出了员工适应性绩效概念和年长员工适应性绩效概念，认为员工适应性绩效指个体积极捕获情境变化信号并预测、判断可能出现的适应性要求，为了保证自身、组织、工作持续平衡，根据现实情况做出的必要的规划和调整。这些规划或调整不仅体现在工作行为上，而且体现在工作态度上，不仅与调整成效有关也与调整效率有关。年长员工适应性绩效职责是个体在满足适应性需求过程中，做出的那些突出其年龄特点的规划和调整组合，包括年龄角色融合、工作应变与改进、学习意愿与能力及人际与文化促进四个方面。在运用扎根理论研究提炼年长员工适应性绩效的 4 个结构维度的基础上，构建年长员工适应性绩效测量量表，量表维度和题项的提出及确定是在对相关理论和文献的充分研究基础上进行的。通过 501 个样本的问卷调查结果进行实证分析，检验了年长员工适应性绩效测量量表的内容和结构的有效性，最终确定了包含 4 个维度 16 个题项的年长员工适应性绩效测量量表。从结构上看，该量表具有一定的信度和效度，测量结果具有一定的可靠性。从内容上看，该量表依然重点突出了年龄化特点，关注年长员工在预见或应对动态环境时，其有效的行为表现。对年长员工适应性绩效结构的了解及量表的开发不仅进一步加深了对年长员工适应性绩效的理解，而且能够为组织提供评估和判定年长员工适应能力的工具，给组织、管理者和个人提高、培养、引导适应能力提供方向。

第二，年长员工适应性绩效影响因素包括个体和环境两大类，五个子类。适应性的本质是个体在与情境互动中保持平衡的过程和结果，所以在适应性研究中不仅要关注来自环境的适应性要求，还要特别关注个体特征。相对于年轻员工来说，年长员工在工作经验、工作价值观、年龄心态、职场权利和职责等多方面存在不同。面对同样的突发事件或紧急问题时，其受到不同因素的影响且存在差异性。从理论上看，以往关于适应性绩效的影响因素讨论中，大部分研究者认同工作中的适应性绩效受到个体（个性差异、能力差异）、工作（职业特点、工作强度）、组织环境（组织文化、领导方式）等各种因素的影响。但在关于员工适应性绩效实证研究中主要集中于个体特征上，尤其是特质差异、情绪、认知能力、自我效能、自我调节等（Allworth 和 Hesketh，1999；Pulakos 等，2002；Griffin 和 Hesketh，2003；Chen 等，2005；Wihler 等，2017；Vakola 等，2017），近年来，有关工作特征（培训与学习、工作自主性、工作复杂性）和组织特征（信息共享、管理支持）等情景因素对适应性绩效影响机制的研究才开始逐渐增多（Yang 等，2017；陈晓暾和熊娟，2017；王冬冬等，2019；Kaya 和 Karatep，2020）。本书在相关文献资料、深度访谈、媒体资料的分析基础上，运用文献分析、关键事件技术针对年长员工适应性绩效影响因素进行了质性分析。相对比较全面地分析了员工在动态环境中受到的来自个体和环境的影响，通过年长员工对面临重大变故、紧急事件、棘手问题等关键事件的回忆提炼出的影响因素，同样具有较强的年龄化特点。本书构建了年长员工适应性绩效影响体系，包括个体因素和环境因素两大类，其中个体因素包括生理和心理因素两类，环境因素包括工作资源、工作要求和年龄氛围三类。基于质性材料中所体现出的各类影响因素与个体适应性行为之间的关键性互动事件和关键性事件线，进一步讨论并构建5个年长员工适应性绩效影响因素关系模型，用以解释各影响因素、适应性绩效之间的直接和间接关系，为后文有关年长员工适应性绩效的研究提供一定的理论参考，同时为组织和管理者提供日常管理方向，提供降低来自环境对年长员工适应能力的影响，以及培养和选拔更具有适应能力的员工的具体思路。

第三，角色压力和社会支持显著正向影响年长员工适应性绩效。对年长员工适应性绩效形成机制的构建是基于子研究二中对年长员工适应性绩效影响因素的研究基础上。在影响因素体系的构建中发现了那些对年长员工来说应对环境变化较为关键的因素。但这些因素是以什么样的方式来影响年长员工适应性绩效，以及其影响的程度与效果需要进一步进行探讨。在子研究二中通过将清年长员工适应性绩效产生的引发事件、形成过程，构建出5个年长员工适应性绩效影响因素关系模型。子研究三进一步结合工作要求—资源模型、工作调整理论、社会认同理论构建了年长员工适应性绩效的形成机制模型。工作要求—资源模型搭建了工作环境中影响个体动机、倦怠、绩效的过程机制，在对员工适应性绩效影响因素体系的分析中发现，影响员工适应力的压力源包括来自损耗过程的工作要求和个人要求，以及来自成长和补充过程的工作资源和个人资源。因此本书主要基于工作要求—资源模型探讨各类影响因素与适应性绩效的关系。结合年长员工人力资源和适应性绩效特点，选取了社会支持、角色压力、心理资本、职业使命感以及高绩效工作系统5个因素构建了年长员工适应性绩效形成机制模型。通过872个样本的调查及相关的实证研究最终得出结论：角色压力和社会支持均对年长员工适应性绩效有显著正向影响。

首先，角色压力对适应性绩效具有显著正向影响，这与研究假设相反。根据工作要求—资源模型，工作要求与消耗和成本有关，对员工生理和心理产生消极作用，但较低的工作要求则有利于员工及时进行资源补充，从而缓解心理和生理资源消耗（Matthews 等，2010；Fagan 和 Walther，2011；Schaufeli，2017）。角色压力中所包含的角色模糊、角色负荷、角色冲突，反映了个体对工作要求水平的直接感知。但正如一些研究者将工作要求进一步分为障碍性要求和挑战性要求一样，他们认为虽然工作要求是主要的压力源，但并非所有的工作要求都带来消极结果，一些研究发现部分工作需求不仅在损耗过程中起到作用，而且在激励过程中也起到一定作用。障碍性要求会导致员工资源过分消耗而使其产生倦怠和较低的绩效水平，而挑战性要求则会促进员工的成长和发展（Demerouti 等，2001；Bakker 和 Demerouti，2017）。年长员工通常具有丰富的工作经验和较为明确的职业发展方向，对工作内容和流程熟悉，对工作认真负责。虽然随着年龄的增长会导致年长员工面临权力退出、角色调整、地位改变等问题，但对于大多数年长员工来说，这种变化是可以提前预见的。对年长员工来说突然的工作调整或变化通常会被他们视为学习和工作中必须克服的压力需求，是一种挑战性压力源。尽管有潜在的风险性，但也对个体有潜在的收益（Lepine 等，2005），因此不仅不会导致个体心理资源的消耗，反而增强了年长员工的职业自信和乐观，使其在工作中表现出更强的韧性和希望，进而表现出更高的适应性绩效水平。其次，社会支持对心理资本及年长员工适应性绩效的正向预测作用。根据资源保存理论，当个体在情境互动中发生的资源消耗无法得到有效补充时，个体会做出限制资源输出的行为。工作资源作为一种重要的补充，能够减少和补充员工的资源损失，尤其是在适应性事件带来快速资源消耗的情况下更是如此。年长员工会根据对时间限制的认知程度改变自我资源的投入领域，而社会关系的维护是个体随着年龄增长给予高度关注的一个部分（Zacher 等，2018）。对年长员工来说动态环境中来自同事和领导的支持能够增强员工的工作自信、乐观、坚韧和希望水平（Nilsson，2011；Knies 等，2015），此时个体适应性绩效更有可能达到环境要求。

第四，角色压力和社会支持均通过心理资本的中介作用正向影响年长员工适应性绩效。心理资本指个体在成长和发展过程中表现出来的一种积极心理状态，是超越人力资本和社会资本的一种核心心理要素，是促进个人成长和绩效提升的心理资源（Cai 等，2019）。基于工作要求—资源模型可知，工作要求和工作资源会对个体带来不同影响，工作要求会扩大个体对资源消耗程度的判断，对个体资源带来消极影响，而工作资源则能够补充资源消耗，对个人资源带来积极影响。角色压力和社会支持水平影响年长员工对工作要求和工作资源的判断，进而对其基于职业和工作的自信水平、乐观和开放性水平等产生影响。进一步来说，当年长员工感知角色压力水平较高时，在丰富的工作经验和知识技术的基础上，更倾向于将其视为一种来自组织和工作的挑战性压力源。角色压力水平的提升使年长员工感知被重用和被尊重，在工作中体现出更高的自我效能感，并对工作中遇到的问题和困难表现出更强的韧性和乐观态度。当年长员工感知社会支持水平较高时，来自外部环境的支持使年长员工预判解决适应性需求的难度水平降低，在面对工作挑战和变化时表现出更高的自信水平和乐观态度。当职业自信、乐观和开放性水平较高时，年长员工通常能够更快地获得信息、分析问题、得出应对策略，因此表现出更高的适应性。即角色压力和社会支持会影响员工心理资本水平进而影响员工的适应性绩效。

第五，职业使命感负向调节了角色压力与心理资本之间的关系，职业使命感负向调节了社会支持与心理资本之间的关系。职业使命感对角色压力与心理资本之间的关系具有负向调节作用。虽然这与原假设的描述相反，但却验证了原假设。因为职业使命感是一种高度的个体要求进而会放大工作要求和消耗工作资源（Guglielmi 等，2012；Lee，2016；Hirschi 等，2019），因此职业使命感对工作要求和资源与心理资本的正向关系具有负向调节作用，而对其负向关系具有正向调节作用。本书验证了角色压力对心理资本具有正向影响，而非负向影响。因此职业使命感对二者关系的负向调节作用印证了原假设。从调节效应分析结果来看，当年长员工职业使命感水平较低时，角色压力的增加能够给年长员工心理资本带来更加明显的促进作用。应该注意到，职业使命感水平较低并不代表员工缺乏责任心或上进心，职业使命感更像是年长员工认知的职业价值实现与人生价值实现的关联程度。职业使命感水平较低的年长员工更有可能按时退休，有更短的职业寿命，虽然不会在工作中追求完美，但在工作经验和知识技术的支撑下仍然能够较好地应对工作要求。通过调查发现，高使命感个体很可能在工作和任务处理中表现出更高的责任感和奉献精神，使命感高的个体愿意花费更多的时间和精力在工作中以保证完美的工作质量和效率。这会导致出现个体对工作要求的放大和对工作资源、个人资源的快速损耗。相对于职业使命感水平较高的年长员工来说，职业使命感水平较低的年长员工更容易感知由于角色压力提升所带来的被需求和被重用的刺激，对其在工作中体现出的自信、韧性和乐观水平的影响更为显著。从调节效应分析结果来看，当年长员工职业使命感水平较低时，社会支持感知水平的提升能够给年长员工心理资本带来更加明显的促进作用。与上述分析相似，职业使命感较高的年长员工自我要求更高，在面对同样的社会支持水平时，职业使命感较低的年长员工更容易由于同事和领导的支持而导致的心理资本水平的提升。

第六，高绩效工作系统对心理资本与年长员工适应性绩效关系的调节作用未得到验证。高绩效人力资源管理系统即组织实行的人力资源管理的一系列活动（Chiang 等，2015）。本书提出这一调节变量的原因在于，影响因素体系构建时发现资源和机会分配不公平会带来员工在工作和应变过程中的不满和抱怨。高绩效工作系统能够体现基于公平视角的一种资源配置情况。众多研究已经表明高绩效工作系统对员工态度和行为的积极作用（周菲和张传庆，2012；Chiang 等，2015；Cooke 等，2019），但对年长员工来说，由于随着生活和工作阅历的同时增加，许多年长员工不仅具有满足目前工作要求的技能基础，而且有很多的经验和专业知识，这使他们面临工作中出现突发事件或问题时，能够利用丰富的知识库产生更多的解决方案和方法，这本身就构成了年长员工适应性绩效上的优势（Meisner，2012；Taneva 等，2016）。另外，年长员工通常拥有更高资历、组织地位以及稳固的关系网络，这提高了年长员工在面临问题时获得环境支援的机会和预期，在面对突发情况时，年长员工往往表现更加自信、沉着和乐观（Meisner，2012；Wang 等，2017；Shiu 等，2015；Taneva 等，2016；Flower 等，2019）。因此，在面对变化的环境时年长员工凭借其丰富的内外资源基础很可能具有更强的适应能力，这也就弱化了高绩效工作系统所带来的个体心理资源感受上的差异，对心理资本与适应性绩效关系的调节效应不显著。

# 第二节　理论贡献与管理启示

## 一、理论贡献

职场老龄化趋势下工作场所中的年长员工规模将进一步扩大，在经济、技术、信息等快速变化的时代背景下，年长员工适应性的开发和培养将成为组织和管理者未来关注的重点之一。综合国内外的研究来看，国内在老龄化主题上仍然较多关注老龄化对社会、经济、医疗保障等宏观问题的影响，较少探讨工作场所中年长员工的心理和行为机制。近年来出现一些关于工作场所中的年龄与个体的关系、年长人力资源开发利用的研究，多集中于成功老龄化、年龄刻板印象、代际关系、知识管理等方面（Hess 等，2017；Hartnett 等，2019；汪长玉和左美云，2020），缺乏对年长员工适应性方面的关注。总体来看，年长员工适应性绩效仍具有较大的研究空间。本书的主要理论贡献如下：

第一，综合分析了年长员工年龄划分依据和人力资源特点，明确年长员工适应性绩效的理论概念、内容及结构，丰富有关年长员工和工作绩效的研究领域。有关工作绩效的研究表明工作绩效的多维度、多层次模型构建已经成为该理论发展的必然趋势。适应性绩效作为员工能力的重要内容，一直被作为工作绩效理论体系的重要组成部分（Allworth 和 Hesketh，1999；吴新辉和袁登华，2010）。从 Allworth（1999）提出适应性绩效概念，并由 Pulakos 等（2000）开发适应性绩效量表以来，有关员工适应性绩效的研究逐渐丰富，但多覆盖于一般性员工或不同类型的员工适应性绩效问题，如教师、管理者、学生等，针对年长员工群体的研究比较少见。本书所提出的年长员工适应性绩效相对于传统的适应性绩效，更多体现了个体在动态环境适应中的年龄化特点，不仅明确了适应性绩效的理论内涵，丰富了工作绩效理论体系，对进一步拓展与年长员工和员工适应性绩效有关的研究领域也具有重要意义。在子研究一中，通过对跨行业、跨地域、跨职位的年长员工的访谈和质性资料的收集、分析，运用扎根理论研究最终建立包含 4 个维度的年长员工适应性绩效构念结构，这 4 个维度分别为年龄角色融合、工作应变与改进、学习意愿与能力、人际与文化促进。年长员工适应性绩效更加突出了在动态环境中员工应对适应性需求所表现出的那些具有年龄化特点的心理和行为调整策略组合。为未来研究年长员工适应性绩效的相关研究提供与年龄有关的研究视角。

第二，开发并验证了年长员工适应性绩效测量量表，为未来关于年长员工适应性绩效的相关研究提供一定工具参考。有关适应性绩效工具开发普遍针对一般员工，以 Pulakos 等（2000）开发的 8 个维度 68 个题项的 JAI 应用最为普遍。但员工适应性绩效工具的应用仍存在一定问题，一方面，Pulakos 等（2000）开发 JAI 量表的过程严谨性得到认可，但其量表的 68 个题项并未公开。大多数研究者根据自身的研究背景和目的对 JAI 量表进行修订和重新编制，部分研究存在对适应性绩效的临时概念化现象，这不仅影响适应性绩效的准确理解，也使整个研究模型的价值受到质疑（Charbonnier-Voirin 等，2010；Baard，2014）。同时，也有一些研究对 JAI 提出了质疑，包括其开发量表基于年轻化的军人样本、维度涵盖范围重叠、未考虑职业人群特点等（Griffin 和 Hesketh，2003）。国内研究同样存在这种问题，陶祁和王重鸣（2006）开发的中国情景下的员工适应性绩效量表在国内大多数研究中被应用，但该量表开发是基于 JAI 所给出的适应性绩效 8 个维度的概念理解，量表开发过程仍然具有较大的完善空间。另一方面，近年来，我国研究者在国外研究的基础上不断增加对员工适应性绩效的探讨，开发针对一般性员工或者以特定职业如知识型员工、教师、服务员等为对象（Pulakos 等，2000；Vakola 等，2017；王冬冬等，2019；Kaya 和 Karatep，2020）的适应性绩效量表，针对年长员工群体探讨适应性绩效的特点并开发测量量表的研究鲜见。年长员工群体本身在心理和生理上都具有其独特性（Smedley，2017；Zacher 等，2018；Oliveira 和 Cabral-Cardoso，2018；Veth 等，2019），这决定了面对同样的情境时，年长员工群体很有可能会出现不同的应对方式。对于组织、管理者和年长员工来说，进一步明确年长员工在与动态环境的交互过程中应该具备哪方面的适应能力具有极大的意义。本书在扎根理论研究基础上，经过专家分析、问卷调查与实证检验过程，最终形成包含 4 个维度 16 个题项的年长员工适应性绩效测量量表，为后期有关年长员工适应性绩效的研究提供可靠的研究工具。

第三，形成年长员工适应性绩效影响因素体系，为有关年长员工和适应性绩效研究提供更多研究方向。以往研究表明，不同个体特征和工作环境特征（如责任心、领导支持等）对员工适应性绩效均可能产生影响（Han 和 Williams，2008；Baard 等，2014）。关于员工适应性影响因素的研究从个体、组织、工作、家庭等多个方面进行过探讨，但仍然缺乏结合年龄视角对适应性绩效影响因素的系统分析。无论是从生理、心理还是情绪、性格等角度来看，年长员工均具有其独特性（黄杜渐，2009；Zacher 等，2018）。在面对动态环境时年长员工对适应性需求的识别、判断和应对方式具有年龄化特点，在采取相应的心理和行为调整策略时，受到的内外界因素的影响不尽相同。本书在总结年长员工适应性绩效特点前提下，采用关键事件法提炼出那些对年长员工适应性绩效有关键影响的因素，构建了包含个体因素和环境因素两大类，共 5 个子类（生理因素、心理因素、工作要求、工作资源和年龄氛围）17个因素的影响因素体系。进一步探讨工作场所中年长员工适应性绩效可能存在的影响因素，建立年长员工适应性绩效影响因素体系，为有关年长员工的适应性绩效研究提供更多的方向。

第四，构建5个年长员工适应性绩效影响因素关系模型，为未来有关年长员工适应性绩效的实证研究提供理论参考。在子研究二影响因素体系分析的基础上，基于5个子类与年长员工适应性绩效的关键性互动事件和关键性事件线的整理和综合分析，构建了5个年长员工适应性绩效影响因素关系模型。5个模型主要基于工作要求—资源模型对生理因素、心理因素、工作要求、工作资源和年龄氛围因素与年长员工适应性绩效及其他影响因素之间的交互影响和路径关系进行解释和分析。影响因素关系模型的构建为本书的子研究三提供理论基础，同时也为未来有关年长员工适应性绩效的研究提供理论参考。

第五，在分析年长员工适应性绩效影响因素关系模型的基础上，通过相关理论构建并验证了年长员工适应性绩效形成路径。个体适应性绩效受到外部环境和个体特征的双重约束，以往有关员工适应性绩效影响因素的研究主要集中于个体因素上，对外部环境因素的作用探讨较少，且缺乏从年长员工群体角度对工作特征、个体特征与适应性绩效关系进行的整合。本书结合子研究二对影响年长员工适应性绩效关键因素的体系构建和关系模型分析，选择5个影响因素构建年长员工适应性绩效形成路径。在讨论选择5个影响因素的合理性基础上，运用工作要求—资源模型、工作调整理论和社会认同理论提出7个研究假设。基于大规模数据调查和分析对工作资源（社会支持）、工作要求（角色压力）、个人资源（心理资本）、个人要求（职业使命感）、高绩效工作系统、年长员工适应性绩效之间的交互关系进行验证。形成机制的验证不仅进一步印证了本书中的子研究二的部分结论，有利于了解基于工作特征和个体特征的年长员工适应性绩效的整体形成机制，而且将职业使命感作为个人要求引入工作要求—资源模型，在一定程度上丰富了该模型的研究。

## 二、管理启示

### （一）共同的组织身份构建策略

本书的研究结果表明，来自组织中领导和同事的支持能够提升年长员工心理资本进而对其适应性绩效产生影响。尽管研究者和组织管理者都意识到年龄多样化会带来代际竞争和代际间排斥（North 和 Fiske，2016）等问题，但职场中的年龄多样化已经成为一种趋势。目前对老龄化仍然普遍存在两种观点：一是老龄人口将成为经济发展的潜在负担；二是老龄人口本身仍具有效用价值，能够丰富劳动供给。尤其是大量的组织和管理者仍然对建立战略性的老龄化人力资源策略存在质疑，对年长人力资源价值存在偏见性认知，这影响了员工职业生命周期的延长，也无法充分利用和发挥年长人力资源效用。所以无论是从宏观的人力资源管理角度还是从具体的提升年长员工适应性绩效来说，一个迫切需要解决的问题是在组织中重新构建对年长人力资源价值和潜力的认知。这种认知的重构可以从管理层和员工层两个方向出发。

首先，从管理层面出发，要树立管理者尤其是直线领导对年长人力资源价值的正确认识。在任何组织中，年龄不应该轻易地被当作一种特质去本质化个体，换句话说不能简单地将年长和丧失工作能力结合来判断员工的人力资源价值。当一个组织将年龄作为能力的替代时，年龄歧视、年龄刻板印象、年龄定型观念就发生了。基于人力资源的保护理念，由于人力资源能动性和不可复制性，所有的员工无论年龄大小，都可成为循环可再生资源，通过对员工的充分培养和合理管理，能够在很长的时间内保持和不断提高其回报率。对于组织管理者来说，建立正确年龄观念是组织老龄化人力资源战略管理的第一步，因为从某种程度上看，管理者尤其是直线领导者的年龄观念，影响了他们在对员工招聘、培养、晋升等方面的决策，并且很可能由于这种态度和行为上的偏好表现而影响团队或组织成员的年龄偏好，最终构成组织年龄氛围。一种方法是把年龄理解为一种社会属性，将与年龄有关的价值丧失与社会强制性归类相联系，如不认为年龄大就没能力，而是要看到这种能力丧失背后的组织支持和工作设计问题。一个合格的管理者应该对组织人力资源的特性、分布、差异进行详细的划分和对比，并且明确组织所从事的活动对员工的常规性要求和非常规性要求。基于此，将不同特性的人力资源投入更合理的领域，而不是凭借个体偏见去拒绝所有的年长员工。应该始终相信组织中从来不存在没有价值的员工，只存在不会用人的领导。

其次，基于社会认同理论，构建组织内部群体认同，提高员工的归属感和忠诚度，增强员工面对环境变化的信心和能力。从员工层面来说，组织中年龄多样化能够为组织带来创新、传承、知识共享等好处，同时也会产生代际间的竞争及排斥现象。所以年龄多样化策略的实施具有一定的双面性。对管理者来说，如何在组织中促进多层次年龄群体相互融合成为关键。因为职场中的年龄歧视不仅会影响年长员工，来自代际间的冲突对年轻员工和组织绩效同样存在负面的影响。通过分类—精化模型可以发现，由于对任务的不同观点，多样性可以促进任务相关信息的更深层次处理，只有当群体成员认为他们在更高层次上拥有一个共同的群体成员时，这种多样性的积极效应才有望出现。因此构建共同群体认同成为一种有效的干预措施。管理者可以通过采取一系列措施来打破原有的基于年龄的情感认同，并避免年长员工自我负面归类，同时发展一种共同的组织身份构建策略，以尽可能减少来自年龄多样化的潜在负面影响（Riach，2007）。

（二）灵活性的人力资源管理

从年长员工适应性绩效的影响因素分析可知，无论是在工作还是适应性事件的处理都会受到各方面因素的影响。提升年长员工适应能力应从影响员工的关键因素入手。职场成功老龄化在组织管理中体现在人力资源管理上，能够帮助年长员工更快适应环境、角色的变化。组织面临的一个重要的挑战是制定什么样的政策和实践才能够鼓励年长员工保持和提升工作积极性和生产效率。因为员工的年龄是不断增长的，人力资源实践的效用和影响对员工来说也会随着时间推移而改变，相对于辞退或对年长员工调岗来说，组织根据年长员工的需求调整人力资源实践才是可持续发展的。

　　首先，可以根据工作资源—要求模型更好地理解人力资源管理与年长员工适应性绩效之间的关系。从个人要求和个人资源出发对目前所处公司的人力资源特征进行归类，可以分析每个员工的个人要求和个人资源，也可以按照个人要求和个人资源把不同的员工进行归类。从工作要求和工作资源对与员工有关的那些环境特征进行归类，其判断标准在于，个人要求和工作要求通常与员工的精力、成本等的损耗过程有关，而个人资源和工作资源则与工作中的成长、补充、协助等过程有关。根据对年长员工的重视程度，明确要求和资源是否匹配有利于组织以不同的方式调整人力资源实践来满足年长员工的需求。其中重视程度可以基于员工的日常绩效表现等量化指标构建的人才竞争模型来确定。

　　其次，实施基于年龄的人力资源管理实践，创建更加灵活的制度环境。人力资源管理的目的在于提高员工的技能，通过刺激员工的动机、组织承诺，促进员工更好地完成工作。在对不同年龄群体员工的需求、期望动机的差异性了解的基础上，设立针对性的人力资源策略。针对年长员工的人力资源管理设计有很多思路，如 Schlosser 和 Armstrong–Stassen（2008）针对年长员工提出了 7 个针对性的人力资源措施，即灵活的工作选择、培训和发展机会、工作设计、认可和尊重、绩效评估、薪酬以及退休前和退休后的选择。同时发现公平与尊重对年长员工尤为重要，然后是工作设计和薪酬。Kooij 等（2014）建立了针对年长员工的人力资源管理内容，包括发展性人力资源实践，如工作培训和发展；维护性人力资源实践，如工作安全和灵活的工作时间；利用性人力资源实践，如任务充实，参与决策；适应性人力资源实践，如减少工作量和兼职工作。总体来看，对年长员工的人力资源管理应该包括以下几点：第一，针对年长员工培训的规划和实施。一些组织中年长员工一直缺乏公平的培训资源，组织和管理者倾向于将更多的培训机会留给年轻员工，一是认为年长员工缺乏快速掌握和运用知识的能力，二是认为年长员工快要离开组织，无法实现培训价值转化。实际上从调查来看，年轻员工并不一定比年长员工更有忠诚度，并且年长员工丰富的工作经验和知识综合分析能力让其更擅长对知识进行总结和归纳。第二，要考虑年长员工的工作自主性问题。空间和时间上的工作自主性能提高年长员工的工作满意度并减少其倦怠感。组织可以建立基于一定条件的灵活的制度环境，如基于工作年限的适当的工作时间和空间的让渡，或者其他的形式，如兼职工作、灵活的工作安排、自愿降职、灵活福利和减少轮班。第三，为年长员工提供更多的工作机会。通过本书研究结果可以发现，年长员工并不会因为角色多样性或任务多样性而影响其适应性。相反，丰富的工作任务增加了年长员工的工作参与，提升了其工作绩效。而且精神激励对年长员工来说比物质激励更加重要，工作中的话语权、工作地位和工作参与度对年长员工更有吸引力。

（三）促进工作中的成功衰老

从个体与环境适应的角度来看，除改变环境外，还应关注个体在该过程中的重要作用。根据资源保存理论，个人资源有限的特点使年长员工随着年龄增长会改变工作目标和投入的方向。很多时候年长员工自身的年龄定型观念导致其错失成长发展机会甚至提前退休。组织中员工年龄是不断增长的，对任何年龄阶段的员工来说，提前做好应对衰老的准备是有必要的。作为年长员工，尤其是对45岁左右正处于职业生涯中晚期阶段的员工来说，正确看待年龄增长与工作关系是首要的。成功衰老是基于对那些职业生命周期更长的工作者提出的。随着时间推移，影响个体成功衰老的因素已经从健康、疾病、生活方式等生理方面转向生活满意、与年龄有关的适应和反应方式相结合。从个体角度出发，即将面对、正在面对或已经处于衰老期的员工可以采用选择、优化、补偿模型来促进成功老化。选择、优化和补偿模型是那些可以促进与年龄有关的优劣势资源平衡的各种个人策略的组合。具体来说可以采取三种策略来应对老化。

首先，选择。基于个人对资源优劣势的感知而设定的工作或生活上的目标及其优先级。随着年龄的增长，个体的时间限制认知不断增强，往往会选择将主要精力投入重点工作领域，而忽视甚至逃避那些他们认为不重要的工作。选择行为的目的在于对个体资源进行引导并防止过多目标导致的无效风险。同样选择策略也是对个人资源的一种主动分配。对于年长员工来说，要明确个人资源的结构，因为不明确个人优劣势的情况下设定的目标往往是模糊和盲目的。在此基础上，选择近期能够高效率实现的目标，和远期有可能实现的目标，可根据时间对目标实现的优先级进行排序，做出目标的规划，并有目的地延长职业生命周期。只有这样才能有效地分配个人资源，并有规划地实现职业发展目标和个人目标。

其次，优化。涉及学习和自我成长，主要指为了实现特定目标积极掌握和改进技术或方法。虽然优化过程通常涉及个人精力和时间的损耗，但年长员工可能表现出更高的毅力和韧性。基于时间限制的认知，往往年长员工不愿意在复杂和耗费时间的事件上给予过多关注。这导致很多年长员工在面对变化和困难的时候退缩及放弃。针对特定目标的时间和精力的消耗则不会导致年长员工的焦虑和不满情绪。年长员工需要做的就是在目标实现过程中做好信息获取和判断，以对自己所设定的目标进行改进。同时要注意在目标实现中期的自我总结和鼓励，这样也能够更好地保证目标的实现，增强自我效能感。

最后，补偿。为了弥补实现目标过程中资源不足或技术不足问题。当利用现在资源和现有的技术无法完成既定目标时，能够及时地寻找替代性的资源和技术来维持理想的绩效水平。除个人资源外，工作资源和家庭资源作为个人在社会活动中的重要补充资源，应该被积极利用。当发现能够补充和利用的资源时，在尽量不损耗个人资源的前提下，获取尽可能多的资源补充能够帮助员工更轻松和高效地实现目标。但是当预见到变化有可能导致目标无法实现，或者实现目标的过程消耗的资源无法承受时，应该及时调转方向。

# 第三节　研究不足与展望

本书基于对相关文献和理论的分析，运用质性分析方法分别确定了年长员工适应性绩效的结构维度、影响因素体系和关系模型。并通过工作要求—资源模型、工作调整理论、社会认同理论提出相应的假设，构建并检验了年长员工适应性绩效形成机制模型。但是受限于时间、资源和个人能力，本书仍存在以下不足：

第一，年长员工适应性绩效影响因素体系和适应性绩效形成机制模型在内容和结构上可以从更多角度进行补充和系统化。针对 70 份文本资料的关键事件分析得出年长员工适应性绩效的关键影响因素体系，共包含环境和个体因素两大类，五子类。但在研究中也发现，除本书已经发现的影响因素外，还存在一些未被提及的影响因素，如工作—家庭平衡等，未来可将影响因素体系进一步拓充并细分。在年长员工适应性绩效形成机制的模型构建上，基于相关理论选择了 5 个影响因素进入所形成的机制模型，未能将影响因素体系中的所有影响因素都纳入形成机制模型中进行检验，未来可以进一步基于相关理论构建并验证更多年长员工适应性绩效形成路径。

第二，研究样本量的不足，未能分行业、分工作性质对样本的适应性绩效进行深入分析。由于本书问卷设计 90 道题，因此在问卷收集过程中遇到诸多问题，在基于社会关系进行网络转发所获得的问卷量不足的情况下，又花费较长的时间进行实地调查和数据收集。后期通过相关平台所获得的数据，在进行清理过程中发现了较多的无效问卷。尽管两阶段的问卷调查共收集 1164 份，但正式问卷分析时只用到了 872 份。由于不同行业的特点，对年长员工的界定仍存在争议，对高知识高技术行业来说，45 岁及以上年龄员工的生产力和竞争力仍然较大，因此可从年龄视角对不同行业进行分类，并探讨不同行业中的年长员工适应性绩效问题。

第三，调研样本的随机性问题。尽管已经尽量扩大了问卷的发放范围，但通过滚雪球的方式所获得的样本很可能导致样本群体的类似。在描述性统计上能够体现出本次调查多数集中于本科学历以上人员，并且在政府机关和事业单位中工作的人较多，有可能导致在对年长员工适应性绩效影响因素和概念理解上带有群体性特点。未来需要对年长员工适应性绩效在更广范围内的应用和检验。

# 参考文献

［1］敖玲敏，吕厚超，黄希庭．社会情绪选择理论概述［J］．心理科学进展，2011，19（2）：217-223.

［2］陈亮，段兴民．基于行为的组织中层管理者工作绩效评价结构研究［J］．管理工程学报，2009，23（2）：44-49.

［3］陈晓暾，熊娟．职场排斥对知识型员工适应性绩效的影响：人格特质的调节作用［J］．领导科学，2017（32）：44-46.

［4］董临萍，李晓蓓，关涛．跨文化情境下员工感知的多元化管理、文化智力与工作绩效研究［J］．管理学报，2018，15（1）：30-38.

［5］冯明，陶祁．适应性绩效及其在人力资源管理中的应用［J］．北京市计划劳动管理干部学院学报，2005（4）：19-20.

［6］冯明，袁泉，焦静．企业员工责任心与绩效结构关系的实证研究［J］．科学决策，2012（1）：1-14.

［7］顾江洪，江新会，丁世青，谢立新，黄波．职业使命感驱动的工作投入：对工作与个人资源效应的超越和强化［J］．南开管理评论，2018，21（2）：107-120.

［8］顾倩妮，苏勇．职业适应能力对管理者职业成功的影响——适应性绩效的中介效应［J］．当代财经，2016（10）：80-86.

［9］郭爱妹，顾大男．成功老龄化：理论、研究与未来展望［J］．南京师范大学学报（社会科学版），2018（3）：102-110.

［10］胡丽红．年长员工知识共享内容结构探索及量表编制［J］．统

计与决策，2018，34（24）：185-188.

［11］胡晓燕．企业员工组织支持感与适应性绩效的关系研究［D］．天津师范大学，2015.

［12］黄杜渐．动态激励基层年长员工 盘活国企存续人力资源［J］．中国人力资源开发，2009（11）：22-24.

［13］黄丽，丁世青，谢立新，陈维政．组织支持对职业使命感影响的实证研究［J］．管理科学，2019，32（5）：48-59.

［14］李超平，张翼．角色压力源对教师生理健康与心理健康的影响［J］．心理发展与教育，2009，25（1）：114-119.

［15］李欣．乡镇领导干部团队胜任力及其对工作绩效的影响研究［J］．湖北社会科学，2014（6）：50-53.

［16］李英武，张海丽．工作压力、应对策略对适应性绩效、离职意愿的影响［C］．第二十一届全国心理学学术会议摘要集，2018.

［17］李亚云．心理资本在高校教师职业幸福感与工作绩效间的中介作用［J］．西北师大学报（社会科学版），2018，55（4）：125-129.

［18］李燚，蒋璐，张满，魏峰．个人资源和社会资本对工作绩效的提升路径研究［J］．预测，2019，38（3）：24-30.

［19］林新月，武晓龙，杜娟．中国员工动机性文化智力与适应性绩效的关系研究［J］．上海管理科学，2019，41（4）：51-59.

［20］刘夏怡，万文海．领导者共情能力对适应性绩效影响机制研究——工作重塑的中介作用［J］．科技与经济，2016，29（5）：70-75.

［21］栾贞增，杨东涛，詹小慧．代际差异视角下工作价值观对员工创新绩效的影响研究［J］．管理学报，2017，14（3）：355-363.

［22］马可一．新科技革命对人力资源管理提出的新要求——人力资源管理新趋势［J］．科技进步与对策，2003，20（5）：78-79.

［23］马凌，王瑜，邢芸．企业员工工作满意度、组织承诺与工作绩效关系［J］．企业经济，2013，32（5）：68-71.

［24］梅继霞．公务员品德胜任力的结构及对工作绩效的影响［J］．

中国行政管理，2017（1）：28-33.

　　［25］彭家敏，张德鹏．服务型企业一线员工服务适应性行为探索性研究［J］．南大商学评论，2015（2）：168-187.

　　［26］齐亚静，伍新春．工作要求—资源模型：理论和实证研究的拓展脉络［J］．北京师范大学学报（社会科学版），2018（6）：28-36.

　　［27］屈小爽．家庭旅游互动行为与体验价值研究［D］．中南财经政法大学，2018.

　　［28］谭乐，安立仁，宋合义．领导者获取信息偏好对适应性绩效的复合多重影响［J］．统计与信息论坛，2018，33（3）：114-121.

　　［29］汤丹丹，温忠麟．共同方法偏差检验：问题与建议［J］．心理科学，2020，43（1）：215-223.

　　［30］陶祁，王重鸣．管理培训背景下适应性绩效的结构分析［J］．心理科学，2006（3）：614-617+579.

　　［31］童玉芬，廖宇航．银发浪潮下的中国老年人力资源开发［J］．中国劳动关系学院学报，2020，34（2）：27-36.

　　［32］汪长玉，左美云．感知组织因素与工作意义对年长员工线下代际知识转移的影响研究［J］．管理学报，2020，17（8）：1228-1237.

　　［33］王斌，刘蕴．国外年轻领导对年长员工领导有效性的研究述评及展望［J］．科技进步与对策，2019，36（13）：154-160.

　　［34］王冬冬，金摇光，钱智超．自我决定视角下共享型领导对员工适应性绩效的影响机制研究［J］．科学学与科学技术管理，2019，40（6）：140-154.

　　［35］王萍，吴波．企业新入职大学生心理授权与适应性绩效的关系研究［J］．经营与管理，2015（3）：141-144.

　　［36］王胜桥．中国情景下适应性绩效构思研究［J］．商业研究，2006（9）：124-126.

　　［37］王世权，贾建锋．大型国企分公司总经理的胜任特征、工作绩效及其相互关系［J］．经济管理，2009，31（7）：86-95.

［38］王秀丽，窦媛媛，张昭俊．适应性绩效在高校科研团队中的应用［J］．科学管理研究，2011，29（5）：94-97.

［39］王忠军，张丽瑶，杨茵茵，王仁华，彭义升．职业生涯晚期工作重塑与工作中成功老龄化［J］．心理科学进展，2019，27（9）：1643-1655.

［40］温忠麟，张雷，侯杰泰，刘红云．中介效应检验程序及其应用［J］．心理学报，2004（5）：614-620.

［41］吴新辉，袁登华．适应性绩效：一个尚需深入研究的领域［J］．心理科学进展，2010，18（2）：339-347.

［42］徐建平，梅胜军．组织惯例构思的探索性开发：基于扎根理论方法［J］．技术经济，2019，38（10）：54-64.

［43］杨瑞．虚拟品牌社群顾客间互动的结构维度探索及测量量表开发［J］．管理学报，2017，14（1）：111-121.

［44］张阔，侯荼燕，杨柯，李萌．心理资本与工作绩效的关系：基于本土心理资本理论的视角［J］．心理学探新，2017，37（3）：262-268.

［45］张敏．教师自主学习调节模式及其机制［D］．浙江大学，2008.

［46］张群祥．质量管理实践对企业创新绩效的作用机制研究：创新心智模式的中介效应［D］．浙江大学，2012.

［47］张燕君．组织情境下人—组织匹配对个体绩效的影响研究［D］．中南大学，2011.

［48］张志华，章锦河，刘泽华，郑艺，杨嫚．旅游研究中的问卷调查法应用规范［J］．地理科学进展，2016，35（3）：368-375.

［49］赵简，孙健敏，张西超．工作要求—资源、心理资本对工作家庭关系的影响［J］．心理科学，2013，36（1）：170-174.

［50］郑云翔，杨浩，冯诗晓．高校教师信息化教学适应性绩效评价研究［J］．中国电化教育，2018（2）：21-28.

［51］周菲，张传庆．高绩效工作系统对员工工作行为的影响——心理资本中介作用的实证研究［J］．北京社会科学，2012（3）：33-40.

［52］ Alcover C M, Topa G. Work Characteristics, Motivational Orienta-tions, Psychological Work Ability and Job Mobility Intentions of Older Workers ［J］. Plos One, 2018, 13 (4): E0195973.

［53］ Allworth E, Hesketh B. Construct – Oriented Biodata: Capturing Change–Related and Contextually Relevant Future Performance ［J］. Interna-tional Journal of Selection and Assessment, 1999, 7 (2): 97-111.

［54］ Anindyajati M, Harding D, Koesma R E, et al. Organizational Com-mitment as a Mediator between Psychological Empowerment and Adaptive Per-formance among Doctors ［J］. International Journal of Marketing Studies, 2018 (8): 718-726.

［55］ Asheghi M, Hashemi E. The Relationship of Mindfulness with Burn-out and Adaptive Performance with the Mediatory Role of Resilience among Iranian Employees ［J］. Annals of Military and Health Sciences Research, 2019, 17 (1): 42-52.

［56］ Baard S K, Rench T A, Kozlowski S W J. Performance Adaptation: A Theoretical Integration and Review ［J］. Journal of Management, 2014, 40 (1): 48-99.

［57］ Bakker A B, Demerouti E. Job Demands–Resources Theory: Taking Stock and Looking Forward ［J］. Journal of Occupational Health Psychology, 2017, 22 (3): 273-285.

［58］ Bakker A B, Demerouti E. The Job Demands–Resources Model: State of the Art ［J］. Journal of Managerial Psychology, 2007, 22 (3): 309-328.

［59］ Bakker A B, Sanz–Vergel A I. Weekly Work Engagement and Flourish-ing: The Role of Hindrance and Challenge Job Demands ［J］. Journal of Voca-tional Behavior, 2013, 83 (3): 397-409.

［60］ Baltes P B, Staudinger U M. Wisdom: A Metaheuristic (Pragmatic) to Orchestrate Mind and Virtue toward Excellence ［J］. American Psychologist, 2000, 55 (1): 122-136.

［61］Bande B，Fernández-Ferrín P. How and When Does Emotional Intelligence Influence Salesperson Adaptive and Proactive Performance？［J］. European Management Review，2015，12（4）：261-274.

［62］Bayl-Smith P H，Griffin B. Maintenance of DA Fit through Work Adjustment Behaviors：The Moderating Effect of Work Style Fit［J］. Journal of Vocational Behavior，2018（106）：209-219.

［63］Bayl-Smith P H，Griffin B. Measuring Work Styles：Towards an Understanding of the Dynamic Components of the Theory of Work Adjustment［J］. Journal of Vocational Behavior，2015（90）：132-144.

［64］Bell B S，Kozlowski S W J. Active Learning：Effects of Core Training Design Elements on Self-Regulatory Processes，Learning，and Adaptability［J］. Journal of Applied Psychology，2008，93（2）：296-311.

［65］Bell B S，Kozlowski S W J. Adaptive Guidance：Enhancing Self-Regulation，Knowledge，and Performance in Technology-Based Training［J］. Personnel Psychology，2002，55（2）：267-306.

［66］Blickle G，Kramer J，Schneider P B，et al. Role of Political Skill in Job Performance Prediction beyond General Mental Ability and Personality in Cross-Sectional and Predictive Studies［J］. Journal of Applied Social Psychology，2011，41（2）：488-514.

［67］Bochatay N，Bajwa N M，Blondon K S，Junod Perron N，Cullati S，Nendaz M R. Exploring Group Boundaries and Conflicts：A Social Identity Theory Perspective［J］. Medical Education，2019，53（8）：799-807.

［68］Borman W C，Brush D H. More Progress toward a Taxonomy of Managerial Performance Requirements［J］. Human Performance，1993，6（1）：1-21.

［69］Bowen C E，Staudinger U M. Relationship between Age and Promotion Orientation Depends on Perceived Older Worker Stereotypes［J］. Journals of Gerontology Series B：Psychological Sciences and Social Sciences，2013，68（1）：59-63.

［70］Bravo G，Viviani C，Lavallière M，Arezes P，Martínez M，Dianat I，et al. Do Older Workers Suffer More Workplace Injuries？A Systematic Review ［J］. International Journal of Occupational Safety and Ergonomics，2020（1）：1-56.

［71］Bröder A，Schiffer S. Adaptive Flexibility and Maladaptive Routines in Selecting Fast and Frugal Decision Strategies ［J］. Journal of Experimental Psychology：Learning，Memory，and Cognition，2006，32（4）：904-918.

［72］Burch G S J，Pavelis C，Port R L. Selecting for Creativity and Innovation：The Relationship between the Innovation Potential Indicator and the Team Selection Inventory ［J］. International Journal of Selection and Assessment，2008，16（2）：177-181.

［73］Cai W，Lysova E I，Bossink B A G，et al. Psychological Capital and Self-Reported Employee Creativity：The Moderating Role of Supervisor Support and Job Characteristics ［J］. Creativity and Innovation Management，2019，28（1）：30-41.

［74］Campbell J P，Wiernik B M. The Modeling and Assessment of Work Performance ［J］. The Annual Review of Organizational Psychology and Organizational Behavior，2015，2（1）：47-74.

［75］Campbell J P，Mccloy R A，Oppler S H，Sager C E. A Theory of Performance ［M］//Schmitt N，Borman W C. Personnel Selection in Organizations. San Francisco：Jossey-Bass，1993：35-69.

［76］Caricati L，Sollami A. Contrasting Explanations for Status-Legitimacy Effects Based on System Justification Theory and Social Identity Theory ［J］. Journal of Theoretical Social Psychology，2018，2（1）：13-25.

［77］Chand M，Markova G. The European Union's Aging Population：Challenges for Human Resource Management ［J］. Thunderbird International Business Review，2019，61（3）：519-529.

［78］Chang P F，Choi Y H，Bazarova N N，et al. Age Differences in Online Social Networking: Extending Socioemotional Selectivity Theory to Social Network Sites [J] . Journal of Broadcasting & Electronic Media, 2015, 59 (2): 221-239.

[79] Chang W, Atanasov P, Patil S, et al. Accountability and Adaptive Performance under Uncertainty: A Long-Term View [J] . Judgment & Decision Making, 2017, 12 (6): 33-41.

[80] Charbonnier-Voirin A, El Akremi A, Vandenberghe C. A Multilevel Model of Transformational Leadership and Adaptive Performance and the Moderating Role of Climate for Innovation [J] . Group & Organization Management, 2010, 35 (6): 699-726.

[81] Charbonnier-Voirin A, Roussel P. Adaptive Performance: A New Scale to Measure Individual Performance in Organizations [J] . Canadian Journal of Administrative Sciences, 2012, 29 (3): 280-293.

[82] Chen G, Thomas B, Wallace J C. A Multilevel Examination of the Relationships among Training Outcomes, Mediating Regulatory Processes, and Adaptive Performance [J] . Journal of Applied Psychology, 2005, 90 (5): 827-833.

[83] Chen R R, Davison R. Frontline Employees' Adaptive Performance in Service Encounters: The Driving Force of CRM Systems [J] . CRM Systems-driven Adaptive Performance, 2015 (1): 1-6.

[84] Chiang Y H, Hsu C C, Shih H A. Experienced High Performance Work System, Extroversion Personality, and Creativity Performance [J] . Asia Pacific Journal of Management, 2015, 32 (2): 531-549.

[85] Childs J H, Stoeber J. Self-Oriented, Other-Oriented, and Socially Prescribed Perfectionism in Employees: Relationships with Burnout and Engagement [J] . Journal of Workplace Behavioral Health, 2010, 25 (4): 269-281.

[86] Chiu W C K, Chan A W, Snape E, et al. Age Stereotypes and Dis-

criminatory Attitudes towards Older Workers: An East-West Comparison [J]. Human Relations, 2001, 54 (5): 629-661.

[87] Cooke F L, Cooper B, Bartram T, et al. Mapping the Relationships between High-Performance Work Systems, Employee Resilience and Engagement: A Study of the Banking Industry in China [J]. The International Journal of Human Resource Management, 2019, 30 (8): 1239-1260.

[88] Corbin J M, Strauss A. Grounded Theory Research: Procedures, Canons, and Evaluative Criteria [J]. Qualitative Sociology, 1990, 13 (1): 3-21.

[89] Cronshaw S F, Jethmalani S. The Structure of Workplace Adaptive Skill in a Career Inexperienced Group [J]. Journal of Vocational Behavior, 2005, 66 (1): 45-65.

[90] Crowley M L. Predicting Job Adaptability: A Facet-Level Examination of the Relationship between Conscientiousness and Adaptive Performance with Autonomy as a Moderator [D]. Indiana's Land: Purdue University, 2011.

[91] Cullen K L, Edwards B D, Casper W C, et al. Employees' Adaptability and Perceptions of Change-Related Uncertainty: Implications for Perceived Organizational Support, Job Satisfaction, and Performance [J]. Journal of Business and Psychology, 2014, 29 (2): 269-280.

[92] Dang N, Nguyen Q, Ha V. The Relationship between Talent Management and Talented Employees' Performance: Empirical Investigation in the Vietnamese Banking Sector [J]. Management Science Letters, 2020, 10 (10): 2183-2192.

[93] Dawis R, Lofquist L H. A Note on the Dynamics of Work Adjustment [J]. Journal of Vocational Behavior, 1978, 12 (1): 76-79.

[94] De Lange A H, Taris T W, Jansen P, et al. Age as a Factor in the Relation between Work and Mental Health: Results from the Longitudinal TAS Survey [J]. Occupational Health Psychology: European Perspectives on Re-

search, Education and Practice, 2006 (1): 21-45.

[95] Demerouti E, Bakker A B, Leiter M. Burnout and Job Performance: The Moderating Role of Selection, Optimization, and Compensation Strategies [J] . Journal of Occupational Health Psychology, 2014, 19 (1): 96-107.

[96] Demerouti E, Bakker A B, Nachreiner F, et al. The Job Demands-Resources Model of Burnout [J] . Journal of Applied Psychology, 2001, 86 (3): 499-512.

[97] Dharmasiri Kirige I E, Nielsen I, Newman A, et al. Impact of Psychological Capital on the Relationship between LMX and Adaptive Performance [C] . Academy of Management Proceedings. Briarcliff Manor, NY 10510: Academy of Management, 2019 (1): 16904.

[98] Dicke T, Stebner F, Linninger C, et al. A Longitudinal Study of Teachers' Occupational Well - Being: Applying the Job Demands - Resources Model [J] . Journal of Occupational Health Psychology, 2018, 23 (2): 262-313.

[99] Didin K. The Mediating Roles of Trust and Value Congruence on the Relationship between Transformational Leadership and Adaptive Performance [J]. Russian Journal of Agricultural and Socio-Economic Sciences, 2017, 64 (4): 126-132.

[100] Dobrow S R, Tosti-Kharas J. Calling: The Development of a Scale Measure [J] . Personnel Psychology, 2011, 64 (4): 1001-1049.

[101] Donizzetti A R. Ageism in an Aging Society: The Role of Knowledge, Anxiety about Aging, and Stereotypes in Young People and Adults [J]. International Journal of Environmental Research and Public Health, 2019, 16 (8): 1329-1339.

[102] Echchakoui S. Effect of Salesperson Personality on Sales Performance from the Customer's Perspective: Application of Socioanalytic Theory [J]. European Journal of Marketing, 2017, 5 (9/10): 1739-1767.

[103] Fagan C, Walthery P. Job Quality and the Perceived Work–Life Balance Fit between Work Hours and Personal Commitments: A Comparison of Parents and Older Workers in Europe [M] //Drobnič S, Guillén A M. Work–Life Balance in Europe. London: Palgrave Macmillan, 2011: 69-94.

[104] Fasbender U, Wang M, Wöhrmann A M, et al. Late Career Planning: Career Adaptability, Aging Experience, and Occupational Future Time Perspective [J]. Innovation in Aging, 2018, 2 (1): 861-862.

[105] Ferrucci P, Tandoc E C. The Spiral of Stereotyping: Social Identity Theory and NFL Quarterbacks [J]. Howard Journal of Communications, 2018, 29 (2): 107-125.

[106] Flanagan J C. The Critical Incident Technique [J]. Psychological Bulletin, 1954, 51 (4): 327-359.

[107] Flower D J C, Tipton M J, Milligan G S. Considerations for Physical Employment Standards in the Aging Workforce [J]. Work, 2019 (1): 1-11.

[108] Fogaça N, Rego M C B, Melo M C C, et al. Job Performance Analysis: Scientific Studies in the Main Journals of Management and Psychology from 2006 to 2015 [J]. Performance Improvement Quarterly, 2018, 30 (4): 231-247.

[109] Fraser L, Mckenna K, Turpin M, et al. Older Workers: An Exploration of the Benefits, Barriers and Adaptations for Older People in the Workforce [J]. Work, 2009, 33 (3): 261-272.

[110] Froidevaux A, Alterman V, Wang M. Leveraging Aging Workforce and Age Diversity to Achieve Organizational Goals: A Human Resource Management Perspective [M] //Czaja S J, Sharit J, James J B. Current and Emerging Trends in Aging and Work. Cham: Springer, 2020: 33-58.

[111] Garrosa E, Moreno-Jiménez B, Rodríguez-Muñoz A, et al. Role Stress and Personal Resources in Nursing: A Cross-Sectional Study of Burnout and Engagement [J]. International Journal of Nursing Studies, 2011, 48

（4）：479-489.

［112］Ghousseini H, Beasley H, Lord S. Investigating the Potential of Guided Practice with an Enactment Tool for Supporting Adaptive Performance ［J］. Journal of the Learning Sciences, 2015, 24 （3）：461-497.

［113］Glöckner A, Hilbig B E, Jekel M. What is Adaptive about Adaptive Decision Making? A Parallel Constraint Satisfaction Account ［J］. Cognition, 2014, 133 （3）：641-666.

［114］Grandey A A, Cropanzano R. The Conservation of Resources Model Applied to Work-family Conflict and Strain ［J］. Journal of Vocational Behavior, 1999, 54 （2）：350-370.

［115］Griffin B, Hesketh B. Adaptable Behaviours for Successful Work and Career Adjustment ［J］. Australian Journal of Psychology, 2003, 55 （2）：65-73.

［116］Griffin M A, Parker S K, Mason C M. Leader Vision and the Development of Adaptive and Proactive Performance：A Longitudinal Study ［J］. Journal of Applied Psychology, 2010, 95 （1）：174-182.

［117］Guglielmi D, Simbula S, Schaufeli W B, et al. Self-Efficacy and Workaholism as Initiators of the Job Demands-Resources Model ［J］. Career Development International, 2012, 17 （4）：375-389.

［118］Gwinner K P, Bitner M J, Brown S W, et al. Service Customization through Employee Adaptiveness ［J］. Journal of Service Research, 2005, 8 （2）：131-148.

［119］Hameed F, Bashir S. Front Line Female Hospitality Worker's Emotional Labor and Adaptive Performance：Does Islamic Work Ethics Moderate Relationship? ［J］. Journal of Managerial Sciences, 2017, 6 （3）：49-72.

［120］Han T Y, Williams K J. Multilevel Investigation of Adaptive Performance：Individual-and Team-Level Relationships ［J］. Group & Organization Management, 2008, 33 （6）：657-684.

［121］ Hardy III J H, Imose R A, Day E A. Relating Trait and Domain Mental Toughness to Complex Task Learning ［J］. Personality and Individual Differences, 2014 (68): 59-64.

［122］ Harris K, Krygsman S, Waschenko J, et al. Ageism and the Older Worker: A Scoping Review ［J］. The Gerontologist, 2018, 58 (2): E1-E14.

［123］ Hartnett H P, Tabone J K, Orlsene L. Aging at Work: The Importance of Understanding Accommodation in Social Work Practice ［J］. Journal of Sociology, 2019, 7 (1): 36-43.

［124］ Hauk N, Göritz A S, Krumm S. The Mediating Role of Coping Behavior on the Age-Technostress Relationship: A Longitudinal Multilevel Mediation Model ［J］. Plos One, 2019, 14 (3): E0213349.

［125］ Hayes A F. Process: A Versatile Computational Tool for Observed Variable Mediation, Moderation, and Conditional Process Modeling ［Z］. 2012.

［126］ Hedge J W. Strategic Human Resource Management and the Older Worker ［J］. Journal of Workplace Behavioral Health, 2008, 23 (1-2): 109-123.

［127］ Heimbeck D, Frese M, Sonnentag S, et al. Integrating Errors into the Training Process: The Function of Error Management Instructions and the Role of Goal Orientation ［J］. Personnel Psychology, 2003, 56 (2): 333-361.

［128］ Hengel K M O, Blatter B M, Geuskens G A, et al. Factors Associated with the Ability and Willingness to Continue Working Until the Age of 65 in Construction Workers ［J］. International Archives of Occupational and Environmental Health, 2012, 85 (7): 783-790.

［129］ Hertel G, Rauschenbach C, Thielgen M M, et al. Are Older Workers More Active Copers? Longitudinal Effects of Age-Contingent Coping on Strain at Work ［J］. Journal of Organizational Behavior, 2015, 36 (4): 514-537.

［130］ Hess M, Nauman E, Steinkopf L. Population Ageing, the Intergenerational Conflict, and Active Ageing Policies-A Multilevel Study of 27 European Countries ［J］. Journal of Population Ageing, 2017, 10 (1): 11-23.

［131］ Hirschi A, Keller A C, Spurk D. Calling as a Double-Edged Sword for Work-Nonwork Enrichment and Conflict among Older Workers ［J］. Journal of Vocational Behavior, 2019 (114): 100-111.

［132］ Hosseini Koukamari P, Naami A, Allahyari T. Confirmatory and Exploratory Factor Analyses of Adaptive Performance Scale: A Study among Hospital Nurses ［J］. Iranian Journal of Ergonomics, 2015, 3 (1): 41-49.

［133］ Howe M. General Mental Ability and Goal Type as Antecedents of Recurrent Adaptive Task Performance ［J］. Journal of Applied Psychology, 2019, 104 (6): 796-848.

［134］ Huang J L, Ryan A M, Zabel K L, et al. Personality and Adaptive Performance at Work: A Meta-Analytic Investigation ［J］. Journal of Applied Psychology, 2014, 99 (1): 162-179.

［135］ Inuwa M. Job Satisfaction and Employee Performance: An Empirical Approach ［J］. The Millennium University Journal, 2016, 1 (1): 90-103.

［136］ Jeske D, Setti A, Gibbons D B. Views on Aging in Selection: HR Implications ［J］. Strategic HR Review, 2019, 18 (5): 227-232.

［137］ Jiang Z, Hu X, Wang Z. Career Adaptability and Plateaus: The Moderating Effects of Tenure and Job Self-Efficacy ［J］. Journal of Vocational Behavior, 2018 (104): 59-71.

［138］ Johnson M D, Hollenbeck J R, Humphrey S E, et al. Cutthroat Cooperation: Asymmetrical Adaptation to Changes in Team Reward Structures ［J］. Academy of Management Journal, 2006, 49 (1): 103-119.

［139］ Johnson M D, Anderson E W, Fornell C. Rational and Adaptive Performance Expectations in a Customer Satisfaction Framework ［J］. Journal of Consumer Research, 1995, 21 (4): 695-707.

[140] Joung W, Hesketh B, Neal A. Using "War Stories" to Train for Adaptive Performance: Is it Better to Learn from Error or Success? [J]. Applied Psychology, 2006, 55 (2): 282-302.

[141] Jundt D K, Shoss M K, Huang J L. Individual Adaptive Performance in Organizations: A Review [J] . Journal of Organizational Behavior, 2014, 36 (S1): S53-S71.

[142] Kanten P, Kanten S, Gurlek M. the Effects of Organizational Structures and Learning Organization on Job Embeddedness and Individual Adaptive Performance [J] . Procedia Economics and Finance, 2015 (23): 1358-1366.

[143] Karatepe O M. Do Personal Resources Mediate the Effect of Perceived Organizational Support on Emotional Exhaustion and Job Outcomes? [J]. International Journal of Contemporary Hospitality Management, 2015, 27 (1): 4-26.

[144] Kaya B, Karatepe O M. Does Servant Leadership Better Explain Work Engagement, Career Satisfaction and Adaptive Performance than Authentic Leadership?[J] . International Journal of Contemporary Hospitality Management, 2020, 32 (6): 2075-2095.

[145] Kenny G P, Groeller H, Mcginn R, et al. Age, Human Performance, and Physical Employment Standards [J] . Applied Physiology, Nutrition, and Metabolism, 2016, 41 (6): S92-S107.

[146] Knies E, Leisink P, Thijssen J. The Role of Line Managers in Motivation of Older Workers [M] //Bal P M, Kooij D T A M, Rousseau D M. Aging Workers and the Employee-Employer Relationship. Cham: Springer, 2015: 73-86.

[147] Kong W. Predicting Adaptive Performance: The Components, Effect, and Training of Adaptive Expertise [D] . Columbia: George Mason University, 2018.

[148] Kooij D T A M, Jansen P G W, Dikkers J S E, et al. Managing

Aging Workers: A Mixed Methods Study on Bundles of HR Practices for Aging Workers [J] . The International Journal of Human Resource Management, 2014, 25 (15): 2192-2212.

[149] Kooij D, De Lange A, Jansen P, et al. Older Workers' Motivation to Continue to Work: Five Meanings of Age [J] . Journal of Managerial Psychology, 2008, 23 (4): 364-394.

[150] Koopmans L, Bernaards C, Hildebrandt V, et al. Development of an Individual Work Performance Questionnaire [J] . International Journal of Productivity and Performance Management, 2013, 61 (2): 6-28.

[151] Kozlowski S W, DeShon R P, Schmidt A M, et al. Developing Adaptive Teams: Training Strategies, Learning Processes, and Performance Adaptability [R] . Michigan: Michigan State Univ East Lansing Contract and Grant Administration, 2001.

[152] Kraak J M, Lunardo R, Herrbach O, et al. Promises to Employees Matter, Self-Identity too: Effects of Psychological Contract Breach and Older Worker Identity on Violation and Turnover Intentions [J] . Journal of Business Research, 2017 (70): 108-117.

[153] Lecce S, Ceccato I, Rosi A, Bianco F, Bottiroli S, Cavallini E. Theory of Mind Plasticity in Aging: The Role of Baseline, Verbal Knowledge, and Executive Functions [J] . Neuropsychological Rehabilitation, 2019, 29 (3): 440-455.

[154] Lee K J. Sense of Calling and Career Satisfaction of Hotel Frontline Employees [J] . International Journal of Contemporary Hospitality Management, 2016, 28 (2): 346-365.

[155] Lee R T, Ashforth B E. A Meta-Analytic Examination of the Correlates of the Three Dimensions of Job Burnout [J] . Journal of applied Psychology, 1996, 81 (2): 123-133.

[156] Leischnig A, Kasper-Brauer K. Employee Adaptive Behavior in

Service Enactments［J］. Journal of Business Research, 2015, 68（2）: 273-
280.

［157］Lepine J A, Colquitt J A, Erez A. Adaptability to Changing Task
Contexts: Effects of General Cognitive Ability, Conscientiousness, and Open-
ness to Experience［J］. Personnel Psychology, 2000, 53（3）: 563-593.

［158］Lin L S. Team Temporal Norm, Perceived Control of Time and Em-
ployee Adaptive Performance: Cross-Level Moderation Effects of Temporal Man-
agement Practices［D］. Taiwan: National Sun Yatsen University, 2012.

［159］Linaker C H, D'Angelo S, Syddall H E, et al. Body Mass Index
（BMI）and Work Ability in Older Workers: Results from the Health and Em-
ployment after Fifty（HEAF）Prospective Cohort Study［J］. International Jour-
nal of Environmental Research and Public Health, 2020, 17（5）: 1647-
1659.

［160］Lloyd C, King R, Chenoweth L. Social Work, Stress and Burnout:
A Review［J］. Journal of Mental Health, 2002, 11（3）: 255-265.

［161］Lorente L, Salanova M, MartíNez I M, et al. How Personal Re-
sources Predict Work Engagement and Self-Rated Performance among Construc-
tion Workers: A Social Cognitive Perspective［J］. International Journal of Psy-
chology, 2014, 49（3）: 200-207.

［162］Luthans F, Luthans K W, Luthans B C. Positive Psychological
Capital: Beyond Human and Social Capital［J］. Business Horizons, 47（1）:
45-50.

［163］Macey W H, Schneider B. The Meaning of Employee Engagement
［J］. Industrial and Organizational Psychology, 2008, 1（1）: 3-30.

［164］Mäcken J. Work Stress among Older Employees in Germany: Effects
on Health and Retirement Age［J］. PloS One, 2019, 14（2）: e0211487.

［165］Mackey M G, Bohle P, Taylor P, et al. Walking to Wellness in an
Ageing Sedentary University Community: Design, Method and Protocol［J］.

Contemporary Clinical Trials, 2011, 32 (2): 273-279.

[166] Mäder I A, Niessen C. Nonlinear Associations between Job Insecurity and Adaptive Performance: The Mediating Role of Negative Affect and Negative Work Reflection [J]. Human Performance, 2017, 30 (5): 231-253.

[167] Mansour S, Tremblay D G. What Strategy of Human Resource Management to Retain Older Workers? [J]. International Journal of Manpower, 2019, 40 (1): 135-153.

[168] Marques-Quinteiro P, Vargas R, Eifler N, et al. Employee Adaptive Performance and Job Satisfaction during Organizational Crisis: The Role of Self-Leadership [J]. European Journal of Work and Organizational Psychology, 2019, 28 (1): 85-100.

[169] Matthews R A, Bulger C A, Barnes-Farrell J L. Work Social Supports, Role Stressors, and Work-Family Conflict: The Moderating Effect of Age [J]. Journal of Vocational Behavior, 2010, 76 (1): 78-90.

[170] Mauno S, Kinnunen U M, Ruokolainen M. Job Demands and Resources as Antecedents of Work Engagement: A Longitudinal Study [J]. Journal of Vocational Behavior, 2007 (70): 149-171.

[171] McCarthy J, Heraty N, Cross C, et al. Who Is Considered an "Older Worker"? Extending Our Conceptualisation of "Older" from an Organisational Decision Maker Perspective [J]. Human Resource Management Journal, 2014, 24 (4): 374-393.

[172] McFarland R G. A Conceptual Framework of Macrolevel and Microlevel Adaptive Selling Theory, Setting a Research Agenda, and Suggested Measurement Strategies [J]. Journal of Personal Selling & Sales Management, 2019, 39 (3): 207-221.

[173] McGregor J, Gray L. Stereotypes and Older Workers: The New Zealand Experience [J]. Social Policy Journal of New Zealand, 2002 (18): 163-177.

[174] Meisner B A. A Meta-Analysis of Positive and Negative Age Stereotype Priming Effects on Behavior among Older Adults [J]. Journals of Gerontology Series B: Psychological Sciences and Social Sciences, 2012, 67 (1): 13-17.

[175] Miao C F, Evans K R. The Interactive Effects of Sales Control Systems on Salesperson Performance: A Job Demands-Resources Perspective [J]. Journal of the Academy of Marketing Science, 2013, 41 (1): 73-90.

[176] Miao R, Cao Y. High-Performance Work System, Work Well-Being, and Employee Creativity: Cross-Level Moderating Role of Transformational Leadership [J]. International Journal of Environmental Research and Public Health, 2019, 16 (9): 1640-1663.

[177] Monteiro A R O V. The Impact of Job Insecurity on Adaptive Performance Via Burnout [D]. Portugal: Nova School of Business and Economics, 2015.

[178] Monteiro M S, Ilmarinen J, Filho H R C. Work Ability of Workers in Different Age Groups in a Public Health Institution in Brazil [J]. International Journal of Occupational Safety and Ergonomics, 2006, 12 (4): 417-427.

[179] Moulaert T, Biggs S. International and European Policy on Work and Retirement: Reinventing Critical Perspectives on Active Ageing and Mature Subjectivity [J]. Human Relations, 2013, 66 (1): 23-43.

[180] Moyers P A, Coleman S D. Adaptation of the Older Worker to Occupational Challenges [J]. Work, 2004, 22 (2): 71-78.

[181] Mulders J O, Henkens K, Schippers J. European Top Managers' Age-Related Workplace Norms and Their Organizations' Recruitment and Retention Practices Regarding Older Workers [J]. The Gerontologist, 2017, 57 (5): 857-866.

[182] Mumford M D, Baughman W A, Threlfall K V, et al. Personality, Adaptability, and Performance: Performance on Well-Defined Problem Solving

226

Tasks [J] . Human Performance, 1993, 6 (3): 241-285.

[183] Naami A, Behzadi E, Parisa H, et al. A Study on the Personality Aspects of Adaptive Performance among Governmental Hospitals Nurses: A Conceptual Model [J] . Procedia – Social and Behavioral Sciences, 2014, 159 (1): 359-364.

[184] Niessen C, Swarowsky C, Leiz M. Age and Adaptation to Changes in the Workplace [J] . Journal of Managerial Psychology, 2010, 25 (4): 356-383.

[185] Niessen C, Jimmieson N L. Threat of Resource Loss: The Role of Self-Regulation in Adaptive Task Performance [J] . Journal of Applied Psychology, 2016, 101 (3): 450-462.

[186] Nilsson K. Attitudes of Managers and Older Workers to Each Other and the Effects on the Decision to Extend Working Life [M] //Ennals R, Salomon R H. Older Workers in a Sustainable Society. Frankfurt Am Main: Peter Lang Verlag, 2011: 147-156.

[187] North M S, Fiske S T. Resource Scarcity and Prescriptive Attitudes Generate Subtle, Intergenerational Older-Worker Exclusion [J] . Journal of Social Issues, 2016, 72 (1): 122-145.

[188] O'Connell D J, McNeely E, Hall D T. Unpacking Personal Adaptability at Work [J] . Journal of Leadership & Organizational Studies, 2008, 14 (3): 248-259.

[189] Oliveira E A S, Cabral-Cardoso C J. Buffers or Boosters? The Role of HRM Practices in Older Workers' Experience of Stereotype Threat [J] . The Journal of Psychology, 2018, 152 (1): 36-59.

[190] Oolders T, Chernyshenko O S, Stark S. Cultural Intelligence as a Mediator of Relationships between Openness to Experience and Adaptive Performance [J] . Handbook of Cultural Intelligence: Theory, Measurement, and Applications, 2008 (1): 145-158.

［191］Oprins E A P B, Bosch K, Van Den, Venrooij W. Measuring Adaptability Demands of Jobs and the Adaptability of Military and Civilians ［J］. Military Psychology, 2018, 30 (6): 576-589.

［192］Pan W, Sun L Y. A Self-Regulation Model of Zhong Yong Thinking and Employee Adaptive Performance ［J］. Management and Organization Review, 2018, 14 (1): 135-159.

［193］Park S, Park S. Employee Adaptive Performance and Its Antecedents: Review and Synthesis ［J］. Human Resource Development Review, 2019, 18 (3): 294-324.

［194］Ployhart R E, Bliese P D. Individual Adaptability (I-ADAPT) Theory: Conceptualizing the Antecedents, Consequences, and Measurement of Individual Differences in Adaptability ［M］//Shawn Burke C, Pierce L G, Salas E. Understanding Adaptability: A Prerequisite for Effective Performance within Complex Environments. Bingley: Emerald Group Publishing Limited, 2006: 3-39.

［195］Pradhan R K, Jena L K, Singh S K. Examining the Role of Emotional Intelligence between Organizational Learning and Adaptive Performance in Indian Manufacturing Industries ［J］. Journal of Workplace Learning, 2017, 29 (3): 235-247.

［196］Pratiwi I Y, Ratnadi N M, Suprasto H B, Sujana I K. The Effect of Role Conflict, Role Ambiguity, and Role Overload in Burnout Government Internal Supervisors with Tri Hita Karana Culture as Moderation ［J］. International Research Journal of Management, IT and Social Sciences, 2019, 6 (3): 61-69.

［197］Pulakos E D, Arad S, Donovan M A, et al. Adaptability in the Workplace: Development of A Taxonomy of Adaptive Performance ［J］. Journal of Applied Psychology, 2000, 85 (4): 612-624.

［198］Pulakos E D, Schmitt N, Dorsey D W, Arad S, Borman W C, Hedge J W. Predicting Adaptive Performance: Further Tests of a Model of Adaptability [J] . Human Performance, 2002, 15 (4): 299-323.

[199] Rattray J, Jones M C. Essential Elements of Questionnaire Design and Development [J] . Journal of Clinical Nursing, 2007, 16 (2): 234-243.

[200] Riach K. "Othering" Oder Worker Identity in Recruitment [J]. Human Relations, 2007, 60 (11): 1701-1726.

[201] Riolli L, Savicki V. Optimism and Coping as Moderators of the Relation between Work Resources and Burnout in Information Service Workers [J]. International Journal of Stress Management, 2003, 10 (3): 235-252.

[202] Roberts B W, Walton K E, Viechtbauer W. Patterns of Mean-Level Change in Personality Traits across the Life Course: A Meta-Analysis of Longitudinal Studies [J] . Psychological Bulletin, 2006, 132 (1): 1-25.

[203] Rodriguez-Cifuentes F, Farfán J, Topa G. Older Worker Identity and Job Performance: The Moderator Role of Subjective Age and Self-Efficacy [J] . International Journal of Environmental Research and Public Health, 2018, 15 (12): 2731-2743.

[204] Rosen M A, Bedwell W L, Wildman J L, et al. Managing Adaptive Performance in Teams: Guiding Principles and Behavioral Markers for Measurement [J] . Human Resource Management Review, 2011, 21 (2): 107-122.

[205] Saks A M. The Meaning and Bleeding of Employee Engagement: How Muddy is the Water? [J]. Industrial and Organizational Psychology, 2008, 1 (1): 40-43.

[206] Schaufeli W B. Applying the Job Demands-Resources Model [J]. Organizational Dynamics, 2017, 2 (46): 120-132.

[207] Scheibe S, Moghimi D. Age and Context Effects in Daily Emotion Regulation and Well-Being at Work [J] . Work, Aging and Retirement, 2019 (1): 31-45.

[208] Scheibe S, Zacher H. A Lifespan Perspective on Emotion Regulation, Stress, and Well-Being in the Workplace [M] //Rosen C C, Halbesle-

ben J R B, Perrewé P L. The Role of Emotion and Emotion Regulation in Job Stress and Well - Being. UK: Emerald Group Publishing Limited, 2013: 163-193.

[209] Schlosser F K, Armstrong-Stassen M. Benefits of a Supportive Development Climate for Older Workers [J]. Journal of Managerial Psychology, 2008, 23 (4): 419-437.

[210] Schraub E M, Stegmaier R, Sonntag K. The Effect of Change on Adaptive Performance: Does Expressive Suppression Moderate the Indirect Effect of Strain? [J]. Journal of Change Management, 2011, 11 (1): 21-44.

[211] Shane J, Hamm J, Heckhausen J. Subjective Age At Work: Feeling Younger or Older Than One's Actual Age Predicts Perceived Control and Motivation at Work [J]. Work, Aging and Retirement, 2019, 5 (4): 323-332.

[212] Shdaifat F H A A L. Cross Cultural Competence, Human Resource Management Practices, Cross Cultural Adjustment and Adaptive Performance among Jordanian Military Leaders in United Nations Peacekeeping [D]. Malaysia: Universiti Utara Malaysia, 2014.

[213] Shiu E, Hassan L M, Parry S. The Moderating Effects of National Age Stereotyping on the Relationships between Job Satisfaction and Its Determinants: A Study of Older Workers across 26 Countries [J]. British Journal of Management, 2015, 26 (2): 255-272.

[214] Shoss M K, Witt L A, Vera D. When Does Adaptive Performance Lead to Higher Task Performance? [J]. Journal of Organizational Behavior, 2012, 33 (7): 910-924.

[215] Smeaton D, White M. The Growing Discontents of Older British Employees: Extended Working Life at Risk from Quality of Working Life [J]. Social Policy and Society, 2016, 15 (3): 369-385.

[216] Smedley K. Age Matters: Employing, Motivating and Managing

Older Workers ［M］. UK: Gower Publishing, 2017: 162-164.

［217］ Solem P E, Syse A, Furunes T, et al. To Leave or Not to Leave: Retirement Intentions and Retirement Behaviour ［J］. Ageing & Society, 2016, 36 (2): 259-281.

［218］ Sree D V, Gunaseelan R. Leader Initiating Structure and Leader Consideration as Predictors of Employees' Adaptive Performance: An Empirical Study ［J］. Asian Journal of Management, 2017, 8 (3): 695-704.

［219］ Stańczyk S. Climate for Innovation Impacts on Adaptive Performance. Conceptualization, Measurement, and Validation ［J］. Management, 2017, 21 (1): 40-57.

［220］ Stasielowicz L. Goal Orientation and Performance Adaptation: A Meta-Analysis ［J］. Journal of Research in Personality, 2019 (82): 103847.

［221］ Sterns H L, Doverspike D. Aging and the Retraining and Learning Process in Organizations ［M］//Goldstein I, Katzel R. Training and Development in Work Organizations. San Francisco: Jossey-Bass, 1989: 229-332.

［222］ Stirpe L, Trullen J, Bonache J. Retaining an Ageing Workforce: The Effects of High-Performance Work Systems and Flexible Work Programmes ［J］. Human Resource Management Journal, 2018, 28 (4): 585-604.

［223］ Stitt-Gohdes W L, Lambrecht J J, Redmann D H. The Critical-Incident Technique in Job Behavior Research ［J］. Journal of Vocational Education Research, 2000, 25 (1): 63-77.

［224］ Strate M L. Career Development and Older Workers: A Study Evaluating Adaptability in Older Workers Using Hall's Model ［M］. Lincoln: The University of Nebraska, 2004: 205-212.

［225］ Sturman M C. Searching for the Inverted U-Shaped Relationship between Time and Performance: Meta-Analyses of the Experience/Performance, Tenure/Performance, and Age/Performance Relationships ［J］. Journal of Management, 2003, 29 (5): 609-640.

［226］Sun J, Sun R, Jiang Y, Chen X, Li Z, Ma Z, Wei J, He C, Zhang L. The Relationship between Psychological Health and Social Support: Evidence from Physicians in China ［J］. PloS One, 2020, 15（1）: e0228152.

［227］Sweet K M, Witt L A, Shoss M K. The Interactive Effect of Leader-Member Exchange and Perceived Organizational Support on Employee Adaptive Performance ［J］. Journal of Organizational Psychology, 2015, 15（1）: 49-62.

［228］Tabiu A, Pangil F, Othman S Z. Does Training, Job Autonomy and Career Planning Predict Employees' Adaptive Performance? ［J］. Global Business Review, 2018（1）: 0972150918779159.

［229］Taneva S K, Arnold J, Nicolson R. The Experience of Being an Older Worker in an Organization: A Qualitative Analysis ［J］. Work, Aging and Retirement, 2016, 2（4）: 396-414.

［230］Thrasher G R, Zabel K, Wynne K, et al. The Importance of Workplace Motives in Understanding Work-Family Issues for Older Workers ［J］. Work, Aging and Retirement, 2016, 2（1）: 1-11.

［231］Trepte S. Social Identity Theory ［J］. Psychology of Entertainment, 2006（1）: 255-271.

［232］Truxillo D M, Fraccaroli F, Yaldiz L M, et al. Age Discrimination at Work ［M］//Parry E, McCarthy J. The Palgrave Handbook of Age Diversity and Work. London: Palgrave Macmillan, 2017: 447-472.

［233］Truxillo D M, Cadiz D M, Rineer J R, Zaniboni S, Fraccaroli F A. Lifespan Perspective on Job Design: Fitting the Job and the Worker to Promote Job Satisfaction, Engagement, and Performance ［J］. Organizational Psychology Review, 2012, 2（4）: 340-360.

［234］Tsui A S, Ashford S J. Adaptive Self-Regulation: A Process View of Managerial Effectiveness ［J］. Journal of Management, 1994, 20（1）: 93-121.

［235］ Tucker J S, Gunther K M. The Application of a Model of Adaptive Performance to Army Leader Behaviors ［J］. Military Psychology, 2009, 21 (3): 315-333.

［236］ Vakola M, Xanthopoulou D, Demerouti E. Job Crafting and Adaptive Performance during Organizational Change (WITHDRAWN) ［C］. Briarcliff Manor: Academy of Management Proceedings, 2017.

［237］ Van Knippenberg D, Hogg M A. Social Identity Processes in Organizations ［J］. Group Processes & Intergroup Relations, 2001, 4 (3): 185-189.

［238］ Veth K N, Korzilius H P L M, Van Der Heijden B I J M, et al. Which HRM Practices Enhance Employee Outcomes at Work across the Life-Span? ［J］. The International Journal of Human Resource Management, 2019, 30 (19): 2777-2808.

［239］ Wallen E S, Mulloy K B. Computer-Based Training for Safety: Comparing Methods with Older and Younger Workers ［J］. Journal of Safety Research, 2006, 37 (5): 461-467.

［240］ Wang H J, Demerouti E, Le Blanc P. Transformational Leadership, Adaptability, and Job Crafting: The Moderating Role of Organizational Identification ［J］. Journal of Vocational Behavior, 2017 (100): 185-195.

［241］ Weigl M, Müller A, Hornung S, et al. The Moderating Effects of Job Control and Selection, Optimization, and Compensation Strategies on the Age-Work Ability Relationship ［J］. Journal of Organizational Behavior, 2013, 34 (5): 607-628.

［242］ Weiss D, Kornadt A E. Age-Stereotype Internalization and Dissociation: Contradictory Processes or Two Sides of the Same Coin? ［J］. Current Directions in Psychological Science, 2018, 27 (6): 477-483.

［243］ Wiernik B M, Dilchert S, Ones D S. Age and Employee Green Behaviors: A Meta-Analysis ［J］. Frontiers in Psychology, 2016 (7):

194-208.

[244] Wihler A, Meurs J A, Wiesmann D, et al. Extraversion and Adaptive Performance: Integrating Trait Activation and Socioanalytic Personality Theories at Work [J]. Personality and Individual Differences, 2017 (116): 133-138.

[245] Wille B, Hofmans J, Feys M, De Fruyt F. Maturation of Work Attitudes: Correlated Change with Big Five Personality Traits and Reciprocal Effects Over 15 Years [J]. Journal of Organizational Behavior, 2014, 35 (4): 507-529.

[246] Wisse B, Van Eijbergen R, Rietzschel E F, et al. Catering to the Needs of an Aging Workforce: The Role of Employee Age in the Relationship between Corporate Social Responsibility and Employee Satisfaction [J]. Journal of Business Ethics, 2018, 147 (4): 875-888.

[247] Wong C M, Tetrick L E. Job Crafting: Older Workers' Mechanism for Maintaining Person-Job Fit [J]. Frontiers in Psychology, 2017 (8): 1548.

[248] Wu C H, Tian A W, Luksyte A, Spitzmueller C. On the Association between Perceived Overqualification and Adaptive Behavior [J]. Personnel Review, 2017, 46 (2): 339-354.

[249] Wu G, Hu Z, Zheng J. Role Stress, Job Burnout, and Job Performance in Construction Project Managers: The Moderating Role of Career Calling [J]. International Journal of Environmental Research and Public Health, 2019, 16 (13): 2394-2413.

[250] Xanthopoulou D, Bakker A B, Demerouti E, et al. Reciprocal Relationships between Job Resources, Personal Resources, and Work Engagement [J]. Journal of Vocational Behavior, 2009, 74 (3): 235-244.

[251] Xanthopoulou D, Bakker A B, Demerouti E, Schaufeli W B. The Role of Personal Resources in the Job Demands-Resources Model [J]. International Journal of Stress Management, 2007, 14 (2): 121-141.

［252］Xiao Z, Björkman I. High Commitment Work Systems in Chinese Organizations：A Preliminary Measure ［J］. Management and Organization Review, 2006, 2（3）：403-422.

［253］Yang Q, Dan W, Jing-Han C. The Impact of Organizational Empowering Leadership Behavior on Individual Adaptive Performance：Cross-Level Mediation Effect of Organizational Psychological Empowerment ［C］. 2017 International Conference on Management Science and Engineering（ICMSE）, Japan：IEEE, 2017.

［254］Yoo J, Arnold T. Frontline Employee Authenticity and Its Influence upon Adaptive Selling Outcomes：Perspectives from Customers ［J］. European Journal of Marketing, 2019, 53（11）：2397-2418.

［255］Yu Y. Impact of Inclusive Leadership on Employees' Adaptive Performance：2019 International Conference on Education Science and Economic Development（ICESED 2019）［M］. Dordrecht：Atlantis Press, 2020.

［256］Zacher H, Kooij D T A M, Beier M E. Successful Aging at Work：Empirical and Methodological Advancements ［J］. Work, Aging and Retirement, 2018, 4（2）：123-128.

［257］Zacher H, Schmitt A. Work Characteristics and Occupational Well-Being：The Role of Age ［J］. Frontiers in Psychology, 2016（7）：1-8.

［258］Zacher H, Feldman D C, Schulz H. Age, Occupational Strain, and Well-Being：A Person-Environment Fit Perspective ［J］. Research in Occupational Stress and Well-Being, 2014（12）：83-111.

［259］Zaniboni S, Truxillo D M, Fraccaroli F. Differential Effects of Task Variety and Skill Variety on Burnout and Turnover Intentions for Older and Younger Workers ［J］. European Journal of Work and Organizational Psychology, 2013, 22（3）：306-317.

# 附　录

## 一、年长员工适应性绩效访谈提纲

**第一部分：**

请您介绍一下自己的基本情况，包括如下：

年龄、从业年限、单位性质（国有企业、民营企业）、岗位、岗位职责

**第二部分：**

1. 近期您公司或工作中出现了哪些令您印象深刻的新情况、变动、紧急工作事件等？列举 3~4 件。简述这些事件发生的时间、原因、内容、影响范围等。

2. 请回忆在事件发生过程中您是如何准备和应对的？在处理事件过程中有哪些令您印象深刻的细节和感受，如满意和不满意的情况，请举例。

3. 您对自己在事件处理和应对过程中的表现是否满意，自己在事件处理过程中起到什么作用？

4. 回忆事件发生的始末，您觉得这些事件分别对您有什么意义，是否有收获，是否有遗憾？您认为这些事件对您未来的工作有何启示？

5. 您认为年龄的增长对您在这些事件处理过程中的表现是否有影响？与年轻时相比，可能存在哪些区别？

6. 整体来看，在组织和工作中年龄对您的观念、情绪、行为方式等有什么影响？年龄是否影响了您的工作能力，为什么？

7. 您在公司里感受到年轻员工和年长员工有什么样的区别？公司对年长员工和年轻员工的方式有何区别？您是如何看待这些区别的？

8. 总体来说，您认为什么是适应能力，随着年龄增长员工适应能力有何变化，应如何提高年长员工的职场竞争力？

访谈备注：关注被访谈对象在工作压力、工作变动事例描述中的心态、行为等转变，从访谈目的出发，探寻发掘出更多在变化的环境下年长员工适应性表现的内容。

## 二、年长员工适用性绩效预测问卷

**第一部分：根据您个人的情况，请在相应的选项上打"√"。**

1. 您的性别：
□男　　　□女

2. 您的年龄：
□45～50岁　　□51～55岁　　□56～60岁　　□61～65岁
□66岁及以上

3. 您的学历：
□高中及以下　　□中专或大专　　□本科　　　　□硕士及以上

4. 您目前在公司中的从业年限：

□5 年及以下　　□6~10 年　　　□11~20 年　　□21~30 年

□31~40 年　　　□41 年及以上

5. 您所在公司的企业性质：

□国有企业　　　□民营企业　　　□外资企业、合资企业

□政府机关或事业单位　　　　□个体户　　　□其他

**第二部分：以下是关于您在工作中的行为和心理描述，根据您的真实情况，在符合您的选项上打"√"。**

1 = 非常不符合　　2 = 比较不符合　　3 = 不确定　　4 = 比较符合　　5 = 非常符合

| 序号 | 题项 | 符合程度 | | | | |
|------|------|------|------|------|------|------|
| 1 | 我能够快速调节自己，从疲劳中恢复精神 | 1 | 2 | 3 | 4 | 5 |
| 2 | 我愿意把更多的资源和机会让给年轻同事 | 1 | 2 | 3 | 4 | 5 |
| 3 | 我乐于在工作中扮演更多的导师和监督角色 | 1 | 2 | 3 | 4 | 5 |
| 4 | 我追求自己的职业使命和人生价值的实现 | 1 | 2 | 3 | 4 | 5 |
| 5 | 我乐于在工作和与人交往中对知识和经验进行提炼、概括、总结 | 1 | 2 | 3 | 4 | 5 |
| 6 | 丰富的工作经验能够帮助我快速找到解决问题的切入点 | 1 | 2 | 3 | 4 | 5 |
| 7 | 面对问题时，我能够从多个角度出发去寻找解决方案 | 1 | 2 | 3 | 4 | 5 |
| 8 | 面对突发事件，我能够快速冷静下来 | 1 | 2 | 3 | 4 | 5 |
| 9 | 当我在工作中遇到问题时，我会及时向周边寻求帮助 | 1 | 2 | 3 | 4 | 5 |
| 10 | 我有一定的信息敏感度，对工作和知识有关的未来变动有预测能力 | 1 | 2 | 3 | 4 | 5 |
| 11 | 我有自己的处事原则，能够在工作中保持公私分明 | 1 | 2 | 3 | 4 | 5 |
| 12 | 我能够很快地将所学知识和技术应用到工作中 | 1 | 2 | 3 | 4 | 5 |
| 13 | 我愿意花费更多的时间和精力在学习新技术、新知识和接受新事物上 | 1 | 2 | 3 | 4 | 5 |
| 14 | 在面对新的学习任务时，我具有足够的耐心和毅力 | 1 | 2 | 3 | 4 | 5 |
| 15 | 我愿意学习和采用新的沟通方式和方法，寻找与不同群体之间的共同语言 | 1 | 2 | 3 | 4 | 5 |
| 16 | 我认同和理解组织的企业文化和价值观 | 1 | 2 | 3 | 4 | 5 |

# 三、年长员工适应性绩效形成机制调查问卷

**第一部分：根据您个人的情况，请在相应的选项上打"√"。**

1. 您的性别：
□男　　　□女

2. 您的年龄：
□45～50 岁　　□51～55 岁　　□56～60 岁　　□61～65 岁
□66 岁及以上

3. 您的学历：
□高中及以下　　□中专或大专　　□本科　　　　□硕士及以上

4. 您在目前公司中的从业年限：
□5 年及以下　　□6～10 年　　□11～20 年　　□21～30 年
□31～40 年　　□41 年及以上

5. 您所在公司的企业性质：
□国有企业　　　□民营企业　　　□外资企业、合资企业
□政府机关或事业单位　　　□个体户　　　□其他

**第二部分：以下是关于您在工作中的行为和心理的描述，根据您的真实情况，在符合您的选项上打"√"。**

1=非常不符合　　2=比较不符合　　3=不确定　　4=比较符合　　5=非常符合

| 序号 | 题项 | 符合程度 | | | | |
|---|---|---|---|---|---|---|
| 1 | 当出现困难时，我可以向我的上司寻求帮助 | 1 | 2 | 3 | 4 | 5 |
| 2 | 和我的上司进行交谈是件很容易的事 | 1 | 2 | 3 | 4 | 5 |

续表

| 序号 | 题项 | 符合程度 | | | | |
|---|---|---|---|---|---|---|
| 3 | 解决某项困难后，我可以和我的上司就此事进行讨论 | 1 | 2 | 3 | 4 | 5 |
| 4 | 需要解决某项困难时，我的上司会向我提供帮助 | 1 | 2 | 3 | 4 | 5 |
| 5 | 当我需要休息时，上司会尽量接手我的工作 | 1 | 2 | 3 | 4 | 5 |
| 6 | 当出现困难时，我可以向我的同事寻求帮助 | 1 | 2 | 3 | 4 | 5 |
| 7 | 和我的同事进行交谈是件很容易的事 | 1 | 2 | 3 | 4 | 5 |
| 8 | 解决某项困难后，我可以和同事就此事进行讨论 | 1 | 2 | 3 | 4 | 5 |
| 9 | 需要解决某项困难时，我的同事会向我提供帮助 | 1 | 2 | 3 | 4 | 5 |
| 10 | 当我需要休息时，同事会尽量接手我的工作 | 1 | 2 | 3 | 4 | 5 |
| 11 | 我经常要面对一些工作要求之间彼此冲突的情形 | 1 | 2 | 3 | 4 | 5 |
| 12 | 我从两个或者更多的人那里接收到互相矛盾的要求 | 1 | 2 | 3 | 4 | 5 |
| 13 | 我不得不去面临一些不同的情形，并以不同的方式来做这些事情 | 1 | 2 | 3 | 4 | 5 |
| 14 | 我的工作有明确的、计划好的目标与目的 | 1 | 2 | 3 | 4 | 5 |
| 15 | 我确切地了解单位对我的期望是什么 | 1 | 2 | 3 | 4 | 5 |
| 16 | 我知道我的职责是什么 | 1 | 2 | 3 | 4 | 5 |
| 17 | 我非常明确我承担多大的责任 | 1 | 2 | 3 | 4 | 5 |
| 18 | 我的职责有明确的界定 | 1 | 2 | 3 | 4 | 5 |
| 19 | 很需要减轻我的部分工作 | 1 | 2 | 3 | 4 | 5 |
| 20 | 在工作中，我感觉负担过多 | 1 | 2 | 3 | 4 | 5 |
| 21 | 我承担了太多的职责 | 1 | 2 | 3 | 4 | 5 |
| 22 | 我的工作负担太重 | 1 | 2 | 3 | 4 | 5 |
| 23 | 我所承担的工作量太大，以至于我不能保证工作的质量 | 1 | 2 | 3 | 4 | 5 |
| 24 | 我热爱从事目前的工作 | 1 | 2 | 3 | 4 | 5 |
| 25 | 与其他事相比，我更喜欢我的工作 | 1 | 2 | 3 | 4 | 5 |
| 26 | 现在的工作给了我巨大的个人满足感 | 1 | 2 | 3 | 4 | 5 |
| 27 | 我愿意为了我的工作做出牺牲 | 1 | 2 | 3 | 4 | 5 |
| 28 | 我经常用工作身份向别人介绍我自己 | 1 | 2 | 3 | 4 | 5 |
| 29 | 即使受到巨大阻碍，我也会继续从事现在的工作 | 1 | 2 | 3 | 4 | 5 |
| 30 | 工作已经成为我生命中的重要部分 | 1 | 2 | 3 | 4 | 5 |
| 31 | 我觉得自己就是为了从事目前的工作而生的 | 1 | 2 | 3 | 4 | 5 |
| 32 | 工作总是以某种形式存在于我的脑海中 | 1 | 2 | 3 | 4 | 5 |

| 序号 | 题项 | 符合程度 | | | | |
|---|---|---|---|---|---|---|
| 33 | 我会经常思考有关工作的事情，即使是在非工作时间 | 1 | 2 | 3 | 4 | 5 |
| 34 | 如果不做现在的工作，我的存在将不会那么有意义 | 1 | 2 | 3 | 4 | 5 |
| 35 | 从事目前的工作，将成为令我满意和感动的经历 | 1 | 2 | 3 | 4 | 5 |
| 36 | 在我的工作范围内，我相信自己能够设定恰当的目标 | 1 | 2 | 3 | 4 | 5 |
| 37 | 我相信自己能分析长远的问题，并找到解决方案 | 1 | 2 | 3 | 4 | 5 |
| 38 | 我相信自己能在对公司经营与发展的战略商讨中有贡献 | 1 | 2 | 3 | 4 | 5 |
| 39 | 我相信自己能够和公司外部的人保持良好联系，并讨论问题 | 1 | 2 | 3 | 4 | 5 |
| 40 | 与领导开会时，我相信自己能够陈述自己工作范围之内的事情 | 1 | 2 | 3 | 4 | 5 |
| 41 | 我相信自己能够较好地向同事陈述事实与信息 | 1 | 2 | 3 | 4 | 5 |
| 42 | 目前，我正在实现为自己所设定的工作目标 | 1 | 2 | 3 | 4 | 5 |
| 43 | 目前，我正在精力充沛地完成自己的工作目标 | 1 | 2 | 3 | 4 | 5 |
| 44 | 目前，我认为自己在工作上表现得相当成功 | 1 | 2 | 3 | 4 | 5 |
| 45 | 我认为任何问题都有很多解决办法 | 1 | 2 | 3 | 4 | 5 |
| 46 | 如果我的工作陷入困境，我能想出来很多办法解决困境 | 1 | 2 | 3 | 4 | 5 |
| 47 | 我能想出很多办法来实现目前的工作目标 | 1 | 2 | 3 | 4 | 5 |
| 48 | 在工作中遇到挫折时，我很难从中恢复过来，并继续前进 | 1 | 2 | 3 | 4 | 5 |
| 49 | 在工作中，我无论如何都会去解决所遇到的难题 | 1 | 2 | 3 | 4 | 5 |
| 50 | 在工作中，面对不得去做的事情，我也能独立应战 | 1 | 2 | 3 | 4 | 5 |
| 51 | 我通常能够对工作中的压力泰然处之 | 1 | 2 | 3 | 4 | 5 |
| 52 | 因为以前经历过很多磨难，我现在能挺过工作上的困难时期 | 1 | 2 | 3 | 4 | 5 |
| 53 | 在目前的工作中，我觉得自己能够同时处理很多事情 | 1 | 2 | 3 | 4 | 5 |
| 54 | 对我的工作未来会发生什么，我是乐观的 | 1 | 2 | 3 | 4 | 5 |
| 55 | 在我目前的工作中，事情从来没有像我希望的那样发展 | 1 | 2 | 3 | 4 | 5 |
| 56 | 工作时，我总相信"黑暗的背后就是光明，不用悲观" | 1 | 2 | 3 | 4 | 5 |
| 57 | 我能够快速调节自己，从疲劳中恢复精神 | 1 | 2 | 3 | 4 | 5 |
| 58 | 我愿意把更多的资源和机会让给年轻同事 | 1 | 2 | 3 | 4 | 5 |
| 59 | 我乐于在工作中扮演更多的导师和监督角色 | 1 | 2 | 3 | 4 | 5 |
| 60 | 我追求自己的职业使命和人生价值的实现 | 1 | 2 | 3 | 4 | 5 |
| 61 | 我乐于在工作和与人交往中对知识和经验进行提炼、概括、总结 | 1 | 2 | 3 | 4 | 5 |
| 62 | 丰富的工作经验能够帮助我快速找到解决问题的切入点 | 1 | 2 | 3 | 4 | 5 |

| 序号 | 题项 | 符合程度 | | | | |
|---|---|---|---|---|---|---|
| 63 | 面对问题时，我能够从多个角度出发去寻找解决方案 | 1 | 2 | 3 | 4 | 5 |
| 64 | 面对突发事件，我能够快速冷静下来 | 1 | 2 | 3 | 4 | 5 |
| 65 | 当我在工作中遇到问题时，我会及时向周边寻求帮助 | 1 | 2 | 3 | 4 | 5 |
| 66 | 我有一定的信息敏感度，对工作和知识有关的未来变动有预测能力 | 1 | 2 | 3 | 4 | 5 |
| 67 | 我有自己的处事原则，能够在工作中保持公私分明 | 1 | 2 | 3 | 4 | 5 |
| 68 | 我能够很快地将所学知识和技术应用到工作中 | 1 | 2 | 3 | 4 | 5 |
| 69 | 我愿意花费更多的时间和精力在学习新技术、新知识和接受新事物上 | 1 | 2 | 3 | 4 | 5 |
| 70 | 在面对新的学习任务时，我具有足够的耐心和毅力 | 1 | 2 | 3 | 4 | 5 |
| 71 | 我愿意学习和采用新的沟通方式和方法，寻找与不同群体之间的共同语言 | 1 | 2 | 3 | 4 | 5 |
| 72 | 我认同和理解组织的企业文化和价值观 | 1 | 2 | 3 | 4 | 5 |

## 第三部分：以下是对公司行为的描述，请选择最符合您所在组织的描述后打"√"。

1=非常不符合　　2=比较不符合　　3=不确定　　4=比较符合　　5=非常符合

| 序号 | 题项 | 符合程度 | | | | |
|---|---|---|---|---|---|---|
| 1 | 我所在的组织会优先选择内部晋升 | 1 | 2 | 3 | 4 | 5 |
| 2 | 我所在的组织招聘流程全面 | 1 | 2 | 3 | 4 | 5 |
| 3 | 我所在的组织会对员工进行广泛的培训和社会拓展 | 1 | 2 | 3 | 4 | 5 |
| 4 | 我所在的组织不会轻易解雇员工 | 1 | 2 | 3 | 4 | 5 |
| 5 | 我所在的组织采取轮岗制扩大员工工作范围 | 1 | 2 | 3 | 4 | 5 |
| 6 | 我所在的组织相对于个人表现，更关注团队绩效 | 1 | 2 | 3 | 4 | 5 |
| 7 | 我所在的组织绩效评估以工作态度和行为为导向，而不是以结果为导向 | 1 | 2 | 3 | 4 | 5 |
| 8 | 我所在的组织会向员工提供反馈以促进个人的发展 | 1 | 2 | 3 | 4 | 5 |
| 9 | 我所在的组织具有较高的薪酬和福利水平 | 1 | 2 | 3 | 4 | 5 |

| 序号 | 题项 | 符合程度 | | | | |
|---|---|---|---|---|---|---|
| 10 | 我所在的组织采用股权、期权或利润分配来激励员工 | 1 | 2 | 3 | 4 | 5 |
| 11 | 我所在的组织努力促进员工在收入、地位和文化上的平等性 | 1 | 2 | 3 | 4 | 5 |
| 12 | 我所在的组织通过多种形式倾听员工的声音（如谏言、申诉系统、士气调查） | 1 | 2 | 3 | 4 | 5 |
| 13 | 我所在的组织促进开放式交流和广泛的信息共享 | 1 | 2 | 3 | 4 | 5 |
| 14 | 我所在的组织与员工建立共同目标 | 1 | 2 | 3 | 4 | 5 |
| 15 | 我所在的组织更看重团队的成功，而非个人成功 | 1 | 2 | 3 | 4 | 5 |